O PROCESSO CIVILIZATÓRIO

Estudos de Antropologia da Civilização

O processo civilizatório: etapas da evolução sociocultural

Três edições brasileiras: Rio de Janeiro, Civilização Brasileira, 1968-75.
4ª a 10ª edições brasileiras: Petrópolis, Vozes, 1978-91.
11ª edição brasileira: São Paulo, Companhias das Letras, 1997.
1ª edição inglesa: Washington, Smithsonian Institution, 1968.
2ª edição inglesa: Nova York, Harper & Row, 1971.
Quatro edições venezuelanas: Caracas, EBUC, 1970-80.
Três edições argentinas: Buenos Aires, CEAL, 1971-87.
Duas edições alemãs: Frankfurt, Suhrkamp Verlag, 1971-88.
Edição italiana: Milão, Feltrinelli, 1973.
Edição mexicana: México, Extemporaneos, 1976.
Edição portuguesa: Lisboa, CLB, 1976.
Edição cubana: Havana, Editorial de Ciencias Sociales, 1992.

DARCY RIBEIRO

O PROCESSO CIVILIZATÓRIO

Etapas da evolução sociocultural

COMPANHIA DAS LETRAS

Capa:
Hélio de Almeida

Projeto gráfico:
Marina Mayumi Watanabe

Índice remissivo:
Maria Claudia Carvalho Mattos

Preparação:
Maria Luiza Favret

Revisão:
Ana Maria Barbosa
Cecília Madarás

Dados Internacionais de Catalogação na Publicação (CIP)
(Câmara Brasileira do Livro, SP, Brasil)

Ribeiro, Darcy, 1922-1997.
O processo civilizatório : estudos de antropologia da civilização : etapas da evolução sociocultural / Darcy Ribeiro. — São Paulo : Companhia das Letras, 1998.

ISBN 85-7164-657-0

1. Antropologia social 2. Civilização — História 3. Cultura — História 4. Evolução social — História 5. Mudança social I. Título.

97-2084 CDD-909

Índices para catálogo sistemático:
1. Evolução sociocultural : Civilização : História 909
2. Processo civilizatório : História 909

1998

EDITORA SCHWARCZ LTDA.
Rua Bandeira Paulista, 702, cj. 72
04532-002 — São Paulo — SP
Telefone: (011) 866-0801
Fax: (011) 866-0814
e-mail: coletras@mtecnetsp.com.br

ÍNDICE

II AS CIVILIZAÇÕES REGIONAIS

III AS CIVILIZAÇÕES MUNDIAIS

IV A CIVILIZAÇÃO DA HUMANIDADE

PREFÁCIO À PRIMEIRA EDIÇÃO

Iniciamos com este livro a publicação de uma série de estudos sobre o processo de formação dos povos americanos, sobre as causas do seu desenvolvimento desigual e sobre as perspectivas de auto-superação que se abrem aos mais atrasados. O objetivo deste primeiro estudo é proceder a uma revisão crítica das teorias da evolução sociocultural e propor um novo esquema do desenvolvimento humano.

Bem sabemos o quanto é temerária uma tentativa de reformulação das teorias de alto alcance histórico como a que aqui apresentamos, que focaliza a evolução sociocultural nos últimos dez milênios. No entanto, esta tarefa se impôs como requisito prévio indispensável àquele estudo da formação dos povos americanos. Na verdade, só poderíamos eludi-la se deixássemos inexplícito o esquema conceitual com que trabalhamos ou se apelássemos para esquemas evolutivos clássicos, visivelmente inadequados para explicar as situações com que nos deparamos.

Com efeito, queiramo-lo ou não, agimos todos com base numa teoria global explicativa do processo histórico, quando usamos conceitos referentes a fases evolutivas — tais como escravismo, feudalismo, capitalismo, socialismo — ou conceitos concernentes a processos universais de mudança sociocultural — como Revolução Agrícola, Revolução Mercantil ou Revolução Industrial. Isso é o que faz a maioria dos cientistas sociais de perfil acadêmico, mesmo em contextos em que negam a possibilidade de estabelecer seqüências evolutivas. Os cientistas de orientação marxista, aceitando embora uma teoria geral do processo histórico, pouco têm contribuído para desenvolvê-la, em virtude da tendência a converter a maioria dos seus estudos em meras exemplificações, com novos materiais, das teses marxistas clássicas. Acresce ainda que, nas últimas décadas, acumulou-se copioso material etnográfico, arqueológico e histórico descritivo das sociedades humanas de diversos tipos, bem como uma série de estudos especiais sobre os processos de mudança cultural e sobre certas vias multilineares de evolução sociocultural que tornaram viável, e inadiável, a formulação de uma teoria geral da evolução.

Por sua própria natureza, os nossos estudos sobre as causas da desigualdade de desenvolvimento dos povos americanos tanto exigiam a formulação de um esquema das etapas evolutivas quanto possibilitaram sua elaboração. Exigiam-na porque tornavam imperativa a construção de uma tipologia para classificar diversos contingentes que se conjugaram para formar as sociedades nacionais americanas de hoje. Como classificar, uns em relação aos outros, os povos indígenas, que variavam desde altas civilizações até hordas pré-agrícolas e que reagiram à conquista segundo o grau de desenvolvimento que haviam alcançado? Como situar, em relação aos povos indígenas e aos europeus, os africanos desgarrados de grupos em distintos graus de desenvolvimento para serem transladados à América como mão-de-obra escrava? Como classificar os europeus que regeram a conquista? Os ibéricos, que chegaram primeiro, e os nórdicos, que vieram depois — sucedendo-os no domínio de extensas áreas —, configuravam o mesmo tipo de formação sociocultural? Finalmente, como classificar e relacionar as sociedades nacionais americanas por seu grau de incorporação aos modos de vida da civilização agrário-mercantil e, já agora, da civilização industrial? Todas essas questões e muitas outras igualmente cruciais exigiam a elaboração de uma teoria geral do processo evolutivo que definisse de forma mais precisa os conceitos faseológicos (geralmente usados de maneira arbitrária) e que explicitassem mais acuradamente os modos pelos quais interagem as sociedades diversamente desenvolvidas.

Conforme assinalamos, aqueles estudos não só exigiram a elaboração desta teoria, mas também possibilitaram sua formulação. Isso porque nos deram uma perspectiva não cêntrica de análise das causas da desigualdade de desenvolvimento e também porque forneceram uma extraordinária base factual. Aquela perspectiva nos permitiu criticar o eurocentrismo das teorias correntes sobre a evolução cultural; esta base factual — representada pela copiosa bibliografia americanista de fontes primárias e por nossa própria experiência no estudo antropológico de sociedades tribais e nacionais —, proporcionando-nos um conhecimento acurado de sociedades que exemplificam quase todas as etapas da evolução e quase todas as situações de conjunção de povos, nos permitiu reexaminar a teoria evolucionista com maior amplitude de visão.

Desse modo é que, no esforço por estabelecer critérios de classificação dos povos americanos, tivemos de alargar nossa perspectiva de análise no tempo e no espaço, acabando por elaborar uma primeira esquematização dos passos da evolução tecnológica, social e ideológica das sociedades humanas, de cujo desdobramento posterior resultou este trabalho. Ela é aqui apresentada como formulação preliminar de um estudo que continuaremos desenvolvendo, mas cujo aprofundamento exige, nesta altura, o exame crítico de outros especialistas.

Cumpro o dever de registrar que o presente estudo só

pôde ser realizado graças ao amparo da Universidade da República Oriental do Uruguai, através de um contrato do autor como professor por tempo integral. E tenho a satisfação de assinalar que este trabalho, na forma em que se apresenta, muito deve à colaboração de minha colega Betty J. Meggers e, sobretudo, de minha mulher, Berta Ribeiro.

Montevidéu, março de 1968

APRESENTAÇÃO

Dificilmente se poderia conceber livro mais oportuno do que este que acaba de publicar Darcy Ribeiro: *O processo civilizatório*. É que, no período de transição em que vivemos, a necessidade de uma visão de conjunto da evolução e história do homem se faz imperiosa.

H. G. Wells escreveu o seu famoso *Outline of history*, quando a Primeira Guerra Mundial abria uma crise que, dizia ele, se resolveria pela educação, ou pela catástrofe. Tivemos a catástrofe. A sua profecia não a evitou. Mas o seu livro, lido por milhões, ainda hoje, constitui uma nova *Weltanschauung* do período contemporâneo então iniciado.

É que, então, desejávamos saber como havíamos chegado a 1914! Como, depois de 6 mil anos de civilização, havíamos chegado à decadência do Ocidente (Spengler), ou ao raio de esperança com que acenava Wells, em meio às sombras da catástrofe, que chegou com a Segunda Guerra Mundial, emergimos em 1945 para a prolongada agonia que se estende até hoje, até agora...

Em todo esse período, tão grande quanto o progresso da ciência física tem sido o da ciência social e da história, marcadamente no campo dos estudos da arqueologia e da antropologia, esta a princípio reduzida ao homem primitivo e à cultura primitiva. Penetramos além dos 4 mil anos de história escrita. A arqueologia deu-nos pelo menos 6 mil anos mais. E Gordon Childe nesse período aprofundou-se no conhecimento do homem.

Cinqüenta anos depois de Wells, Darcy Ribeiro, à luz do saber e da cultura de hoje, dá-nos a sua visão da história humana. Ao historiador, ao arqueólogo, juntou-se o antropólogo. Li de um jato o seu pequeno grande livro.

Fala-se hoje muito de uma revolução no ensino. Essa revolução é, sobretudo, a de que não se ensinam fatos mas idéias, estruturas de pensamento, moldes ou modos de pensar, para com eles estudarmos e interpretarmos os fatos. Os fatos, temos que estudá-los nós mesmos. O mestre dá-nos os instrumentos, a ferramenta para percebê-los, compreendê-los e aprendê-los.

Assim se ensina a matemática, a física, a biologia, que são linguagens, modos de pensar. Também assim tem-se de estudar a sociedade, que também tem a sua linguagem, suas estruturas de pensamento. O livro de Darcy Ribeiro é uma introdução ao método de estudo da sociedade humana. Assim como há ferramenta e máquina-ferramenta, há livro-ferramenta e livro-máquina-ferramenta para se estudar e compreender a história humana. O seu livro é desta última categoria.

Há poucos anos a Universidade de Keele projetou, para iniciar os cursos universitários, um programa de iniciação à civilização contemporânea, em que previu professores de astronomia, geologia, física, biologia, sociologia, economia, política, teologia para abrirem o curso, em cujo primeiro ano o jovem redescobria a perspectiva do desenvolvimento do homem.

O livro de Darcy Ribeiro é indispensável a um curso dessa natureza. É uma introdução ao estudo da sociedade humana: para fazê-lo um "livro de fontes", bastaria ilustrá-lo com citações antológicas dos autores que compõem a sua rica, extensa e atual bibliografia.

Mas, embora um texto introdutório, uma iniciação, não é reprodução de saber convencional, mas visão geral, ousada e de longa perspectiva e alcance. Darcy Ribeiro é realmente uma inteligência-fonte, e em livros deste tipo é que se sente à vontade.

A algum leitor ocorrerá que, como este, muitos livros poderiam ser escritos. O autor fez uma escolha, uma opção entre múltiplas alternativas. Sem dúvida, sua interpretação trai uma filosofia, um ponto de vista. Mas isso não retira a extrema originalidade, penetração e fecundidade de sua hipótese e de sua visão. Não desfaz das outras classificações, mas acrescenta-lhes algo. Vejo a sua hipótese, sobretudo, como um desenvolvimento pós-Gordon Childe.

Mas o fato de havê-la concebido um homem do Terceiro Mundo tem, sem dúvida, conseqüências. Considero Darcy Ribeiro a inteligência do Terceiro Mundo mais autônoma de que tenho conhecimento. Nunca lhe senti nada da clássica subordinação mental do subdesenvolvimento.

O aspecto mais paradoxal de certa falta intrínseca de autonomia da inteligência do subdesenvolvimento está na consciência demasiado lúcida do subdesenvolvimento: isso leva o "subdesenvolvido" a considerar "presunçoso", "ridículo", levar-se "muito" a sério. Como esse traço se confunde muito com humildade intelectual, que é um traço de autonomia, nem sempre é fácil distingui-lo. Por vezes, ele se revela até entre os mais raramente inteligentes. Em Lobato, acho que se pode lobregar vestígios desse traço. Costumo dizer que Lobato tinha certo pudor do seu país, preferindo manifestá-lo como vergonha de si mesmo. Dava então às coisas mais sérias que dizia um tom de brincadeira, se não de "pilhéria", e, quando resolveu fazer mesmo a sua obra, fê-la para as crianças, deixando para os adultos o seu riso e o seu sarcasmo...

Em Darcy Ribeiro nunca senti esse traço, o qual se manifesta comumente entre aqueles "muito cultos", cuja devoção aos padrões mais altos da cultura estrangeira, de que se consideram "expressão", comunica um tipo de orgulho todo especial, que consiste em se considerar superior ao meio ambiente — o que lhes empresta aquela "soberana arrogância" com que encaram essa "choldra"— que é o seu país.

"Com esse ensaio", como diz Edison Carneiro, "a antropologia brasileira ganhou categoria mundial, intervindo decisivamente na elucidação dos grandes problemas da evolução das sociedades humanas."

A sua obra compreenderá, além de *O processo civilizatório*, que acaba de sair, *As Américas e a civilização, o Brasil emergente* e *Os índios e a civilização.* O exílio que afastou de nós Darcy Ribeiro por quatro anos deu-nos este presente magnífico e, com os livros, dá-nos ele também a sua renovada presença.

Anísio Teixeira

PRÓLOGO À EDIÇÃO NORTE-AMERICANA

O tema deste livro abrange o segmento mais recente da história humana, ou seja, a décima parte da duração do *Homo sapiens* sobre a Terra e menos de uma centésima parte do tempo a partir do qual os primeiros hominídeos começaram a fabricar utensílios. Essa fração representa, ainda assim, cerca de 10 mil anos, no decorrer dos quais o homem viveu sob condições muito diferentes das de hoje. Por que nos preocuparmos em ressuscitar a história antiga? Não seria mais ajuizado dedicar nosso tempo a problemas contemporâneos? Para responder a essas perguntas, precisamos considerar alguns fatos.

O mundo atravessa hoje um estado de sublevação. Guerras, rebeliões, golpes, guerrilhas, greves e outras manifestações de tensão comparecem diariamente nos jornais. Nos Estados Unidos nos defrontamos com problemas de crescente magnitude. Os conflitos dos "guetos negros" estão se tornando tão inevitáveis quanto os dias quentes de verão e agora ameaçam destruir porções apreciáveis de nossas principais cidades. Os conflitos raciais explodem por todos os lados. As enormes diferenças no acesso às vantagens econômicas e educativas não apenas criam problemas específicos como difundem seus efeitos dilaceradores através de toda a ordem social. Como se isso não fosse suficiente, o cidadão comum é acossado pelo balanço de pagamentos desfavorável ou é obrigado a lutar numa guerra distante, cuja validade seus próprios líderes contestam publicamente. Com exceção dos mais jovens, todos recordamos "os bons dias de antigamente", quando parecíamos ter poucos problemas sérios e a vida era confortável, serena e previsível. Que terá mudado?

Uma das tendências mais significativas dos últimos anos tem sido a intensificação da rebeldia, não apenas por parte dos despossuídos que lutaram, com freqüência, ao longo da história, contra seu destino, mas também por parte dos membros mais jovens das classes média e alta. Esse comportamento já é tão notório que foi preciso inventar novas palavras, tais como *hippie* e *beatnik*, para descrever os que transgridem normas de vestimenta e de conduta, criando graves conflitos entre gerações. Pais que lutaram para garantir educação e segurança econômica a seus filhos não conseguem comunicar-se com eles, nem impedir que abandonem os estudos, procurem alívio em drogas, se vistam como o sexo oposto ou se recusem a lutar por sua pátria. A "alienação" dos valores tradicionais ameaça crescentemente a manutenção da ordem social. Que terá acontecido? Em que erramos?

Como se tudo isso não fosse suficiente, a população humana aumenta em ritmo tão acelerado que os especialistas prevêem que ultrapassaremos um limite fatal dentro de poucas gerações, a menos que se tomem medidas de controle. Há muito que o homem vem remodelando arbitrariamente a superfície terrestre, desviando rios, aplanando montanhas, derrubando florestas, abrindo túneis debaixo da terra e das águas e capeando o solo com cimento e asfalto. Procedendo assim, altera inadvertidamente o delicado equilíbrio da natureza, poluindo o ar e a água, modificando os padrões de revestimento florestal e pondo em movimento forças que podem, um dia, tornar o planeta inabitável. Mesmo os conservadores se apercebem da ruína iminente, mas os interesses comerciais lutam cada vez mais denodadamente por uma oportunidade de auferir lucros. Aonde levará tudo isso?

A solução de qualquer problema depende de uma compreensão dos fatores nele envolvidos. A existência de opiniões diametralmente opostas sobre o manejo das questões com que hoje nos defrontamos é o melhor indício do pouco que sabemos a respeito de suas causas. Coagidos pela necessidade de fazer alguma coisa, recorremos ao remédio tradicional, que é o uso da força. Dado que o recurso a medidas de força só pode suprimir os sintomas, sem alterar suas causas, apenas se adia o ajuste de contas. E o desespero cresce à medida que se torna evidente a inoperância dos remédios policiais e militares para os males sociais de nosso tempo. Sentimo-nos encurralados, enredados por forças que não controlamos, abandonados pelos deuses e lançados violentamente à destruição. Que se passará conosco?

Se a compreensão é o primeiro passo para a ação racional, o que nos cabe é alcançar essa compreensão. A perspectiva aberta por Darcy Ribeiro neste trabalho mostra claramente que estamos envolvidos numa das grandes revoluções culturais que periodicamente traumatizam a humanidade. Nossa tecnologia avançou mais rapidamente do que os setores sociais e ideológicos da cultura, criando tensões que se distendem com violência semelhante à de um terremoto. As incertezas, os terrores, a angústia, a rebelião, a alienação e a frustração que sentimos foram experimentados, certamente, por aqueles que se viram enleados no bojo da Revolução Industrial ou de revoluções tecnológicas precedentes, como a da Irrigação. Agora, contudo, possuímos técnicas sofisticadas de observação científica e de processamento de dados que nos permitem, pela primeira vez, compreender o que está ocorrendo.

Entretanto, levamos a desvantagem de estar psicologicamente imersos nas situações que nos cabe analisar. Nossa tarefa é dissecar a própria cultura — e a cultura, aparentemente, só tem eficácia quando rege os atos humanos sem a consciência de que está agindo. Quando pomos em dúvida nossas crenças e os fundamentos de nosso modo de agir, corremos o risco de pôr à prova toda a ordem social. É por esse motivo que os *hippies*, os ateus, os homossexuais e toda sorte de conduta discrepante tendem a ser encarados com suspeita e hostilidade, como o desvio de normas compartilhadas, e sempre foram tidos como uma ameaça à solidariedade social. Em séculos pretéritos, os indivíduos assim eram condenados ao ostracismo, queimados na fogueira, crucificados ou atirados aos leões. Atualmente, são tolerados nas grandes sociedades, mas estigmatizados como radicais ou mesmo subversivos e punidos socialmente dos modos mais sutis.

Sem embargo, do ponto de vista social, esses "radicais" são necessários. A evolução social não poderia ter ocorrido sem eles. A perspectiva histórica de dez mil anos demonstra que numerosas crenças antes "inadmissíveis" alcançaram posterior aceitação, ainda que a um preço demasiadamente alto. Quantas pessoas foram perseguidas ou mortas por insistir em que a Terra era redonda e não plana; por afirmar que o mundo girava em torno do Sol e não o contrário; ou porque duvidavam que o destino humano fosse guiado pelos astros; ou ainda porque demonstravam que o homem evoluíra a partir de formas mais simples de vida? Suponhamos que um estudo científico da cultura venha a revelar serem falsas algumas das crenças que hoje acalentamos. Que tal se descobrirmos, por exemplo, que o capitalismo não é a forma derradeira de ordenação social, ou que não existem deuses, ou que o comunismo não é intrinsecamente diabólico? O medo do que possamos descobrir nos impele a rejeitar o exame de nossas crenças mais profundas, mas esse exame é iniludível se quisermos alcançar uma compreensão científica do mundo de nossos dias.

Os instrumentos de pesquisa sobre o modo de ação da cultura são fornecidos, na sociedade contemporânea, pelas ciências sociais. Entretanto, como se movem sobre terreno socialmente perigoso, os cientistas sociais sofrem pressões para neutralizar a eficácia de suas pesquisas. Em conseqüência, os sociólogos restringem seus estudos a temas seguros como a estrutura social, empregando métodos impessoais de pesquisa como os questionários e as estatísticas. Pela mesma razão, os antropólogos transformam num credo profissional o preceito de que só podem analisar objetivamente suas próprias culturas depois de mergulhar nas culturas dos povos primitivos e, em conseqüência, raras vezes se entregam ao estudo dos estágios mais altos da evolução sociocultural. Os economistas e cientistas políticos são mais ousados, mas encontram maiores resistências às inovações que propugnam, tal como o seguro de renda (*guaranteed income*), porque elas afetam enormes interesses investidos. O problema geral com que se defrontam os cientistas sociais é o de se lhes reconhecer a qualidade de especialistas, com fundamento em sua longa experiência direta de estudo da sociedade e da cultura. Lamentavelmente, ainda hoje, um cientista político não merece maior respeito que um político profissional; a um economista se dá menos crédito que a um empresário e se confia menos num sociólogo ou antropólogo do que num oficial das forças armadas ou num ministro de Estado, sob a alegação de que os primeiros são "teóricos", enquanto os últimos têm experiência "prática". Felizmente, há indícios de que essa noção começa a alterar-se, em face da evidência crescente de que a ação e a assessoria desses "práticos" não conduzem aos resultados desejados.

Dentre todos os cientistas sociais, os antropólogos são os mais bem preparados para explicar a cultura. A história de nossa disciplina se caracteriza, todavia, por violentas disputas entre evolucionistas e antievolucionistas; entre os que vêem a cultura como uma entidade a ser estudada em seus próprios termos e em consonância com suas próprias leis e os que a entendem como uma livre criação do intelecto humano, obediente a seus caprichos; entre aqueles que acham que a compreensão do passado permitirá vaticinar o futuro e os que consideram o futuro imprevisível. No presente momento, ganham terreno os evolucionistas e se generaliza a aceitação do ponto de vista de que o desenvolvimento cultural decorre da ação recíproca de forças definidas, atuando sob condições específicas.

O autor do presente ensaio representa a escola evolucionista de antropologia e nos oferece aqui uma nova abordagem do "processo civilizatório". Ele traz qualificações singulares para essa tarefa. Nascido em 1922 no estado brasileiro de Minas Gerais, recebeu formação em antropologia, sociologia e ciência política na Escola de Sociologia e Política de São Paulo. A primeira década de sua vida profissional foi dedicada principalmente ao trabalho de campo entre tribos indígenas da Amazônia e do Brasil Central, como os Kadiwéu, Terena, Kaiowá, Ofaiê-Xavante, Bororo, Karajá, Urubú-Kaapór, Kaingáng, Xokléng e diversos grupos da área do Xingu. Nesse período, também realizou um estudo de aculturação, de dois anos de duração, sob os auspícios da Divisão de Ciências Sociais da UNESCO, e organizou o Museu do Índio do Rio de Janeiro. Em 1956, iniciou sua carreira universitária como professor de etnologia da Universidade do Brasil, no Rio de Janeiro, que culminou com sua nomeação, em 1961, para primeiro reitor da nova universidade criada em Brasília, que em grande parte planejou. Entre 1958 e 1961, na qualidade de chefe da Divisão de Pesquisas Sociais do Ministério da Educação e Cultura, Darcy Ribeiro dirigiu um programa de estudos sobre as variantes regionais da sociedade brasileira e sua significação para o avanço da urbanização, da industrialização e da educação pública.

Em 1962, Darcy Ribeiro iniciou uma terceira carreira, ao ingressar na vida política como ministro da Educação e Cultura do Brasil. Nesse período, projetou e pôs em execução o primeiro plano qüinqüenal de erradicação do analfabetismo, de reorganização e democratização do sistema de ensino secundário e lançou as bases da reforma da estrutura universitária. Deixou o cargo para voltar à reitoria da Universidade de Brasília, mas foi chamado, em seguida, pelo presidente João Goulart, para chefiar a Casa Civil da Presidência, um organismo de assessoria geralmente comparado ao *Executive Office* do presidente dos Estados Unidos. Serviu nesse cargo até a derrocada de Goulart, a 31 de março de 1964, que levou ao exílio os colaboradores mais destacados daquele governo. Desde então, Ribeiro reside em Montevidéu, Uruguai, onde retomou sua carreira acadêmica como professor de antropologia da Faculdade de Humanidades e Ciências da Universidade da República Oriental do Uruguai.

Essa multiplicidade de experiências proporcionou a Darcy Ribeiro uma oportunidade única de observar o funcionamento da cultura sob as mais diversas condições: conviveu com grupos indígenas no seu estágio mais primitivo e participou do governo de uma das maiores nações modernas. A par disso, estudou comunidades humanas que experimentavam desde um processo de aculturação da condição mais primitiva à integração em uma nação moderna até a ascensão de sociedades nacionais da condição agrária à industrial. Como antropólogo profissional, Ribeiro analisa todas essas situações com uma abordagem diferente da do sociólogo, do economista ou do cientista político, alcançando uma percepção nova e estimulante de como age o processo civilizatório.

O trabalho de Darcy Ribeiro merece especial atenção

por mais um motivo. Nos Estados Unidos, herdamos a tradição da civilização ocidental européia, por nós considerada como a corrente principal ou central da evolução humana. Em conseqüência, julgamos todos os demais povos segundo nossos pontos de vista e os consideramos carentes. Nossos objetivos políticos nacionais se baseiam no pressuposto de que o sentido do progresso consiste em fazer os outros povos mais parecidos a nós, do ponto de vista político, social, industrial e ideológico. Acresce ainda que os melhores estudos sobre a evolução cultural foram elaborados por estudiosos europeus ou norte-americanos e, em virtude disso, corroboram, implícita ou explicitamente, esse ponto de vista. Ribeiro, entretanto, não é um produto da nossa tradição política ou acadêmica. É um cidadão do chamado "Terceiro Mundo". Como tal, encara o desenvolvimento cultural sob um prisma distinto e percebe nuances que para nós permanecem encobertas. O fato de não compartilhar do nosso parcialismo não significa, simplesmente, que ele seja imparcial. Todavia, os pontos focais de sua análise que mais se contrapõem a nossas concepções não podem ser rejeitados sob a alegação de preconceito. Não apenas porque suas qualificações profissionais o recomendam à nossa atenção, mas sobretudo porque só combinando outras perspectivas com a nossa própria poderemos distinguir entre a verdade e a distorção e alcançar, finalmente, uma compreensão realista do processo civilizatório. A conquista de tal percepção é, sem qualquer dúvida, crucial para a existência humana sobre a Terra.

Betty J. Meggers

PREFÁCIO À QUARTA EDIÇÃO VENEZUELANA

Publiquei este livro com muito medo. Temia que a ousadia de enfrentar temas tão amplos e complexos me levasse a um desastre. Meu medo devia ter aumentado quando um conhecido intelectual marxista, ledor de importante editora, deu um parecer arrasador sobre *O processo civilizatório*. Dizia ele que o autor, etnólogo de índios, brasileiro, que não era nem sequer marxista, pretendia nada menos que reescrever a teoria da história, o que equivalia, pensava ele, a inventar o moto-contínuo. O diabo é que eu pretendia mesmo! Só não fiquei aplastado debaixo daquele parecer competentíssimo porque fui salvo por um ataque de raiva possessa contra todos os que pensam que intelectual do mundo subdesenvolvido tem de ser subdesenvolvido também.

Mas logo surgiram vozes de alento para levantar meu ânimo. Principalmente as de alguns amigos e colegas tomados de entusiasmo pelo livro. Entre eles, a mais competente arqueóloga que conheço: Betty Meggers. Além de me estimular, Betty se propôs a ajudar na revisão dos dados sobre a evolução técnica e na fixação das cronologias. Depois, se dispôs a traduzir *O processo civilizatório* ao inglês, o que fez admiravelmente. Afinal, conseguiu também que ele fosse editado pela

Smithsonian Instituition, que, sendo o mais vetusto dos órgãos de pesquisa antropológica deste mundo, lhe garantiria a melhor atenção profissional. A tudo isso Smithsonian aliava a qualidade, ainda mais simpática para mim, de ter sido a editora de obras de Lewis H. Morgan, cujo texto fundamental — *Ancient society* — eu retomava, via F. Engels, em *O processo civilizatório*.

Agora, com dez anos de idade, *O processo* é um filho bem-sucedido: quinze edições e cerca de 160 mil exemplares vendidos fazem dele o meu principal livro. Só menos querido do que o meu filho caçula — o romance *Maíra* — que, por outras razões, é meu xodó.

Grande e generosa foi, também, a fortuna crítica de *O processo*, recebido com carinho em vários países. Foi, inclusive, objeto de um debate coletivo promovido por *Current Anthropology*, para os livros que seus editores consideram importantes.* Esse debate (*CA treatment*) consiste em remeter a obra selecionada para debate a uns vinte antropólogos para que a critiquem; em recolher, depois, e remeter ao autor os diversos comentários para que ele redija a réplica; e, por fim, na publicação conjunta de todo o material.

Os comentários assinalam tanto os aspectos com que os críticos concordam como aqueles de que discordam. Entre os primeiros, recordo agora o gosto que me deu ler as apreciações freqüentes assinalando que *O processo civilizatório* proporcionava, pela primeira vez, um quadro conjunto dos últimos cinco séculos da história, que possibilitava tratar as sociedades avançadas e as atrasadas não como etapas sucessivas da evolução humana, mas como pólos interativos de um mesmo siste-

(*) Esse debate foi publicado nos volumes 11 a 14 de 1970 de *Current Anthropology* e republicado na forma de livro sob o título de *Configurações histórico-culturais dos povos americanos*, no México (1972), em Montevidéu (1972), no Rio de Janeiro (1975) e em Buenos Aires (1976).

ma sócio-econômico tendente a perpetuar suas posições relativas. O *hoje* dos povos avançados não é, pois, o nosso *amanhã*: nós e eles encarnamos posições opostas, mas coetâneas.

Essa integração teórica que nos permitiu fundir, a partir de 1500, nosso esquema evolutivo com nossa reconstituição do processo histórico tornou-se possível graças ao apelo aos conceitos complementares de *aceleração evolutiva* e de *atualização histórica*. Nos últimos anos, tive a alegria de vê-los reproduzidos nesses termos e em variantes semânticas deles em diversos estudos. Com sua ajuda, muitos autores puderam superar tanto as visões unilineares que mediocrizam as teorias evolutivas como as proposições desenvolvimentistas das teorias da modernização, que fazem supor uma progressão espontânea do subdesenvolvimento ao desenvolvimento, através da industrialização substitutiva.

Foi também assinalado que essa concepção de duas linhas divergentes de trânsito de uma a outra etapa da evolução tinha tanto a virtude histórica de facilitar a compreensão das vicissitudes dos povos subdesenvolvidos no passado como a qualidade predictiva de possibilitar a antevisão dos riscos que eles enfrentam, agora, de serem outra vez *atualizados* no curso do processo civilizatório posto em marcha pela Revolução Científica.

A primeira atualização que experimentamos ocorreu com os índios e os negros que, atingidos pela expansão européia, não evoluíram da tribalidade à civilização, mas foram tão-somente arrastados à condição de força de trabalho das colônias escravistas mercantis que as nações ibéricas fundaram no Novo Mundo, no curso da Revolução Mercantil. A segunda ocorreu com o trânsito que sofremos da condição colonial à neocolonial, no corpo da Revolução Industrial, e que nos confirmou na situação de povos de segunda classe, enquanto os EUA, por exemplo, se integravam autonomamente, por aceleração evolutiva, na nova civilização. A terceira é a que as nossas classes dominantes gerenciais, na qualidade de associados das corporações multinacionais, estão promovendo em nossos dias com a maior eficiência. À luz dos conceitos de atualização versus aceleração, fica evidenciado que seus esforços de modernização só visam nos atrelar à civilização pós-industrial, outra vez na condição de povos dependentes que continuarão contribuindo tanto para a prosperidade alheia que não poderão cuidar de sua própria prosperidade.

As principais reservas apresentadas contra as proposições de nosso esquema conceitual vêm de duas vertentes: as dos que o contestam por ser "marxista" e as dos que, ao contrário, o desmascaram como infiel ao "verdadeiro marxismo". As primeiras, tolas demais para merecer atenção, caem ora em objeções irritadas contra a idéia de progresso, ora em advertências escandalizadas contra a admissão de que as revoluções sociais violentas possam ser socialmente positivas.

As últimas merecem maior atenção, embora sejam, às vezes, igualmente tolas. Esse é o caso de todos os que, supondo que existem respostas finais de Marx para todas as questões, consideram uma ousadia repensar os esquemas ditos marxistas, porque só admitem recitá-los.

Esses ruminantes de Marx deviam, no presente caso, concordar que, havendo dois esquemas legitimamente atribuíveis ao marxismo sobre a evolução sociocultural humana, caberia pelo menos o esforço de engendrar um terceiro que os conciliasse. Efetivamente, isso é o que sucede, uma vez que o esquema de Engels em *A origem etc.* (1884) — que Marx conheceu e aprovou — é não só diferente, mas oposto ao esquema do próprio Marx nos *Grundisse* (escritos em 1857-9, mas só editados em 1939 e difundidos depois de 1950), o qual, por sua vez, Engels conhecia muito bem. A divulgação tardia do texto de Marx veio criar uma grande celeuma, porque ele se revelou muito superior ao de Engels ou, pelo menos, mais conciliável com os conhecimentos antropológicos acumulados no último século. Onde ficamos neste debate entre os dois ilustres defuntos, se não nos consentimos repensá-los?

Esse tipo de contestação é especialmente irritante quando parte dos pretensos marxólogos que convertem o marxismo numa técnica erudita de exegese de textos. Eles querem que se leiam as obras de Marx partindo da suposição de que nelas — como na Bíblia, para Lutero — residisse toda a sabedoria. Uma sabedoria, aliás, só recuperável se lidos e relidos com a devida atenção e com a indispensável obediência ao guia parisino que esteja em moda.

Penso que a verdade, no que tenha de apreensível, não está em texto algum, mas na vida e na história. Penso que ela só pode ser lida através da observação direta ou da reconstituição histórica criteriosa de contextos sociais concretos e da comparação sistemática dos mesmos. Os clássicos — e, com eles, todos os que teorizam fecundamente, com base em pesquisas científicas e históricas — nos provêem no máximo de orientações, diretrizes, a partir das quais temos é de abrir os olhos para olhar e ver e rever a experiência vivida dos povos como a única fonte de saber referente à sua vida e ao seu destino. Nosso papel é, pois, o de nos fazermos herdeiros do discurso da ciência, apenas para refazê-lo com base na exploração exaustiva do valor explicativo tanto dos contextos sociais concretos que observamos como das circunstâncias de lugar e posição, desde as quais vemos a eles e aos seus contornos. Para fazê-lo com a ousadia de Marx, porém, é indispensável observar, comparar e interpretar de olhos postos no trânsito entre o que foi e o que pode ser, e com a predisposição de conhecer para intervir e influir, no sentido de que venham a se concretizar na história, amanhã, as possibilidades mais generosas dela.

Com essa postura é que escrevemos *O processo civiliza-*

tório. Ele é o melhor discurso que podíamos formular sobre o caráter necessário — e, portanto, compreensível — de nosso passado de nações que fracassaram na história. É também a mais clara advertência que podíamos escrever sobre as ameaças que pesam sobre nós de recairmos na condição de povos explorados e subalternizados, ameaça tanto maior porque esse é o projeto de nossas classes dominantes. É, por fim, a expressão mais eloqüente que conseguimos formular sobre as possibilidades reais que se abrem à nossa frente de ruptura revolucionária dos fatores causais do atraso autoperpetuante, para a realização das potencialidades dos nossos povos, dentro da civilização emergente.

Uma reserva surpreendente ao nosso esquema conceitual é a de quem o inquina de "evolucionista". E daí? Desejariam que fosse funcionalista? Mais do que surpreendente, porém, essa reserva passa a ser absurda quando parte de pretensos marxistas. Que são os esquemas de sucessão das formações econômico-sociais de Marx e Engels, senão teorias evolutivas?

Aqui se somam, provocando curtos-circuitos, diversas confusões. Primeiro, a de jogar na mesma lata de lixo as doutrinas ultrapassadas, junto com o evolucionismo meio *unilinear* de Tylor ou do *progressivismo* de Spencer, nada menos do que a concepção vital para as ciências sociais de que o processo histórico, não sendo arbitrário nem errático, é, por isso mesmo, explicável e, em certa medida, até previsível. Segundo, o de opor-se nominalmente ao academicismo sócio-antropológico norte-americano, apenas para beber suas piores águas de lavagem. Inclusive, o reacionarismo antievolucionista de quantos detestam e repelem qualquer idéia de evolução como uma predisposição perigosa à revolução. Leslie White (1945), demonstrando como e por que razões políticas e não científicas se constituiu e difundiu essa estultice teórica, fez dela a vergonha das ciências sociais norte-americanas com que, hoje em dia, ninguém mais se identifica.

Só resta assinalar aqui que assim como as ciências da vida não podem passar sem um esquema da evolução biológica — o que não converte ninguém em *darwinista* —, assim também as ciências da sociedade e da cultura não podem prescindir do único esquema teórico capaz de tornar a história inteligível — e este será inevitavelmente evolutivo, ainda que não necessariamente evolucionista, de estilo *tylonista* ou *spenceriano*.

Tudo isso significa que, quando não se conta com uma teoria explícita da evolução, se corre o grave risco de cair num evolucionismo irresponsável por si mesmo, porque inexplícito. Quando se fala, por exemplo, de Revolução Industrial no plano tecnológico, ou de Revolução Socialista no político, se estão usando categorias que só têm sentido dentro de uma concepção evolutiva da história. Isso é, aliás, o que se faz habitualmente sem maiores conseqüências. Fazê-lo, porém, pretendendo ser expressamente antievolucionista é pecado de indigência teórica.

Quero comentar ainda duas ordens de objeção nominalmente marxistas que se opõem às teses de *O processo civilizatório*. A primeira diz respeito à noção de *feudalismo*, que conceituamos não como uma etapa da evolução sociocultural situada entre o escravismo e o capitalismo, mas como uma instância geral de regressão histórica. Assim concebida, seria um tipo geral de vicissitude em que até agora tendiam a cair e até a recair reiteradamente todas as altas civilizações.

Os europeus e os norte-americanos (como um transplante ultramarino de sociedades européias) têm dificuldades de assumir essa visão porque, identificando o *feudalismo* com a Idade Média que está no seu próprio passado, são levados a concebê-lo como uma ponte histórica entre o escravismo greco-romano — seus supostos ancestrais, mais dignificatórios do que reais — e os alvores do capitalismo mercantil, no Renascimento. À luz dessa percepção eurocêntrica, o milênio de atraso medieval — em que desaparece toda a produção mercantil, em que a imensa estrutura do Império Romano se coalha em milhares de feudos — é alçado fantasiosamente da condição de seqüência histórica específica à de categoria teórica geral da evolução humana. Tenta-se até fundamentar a tese, buscando no feudalismo assim concebido signos do progresso que através dele se teriam dado no trânsito da escravidão ao trabalho assalariado, através da servidão. A verdade é que não há tais avanços. O que se toma por sinal deles já são prenúncios das novas formações pós-feudais.

O grave, porém, dessa concepção é que dado o seu caráter genérico, ela conduz à tendência nefasta de catalogar como "feudalismo" tudo que não seja escravismo puro nem capitalismo pleno. Nossa concepção de *feudalismo*, ao contrário, além de proporcionar explicações satisfatórias para as regressões cíclicas que experimentaram as civilizações egípcia, mesopotâmica, indiana e chinesa etc., permite superar a estreiteza da concepção anterior. Esta, além de não explicar nada — nem mesmo a história medieval européia —, impossibilita entender a natureza real das revoluções socialistas não obreiras nem pós-capitalistas que são, aliás, as únicas conhecidas. Essa qualidade é que fazia aquela concepção tão cara a Stalin quanto sua obsessão pelo caráter democrático-burguês — porque pós-feudal — de toda revolução nas áreas não coloniais. Dentro dessa percepção, Fidel haveria feito a revolução por ignorância.

Outra reserva pseudomarxista ao esquema conceitual de *O processo civilizatório* vem da escolha do desenvolvimento da tecnologia como critério básico de construção do nosso esquema de evolução sociocultural. Alega-se, aqui, que essa postura importa em invalidar o critério marxista, que faz das lutas de classe o motor da história, e do desenvolvimento dos modos de produção o critério fundamental da evolução social. Não há

nesses argumentos senão palavreado vazio. Primeiro, porque não negamos a luta de classes, apenas assinalamos que apesar de ser tão importante, ela não se presta ao papel de categoria *diagnóstica* da evolução humana. Tanto é assim que muitas das suas formas básicas se reiteram em formações sociais inteiramente diferentes e com defasagem evidente — como o escravismo romano e o escravismo brasileiro —, o que, se ratifica por um lado sua relevância, comprova, por outro lado, sua desvalia como critério distintivo de etapas da evolução. Em segundo lugar, porque os componentes estratégicos do modo de produção para o estudo da evolução racial são precisamente os meios de produção, vale dizer, a tecnologia, e não as relações de produção, que seriam os antagonismos de classe acima referidos.

Contestar em nome de Marx a utilização do critério tecnológico no estudo da evolução social humana é tanto mais absurdo porque é o próprio Marx quem reclama no primeiro tomo de *O capital* (1962:303) a necessidade imperiosa de se escrever a *história crítica da tecnologia*. Isso porque, a seu juízo, ela seria, no plano social, o equivalente da obra de Darwin no plano da evolução das espécies. Com efeito, depois de salientar a importância da *história da tecnologia natural* de Darwin, Marx pergunta: *Será que a história da criação dos órgãos produtivos do homem social* (quer dizer, dos meios de produção, isto é, das técnicas produtivas, esclareço eu), *que são a base natural de toda organização específica da sociedade, não merece a mesma atenção*? Conforme se verifica, foi Marx quem me pediu que escrevesse *O processo civilizatório*. Obviamente, ele esperava uma obra mais lúcida e alentada do que minhas forças permitiam. Ainda assim, fico com o direito de crer que, apesar de tudo, o herdeiro de Marx sou eu.

D. R.
(*Rio, abril, 1978*)

INTRODUÇÃO: AS TEORIAS DA EVOLUÇÃO SOCIOCULTURAL

Nos últimos anos, praticamente todos os antropólogos retomaram a perspectiva evolucionista, reformulada, agora, em termos explicitamente multilineares e descomprometida do caráter conjectural de muitos dos antigos ensaios sobre a origem de costumes e instituições. Entretanto, não se conta ainda com um esquema global das etapas da evolução sociocultural formulado com base nas contribuições mais recentes da arqueologia, da etnologia e da história, que permita situar qualquer sociedade, extinta ou atual, dentro do *continuum* do desenvolvimento sociocultural.

A inexistência de esquemas desse tipo tem levado as ciências sociais a pelo menos quatro ordens de deformações. Primeiro, à tendência a tratar nos termos das teorias de alcance médio problemas que, por sua natureza, como os estudos do desenvolvimento e da modernização, exigem uma abordagem mais ampla e compreensiva. Segundo, a redução dos estudos antropológicos sobre dinâmica cultural a microanálises — como no caso dos estudos de aculturação —, cuja contribuição para o conhecimento dos processos pelos quais se plasmam as tradições culturais e se formam e transformam as etnias é praticamente nula. Terceiro, a privilegiar os estudos funcionalistas, condenando, assim, a antropologia a formular explicações teóricas em termos da interação entre os conteúdos presentes em cada cultura e crestando a criatividade que alcançara na busca de generalizações dentro da antiga perspectiva diacrônica. Quarto, à contingência de deixar implícita, em muitos estudos, uma teoria da evolução sociocultural que jamais se discute diretamente. Acresce ainda que até mesmo os estudos realizados com base na metodologia da evolução cultural freqüentemente se formulam dentro de limites tão acanhados que não proporcionam uma explanação da dinâmica cultural em termos de causalidade, nem conduzem à formulação de teorias explicativas dos modos de ser e de interagir das sociedades contemporâneas, enquanto resultantes de longos e complexos processos históricos.

Com o objetivo de contribuir para superar essa carência — que ultrapassa, evidentemente, a capacidade de uma só pessoa — é que nos propusemos a elaborar uma reformulação preliminar das concepções da evolução sociocultural, para servir de base aos nossos estudos sobre o processo de formação étnica e sobre os problemas de desenvolvimento com que se defrontam os povos americanos. Focalizamos o desenvolvimento das sociedades humanas nos últimos dez milênios, ou seja, depois do surgimento dos primeiros núcleos agrícolas. Apenas tratamos as etapas anteriores nos limites mínimos indispensáveis para situar as que se seguiram.

De especial valia na realização deste trabalho foi o apelo a estudos clássicos sobre a evolução sociocultural que abordam o problema globalmente, muitos dos quais têm ainda hoje um flagrante valor de atualidade. Recorremos igualmente a estudos contemporâneos que reconstituem seqüências parciais do processo evolutivo ou analisam problemas particulares da dinâmica cultural.*

(*) Nas "Observações sobre a bibliografia", o leitor encontrará um comentário

Dentre as fontes clássicas queremos destacar *Ancient society*, de Lewis H. Morgan, publicado em 1877, que demonstra, pela primeira vez, que a história humana é "una em sua origem, una em sua experiência e una em seu progresso", sendo, por isso, suscetível de dividir-se uniformemente em três etapas gerais de evolução. Tais são a selvageria, a barbárie e a civilização, cada uma das quais subdividida em três idades: a inferior, a média e a superior. A partir da selvageria inferior, correspondente à economia de simples coleta de frutos, raízes e nozes, o homem alcançaria a etapa média, com o uso do fogo e a economia da pesca; e a superior, com a descoberta do arco e flecha. A barbárie teria início com a cerâmica, desdobrando-se, na etapa média, com a domesticação de plantas e animais, a irrigação, a edificação com tijolos e pedra, e passando à superior com a fabricação de instrumentos de ferro. A civilização iniciar-se-ia com a escrita fonética. A cada uma dessas etapas de progresso tecnológico, Morgan faz corresponder modos particulares de organização social e conteúdos especiais da visão do mundo e dos corpos de crenças e valores.

Friedrich Engels publicou em 1884 uma reelaboração do esquema de Morgan, à luz da concepção marxista das formações econômico-sociais, definidas como tipos históricos de sociedades caracterizadas pela combinação de um modo de produção (tecnologia + divisão do trabalho) com uma forma determinada de organização social e com um corpo particular de concepções ideológicas. Nesse estudo clássico (1955), Engels distingue cinco formações: o comunismo primitivo, o escravismo, o feudalismo, o capitalismo e o socialismo, que se

sobre as fontes bibliográficas que utilizamos no tratamento de cada tema. As referências bibliográficas são feitas pela citação do nome do autor seguida do ano de publicação da obra citada e das páginas respectivas, no caso de citação textual. Na bibliografia geral, os autores são citados por ordem alfabética e o título de cada uma de suas obras vem precedido pelo ano de publicação da edição que utilizamos.

sucederiam historicamente, sempre nessa ordem, para todas as sociedades.

Karl Marx, em seu estudo das formações pré-capitalistas (redigido em 1857-8, mas só publicado pela primeira vez em 1939-41), assinala que o rompimento evolutivo da condição primitiva pode assumir diversas feições, conforme o tipo de propriedade que o dinamize. Dentre elas cita especificamente a formação asiática, que designamos como teocrática de regadio; a antiga clássica, que chamamos mercantil escravista; a eslava, que ele não definiu claramente; e a germânica, que Marx identifica com os primeiros passos do feudalismo europeu. Os dois primeiros caminhos não constituem necessariamente, a seu ver, etapas sucessivas e obrigatórias da evolução cultural, mas formas alternativas (de ruptura com a condição tribal), através das quais diferentes sociedades podem ter chegado ao feudalismo, passando ou não pelo escravismo. Para Marx, a universalidade do processo evolutivo parecia estar antes no progresso continuado dos modos de produção e na sua resultante histórica, que era o sistema capitalista industrial de base mundial tendente ao socialismo, do que na unilinearidade da via de ascensão do primitivismo à civilização.

É de assinalar, porém, que poucos aspectos das teorias de Marx foram tantas vezes revistos por ele próprio e por Engels, e também por outros estudiosos marxistas, do que essas seriações de etapas da evolução sociocultural. Eles próprios as encaravam, provavelmente, como tentativas pioneiras de distinguir as formações econômico-sociais fundamentais e de estabelecer algumas ordens possíveis de sucessão das mesmas. Embora trabalhando com a melhor bibliografia da época e capacitados a tirar dela o máximo proveito, Marx e Engels não podiam suprir lacunas só posteriormente preenchidas pelos estudos arqueológicos, etnológicos e históricos. Entretanto, mesmo passado um século, as anotações de Marx sobre esse campo — *As formações pré-capitalistas* — constituem uma das formulações teóricas mais ousadas e fecundas de que se dispõe.

Lamentavelmente, o próprio Marx não retomou o tema posteriormente, cabendo a Engels rever os antigos estudos comuns com base na bibliografia publicada mais tarde, principalmente na contribuição de Morgan. Os estudos marxistas posteriores encaminharam-se para uma orientação cada vez mais unilinear e dogmática (J. Stalin, 1946; O. V. Kuusinen, 1964; A. Viatkin [ed.], e outros, s. d.), pouco acrescentando às contribuições originais e até mediocrizando-as em seus esforços originais por formular leis universais de transição entre etapas e empobrecendo-as com o abandono dos estudos sobre a formação asiática e a redução do conceito de feudalismo a um mero pré-capitalismo. Só recentemente, com a publicação das *Formações* de Marx (1966), esses estudos foram retomados com maior amplitude de visão, restabelecendo-se a concepção da pluralidade de formações econômico-sociais e dos modos alternativos de transição de uma à outra (E. Hobsbawm, 1966; M. Godelier, 1966; J. Chesneaux, 1964; O. del Barco, 1965).

Gordon Childe (1937, 1946 e 1951), a quem se devem os melhores estudos modernos sobre a matéria, fundados nos desenvolvimentos recentes das pesquisas arqueológicas e etnológicas, segue as linhas mestras do esquema de Morgan. Estende, porém, a selvageria até a Revolução Neolítica, representada pela difusão da agricultura e do pastoreio, que dariam início à barbárie. Esta é dividida em duas etapas: a barbárie neolítica e a alta barbárie da idade do cobre, que ele estende até a Revolução Urbana, iniciada com o desenvolvimento das cidades. Começaria, então, a civilização, que Childe divide em três etapas: as idades do bronze e do ferro e o feudalismo, que se prolongaria até a Revolução Industrial.

Leslie White (1949 e 1959) foi o primeiro dos antropólogos modernos a retomar a perspectiva evolucionista em toda a sua inteireza e profundidade. Utiliza como critério de determinação das etapas de evolução cultural o grau de controle e de utilização das fontes de energia alcançado por cada sociedade. Discrepando mais do que Gordon Childe do esquema de Morgan, White propõe uma etapa inicial de selvageria que se estenderia até a Revolução Agrícola, através da qual o homem coloca a seu serviço a energia solar, mediante o cultivo de plantas. A partir de então, até a Revolução Industrial, se desdobraria a barbárie, a que se seguiria a civilização. Em um de seus estudos, White fala de idades da caça e da coleta, dos cereais e do carvão (1945).

Devemos a Julian Steward (1955, caps. 2 e 11) contribuições assinaladas à teoria da evolução cultural. Comparando o desenvolvimento de seis focos culturais (Mesopotâmia, Egito, Índia, China, Peru e Meso-América), em que floresceram civilizações fundadas na agricultura de regadio, Steward demonstra que em todos eles se podem distinguir "etapas homotaxiais não sincrônicas" de desenvolvimento. A primeira delas é a de caça e coleta (correspondente à selvageria da classificação de Morgan), que se estenderia até o cultivo de plantas e a criação de animais, quando teria início a etapa da agricultura incipiente. Desta passar-se-ia à formativa, com o surgimento da irrigação e da cerâmica. A partir daí se desdobrariam quatro eras distintas — florescimento regional, conquistas iniciais, idades obscuras, conquistas cíclicas e idade do ferro —, caracterizadas por certos avanços na tecnologia e nas formas de organização social, até atingir a Revolução Industrial. Posteriormente, à luz da crítica de diversos especialistas, num simpósio de 1953, Steward ([ed.], 1955) introduziu algumas modificações conceituais e taxonômicas em seu esquema. As principais delas foram a fusão do florescimento regional com as conquistas iniciais e a reformulação das conquistas cíclicas como uma era militarista.

Karl Wittfogel (1955 e 1964) retomou o conceito clássico de "despotismo oriental", desenvolvido especialmente por Marx (formação asiática), e, com base nos seus estudos sobre a China, procurou generalizá-lo como uma das linhas básicas do desenvolvimento evolutivo. Para isso realçou antes o caráter supostamente despótico do que o hidráulico dessas formações, chegando a abandonar esse último. As "sociedades hidráulicas" se opõem, para Wittfogel, às "sociedades estratificadas de pastores", às "sociedades agrárias não hidráulicas e não feudais de Grécia e Roma republicanas e às sociedades feudais da Europa e do Japão". Ele não procura relacionar, todavia, esses tipos socioculturais uns com os outros, nem escaloná-los num esquema evolutivo. Seu interesse fundamental é formular uma teoria geral do totalitarismo pela análise das culturas de regadio, com rego ou sem rego.

Nosso esforço consistirá, principalmente, em sistematizar os esquemas faseológicos e os princípios dinâmicos da evolução sociocultural, formulados nos estudos clássicos e modernos. A isso acrescentaremos um corpo de conceitos analíticos novos. Esperamos que esta tentativa de sistematização e de renovação contribua para determinar as etapas básicas de desenvolvimento tecnológico distinguíveis no *continuum* da evolução humana; para discernir os modos de vida correspondentes a esses avanços evolutivos, em termos de formações econômico-sociais ou socioculturais; para identificar as forças dinâmicas responsáveis pela sucessão de etapas e de formações; e, finalmente, para definir as condições em que essa sucessão se acelera, ou se retarda, ou entra em regressão e estagnação.

Pressupostos teóricos

A história das sociedades humanas nos últimos dez milênios pode ser explicada em termos de uma sucessão de revoluções tecnológicas e de processos civilizatórios através dos quais a maioria dos homens passa de uma condição generalizada de caçadores e coletores para diversos modos, mais uniformes do que diferenciados, de prover a subsistência, de organizar a vida social e de explicar suas próprias experiências. Tais modos diferenciados de ser, ainda que variem amplamente em seus conteúdos culturais, não variam arbitrariamente, porque se enquadram em três ordens de imperativos. Primeiro, o caráter acumulativo do progresso tecnológico que se desenvolve desde formas mais elementares a formas mais complexas, de acordo com uma seqüência irreversível. Segundo, as relações recíprocas entre o equipamento tecnológico empregado por uma sociedade em sua atuação sobre a natureza para produzir bens e a magnitude de sua população, a forma de organização das relações internas entre seus membros, bem como das suas relações com outras sociedades. Terceiro, a interação entre esses esforços de controle da natureza e de ordenação das relações humanas e a cultura, entendida como o patrimônio simbólico dos modos padronizados de pensar e de saber que se manifestam, materialmente, nos artefatos e bens, expressamente, através da conduta social, e, ideologicamente, pela comunicação simbólica e pela formulação da experiência social em corpos de saber, de crenças e de valores.

Essas três ordens de imperativos — tecnológico, social e ideológico — e o caráter necessário de suas respectivas conexões fazem com que a uma classificação de etapas evolutivas de base tecnológica devam corresponder classificações complementares fundadas nos padrões de organização social e nos moldes de configuração ideológica. Se isso é verdade, torna-se possível elaborar uma tipologia evolutiva geral, válida para as três esferas, ainda que fundada na primeira delas, e em cujos termos se possam situar as sociedades humanas em um número limitado de modelos estruturais seriados numa seqüência de grandes etapas evolutivas.

Existe um alto grau de concordância entre os estudiosos quanto ao poder de determinação dos conteúdos tecnológicos sobre os sociais e ideológicos e quanto à possibilidade de seriar o desenvolvimento tecnológico em passos evolutivos do progresso humano. O acordo é igualmente amplo quanto ao caráter necessário das conexões entre o sistema tecnológico, o social e o ideológico de uma sociedade. Mas é muito menor com respeito à possibilidade de definir padrões necessários dessas conexões em termos de etapas evolutivas que combinem certo grau de desenvolvimento tecnológico com certas características de organização social e certos modos de configuração da cultura.

A muitos autores parece demasiadamente amplo e até mesmo arbitrário o âmbito das respostas socioculturais possíveis às formas tecnológico-produtivas, para que seja praticável correlacionar umas às outras e classificá-las numa tipologia de aplicação universal. Outros estudiosos, admitindo embora a possibilidade de lograr-se essa esquematização de etapas, ponderam que não teria qualquer valor operacional porque, para serem universais, deveriam formular-se tão genericamente que "não seriam nem discutíveis, nem úteis" (Steward, 1955a:17). Ainda que o argumento fosse válido, justificar-se-ia a elaboração de um esquema global da evolução sociocultural por seu valor de explanação mais geral dos nossos conhecimentos sobre a dinâmica dos fenômenos culturais. É muito provável, porém, que tal esquema possa ter também certo valor operacional, desde que proporcione um quadro geral da evolução sociocultural do homem, desdobrável em subquadros revestidos de qualificações específicas, aplicáveis a situações concretas. Na realidade, enquanto faltar esse quadro geral, os cientistas sociais não poderão sequer propor-se problemas que permitam entender as relações entre o nível de objetividade dos estudos históricos, etnográficos e arqueológicos e as categorias abstratas das explicações antropológicas ou sociológicas. Uma teoria geral da evolução sociocultural é, por isso, indispensável, até mesmo para situar e dar amplitude explicativa às generalizações científicas fundadas na análise de relações sincrônico-funcionais.

O conceito básico subjacente às teorias de evolução sociocultural é o de que as sociedades humanas, no curso de longos períodos, experimentam dois processos simultâneos e mutuamente complementares de autotransformação, um deles responsável pela diversificação, o outro pela homogeneização das culturas. Por força do primeiro processo, as sociedades tendem a multiplicar seus contingentes populacionais, a desdobrar as entidades étnicas em que estes se aglutinam e a diversificar seus respectivos patrimônios culturais. Por força do segundo processo, porém, essa diversificação, em lugar de conduzir a uma diferenciação crescente dos grupos humanos, conduz à homogeneização de seus modos de vida através da fusão das entidades étnicas em unidades cada vez mais inclusivas e da construção de seus patrimônios culturais dentro de linhas paralelas, tendentes a uniformizá-las.

O primeiro processo, de caráter diversificador, responde ao imperativo de adaptação ecológica diferencial que colore com qualidades particulares a cultura de cada sociedade, especializando-a a certo ambiente ou desviando o rumo do seu desenvolvimento, em virtude de acontecimentos históricos particulares. Esses coloridos, ainda que decisivos na explicação do modo de ser de cada sociedade particular, não podem entrar no exame do processo evolutivo, exceto quando criam formas gerais de adaptação humana, adotáveis por outras sociedades, porque não decorrentes do simples ajustamento a particularidades ambientais e do impacto de vicissitudes históricas singulares.

O segundo processo integrador e homogeneizador é a evolução sociocultural. Radcliffe Brown o definiu como um processo de "atualização progressiva de potencialidades presentes, quando os primeiros seres humanos começam a viver em sociedade" (1961). Desdobrando essa conceituação, poder-se-ia dizer que a evolução sociocultural se processa através da realização de possibilidades limitadas de resposta aos mesmos imperativos fundamentais, dentro dos mesmos enquadramentos condicionadores, conducente à reiteração das mesmas formas culturais e, desse modo, à criação de estruturas uniformes, classificáveis dentro de uma tipologia genética universal.

O exame das variedades do modo de ser das sociedades humanas, a respeito das quais contamos com documentação adequada, revela que elas são classificáveis em diferentes categorias, de acordo com o grau de eficácia que alcançaram no domínio da natureza. Demonstra, também, que elas são ativadas por um processo de desenvolvimento que, embora não opere simultaneamente com o mesmo vigor sobre cada uma delas, não atua arbitrariamente, mas de forma regulada e direcional. Tal se dá em virtude da atuação de uma série de forças causais uniformizadoras, entre as quais devemos incluir um imperativo geral e três condicionamentos básicos, de caráter extracultural, bem como uma série de fatores causais de natureza propriamente cultural.

O imperativo básico consiste na uniformidade da própria natureza sobre a qual o homem atua, que o obriga a ajustar-se a regularidades físico-químicas e biológicas externas à cultura. O papel homogeneizador desse imperativo se exprime principalmente na tecnologia produtiva que, por seu caráter de modos de ação sobre a natureza, deve ater-se necessariamente aos requisitos desta. Como resposta a esse imperativo é que encontramos em todas as culturas um corpo mínimo de conhecimentos objetivos e de modos estandardizados de fazer. Vale dizer que a lógica das coisas se impõe às culturas, desafiando-as a desenvolver-se mediante a percepção de seus princípios e o ajustamento a eles.

Três contingencionamentos básicos, de natureza extracultural, somam-se a esse imperativo para conformar as culturas, imprimindo-lhes as mesmas pautas; todos eles referem-se à chamada "natureza humana". Primeiro, os decorrentes da estrutura biológica do homem, cujos atributos especiais de inteligência, flexibilidade, individualização e socialização — resultantes do processo de evolução biológica — o uniformizam como espécie em face de todas as outras (G. C. Simpson, 1966; Julian Huxley, 1952 e 1955). Essa uniformidade elementar se imprime às culturas fazendo-as essencialmente homogêneas, enquanto modos de controle do meio ambiente por agentes biológicos especializados. Em virtude desse contingenciamento, todas as culturas desenvolvem normas uniformes de orientação da ação adaptativa sobre o meio para tirar dele materiais específicos indispensáveis à sobrevivência e à multiplicação biológica dos seres humanos (coleta, caça, pesca etc.). Segundo, os contingenciamentos da vida associativa, cujo desenvolvimento e manutenção exigem a criação de pautas culturais capacitadas a propiciar o convívio e ordenar a interação social para os efeitos de reprodução do grupo (incesto, família, parentesco, clã etc.) e da produção econômica (divisão do trabalho, estratificação etc.). Terceiro, os contingenciamentos de natureza psicológica, mais difíceis de precisar, mas responsáveis, ao menos, pela unidade essencial da estrutura neuropsicológica e mental dos seres humanos, que, segundo dizia Adolph Bastian, permite encontrar as mesmas soluções ante idênticos desafios causais.

Àquele imperativo elementar e a esses contingenciamentos — todos de natureza extracultural — acresce um outro imperativo geral, este de natureza propriamente cultural, que consiste na capacidade especificamente humana de comunicação simbólica, responsável pelo enquadramento da vida social dentro de corpos de herança cultural, transmitidos de geração a geração, e que faz com que todos os desenvolvimentos posteriores dependam das características do patrimônio preexistente.

Dentro do âmbito desses diversos condicionamentos, as culturas se desenvolvem pela acumulação de compreensões comuns e pelo exercício de opções, como um desdobramento dialético das potencialidades de conduta cultural, cuja resultante é o fenômeno humano em toda a sua variedade. A contingência de gerar-se dentro desses enquadramentos uniformizadores é que permite às culturas evoluir direcionalmente. Em lugar de recomeçarem sempre a partir de suas bases, concatenam as atividades humanas através de gerações, para compor seqüências evolutivas equivalentes às da evolução da vida. Essas seqüências são, a um tempo, mais capazes de variação e mais uniformes do que as biológicas. Enquanto a natureza, evoluindo por mutação genética, não pode voltar atrás e é regida por um ritmo lento de transformações, a cultura, evoluindo por adições de corpos de significado e de normas de ação, e difundindo-se por meio da aprendizagem, pode experimentar mudanças rápidas, propagá-las sem grandes limitações espaciais ou temporais, e redefinir-se permanentemente, compondo configurações cada vez mais inclusivas e uniformes.

Toda a bibliografia antropológica comprova exaustivamente o caráter universal daqueles condicionantes, bem como a uniformidade das respostas culturais dadas a eles, expressas na presença das mesmas classes de elementos nos diversos patrimônios culturais, formando uma estrutura básica comum a todas as culturas (G. P. Murdock, 1947; C. Kluckhohn, 1953). Comprova, por igual, o caráter reiterativo das respostas registradas no curso da história para os diferentes desafios causais com que se defrontam as sociedades, expressas, estas, na presença de tantas formas comuns de estratificação social, de institucionalização da vida política, de conduta religiosa etc. Comprova, ainda, a sucessão de sistemas tecnológicos fundados nos mesmos princípios físico-químicos e biológicos e dotados de crescente eficácia, tanto no plano da produtividade e da capacidade de manutenção de contingentes humanos cada vez maiores como no poder de compulsão das sociedades umas sobre as outras. Por todos esses motivos é que o processo evolutivo deve ser conceituado como homogeneizador e direcional (Leslie White, 1959).

A evolução sociocultural tal como conceituada até aqui é um processo interno de transformação e auto-superação que se gera e se desenvolve dentro das culturas, condicionado pelos enquadramentos extraculturais a que nos referimos. Na realidade, porém, as culturas são construídas e mantidas por sociedades que não existem isoladamente, mas em permanente interação umas com as outras. Dessas relações externas, diretas e indiretas, decorre um outro modelador do processo evolutivo que, aos fatores de desenvolvimento interno, acrescenta fatores externos. Assim, à criatividade interna, responsável por inovações culturais próprias, somam-se a difusão, responsável pela introdução de novos traços culturais, e as compulsões sociais decorrentes da dominação externa, ambas igualmente capazes de alterar o curso do desenvolvimento evolutivo de uma sociedade (L. Gumplowicz, 1944). Embora seja possível isolar conceitualmente as variações devidas à adaptação ecológica especializante, o mesmo não ocorre com respeito à difusão e às compulsões eternas. Sua importância é tão decisiva no processo geral que uma teoria da evolução sociocultural só será satisfatória se combinar esses três motores básicos da evolução: as invenções e descobertas, a difusão e a compulsão social aculturativa.

O presente estudo procura demonstrar que o desenvolvimento das sociedades e das culturas é regido por um princípio orientador assentado no desenvolvimento acumulativo da tecnologia produtiva e militar; de que a certos avanços nessa linha progressiva correspondem mudanças qualitativas de caráter radical, que permitem distingui-los como etapas ou fases da evolução sociocultural; de que a essas etapas de progresso tecnológico correspondem alterações necessárias, e por isso mesmo uniformes, nos modos de organização da sociedade e de configuração da cultura, que designamos como formações socioculturais.

O fato de atribuir-se um poder determinante às inovações tecnológico-produtivas e militares não exclui a possibilidade de atuação de outras forças dinâmicas. Assim é que, dentro de escalas reduzidas de tempo, é igualmente identificável um poder condicionante das formas de ordenação da vida social sobre as potencialidades de exploração do progresso tecnológico, bem como um papel fecundante ou limitativo de certos conteúdos do sistema ideológico — como o saber e a ciência — sobre a tecnologia e, através dela, sobre a estrutura social.

Exemplos dessa capacidade condicionante ou limitativa dos sistemas sociais e ideológicos são oferecidos pelo estudo do papel dinâmico representado na vida social e na evolução cultural pelos fenômenos de solidariedade (P. Kropotkin, 1947) ou de conflito entre classes econômicas (K. Marx, 1956) ou entre outras unidades sociais estruturadas através do desenvolvimento de lealdades culturais, como as étnico-nacionais (F. Znaniecki, 1944) e as religiosas (Max Weber, 1948). Ainda que tenham conexões com conteúdos tecnológicos, essas formas de solidariedade e de conflito não são redutíveis a tais conteúdos, nem explicáveis em sua variedade de formas e de funções apenas por tais conexões. Leslie White exprime essa mesma concepção quando afirma que "todo sistema social se apóia sobre um sistema tecnológico e é determinado por este último. Mas todo sistema tecnológico funciona *dentro* de um sistema social e é, em conseqüência, condicionado por ele" (L. White, 1959:353).

É precisamente a focalização conjunta da interação entre essas diversas ordens de determinação, a global — de base tecnológica, que se imprime como uma linha contínua no processo civilizatório geral e é comprovável nas análises de alto alcance temporal — e as particulares — de natureza social ou cultural, observáveis nas análises de alcance médio, que condicionam o surgimento e a generalização do processo tecnológico, acelerando-o ou retardando-o —, que nos pode dar uma compreensão realista da evolução sociocultural. Para tanto será preciso combinar-se uma perspectiva de conjunto da evolução humana com visões parciais, através da utilização de conceitos válidos para distintos âmbitos históricos e para diferentes níveis de abstração. Essa integração conceitual importa na admissão da possibilidade de combinar uma perspectiva mais abstrata concernente à evolução sociocultural com perspectivas complementares de base histórica, assentadas no estudo das inter-relações de correntes civilizatórias através da difusão cultural e das compulsões aculturativas.

Trata-se, portanto, já não de tomar partido entre as doutrinas relativistas, privilegiadoras do difusionismo, do paralelismo, da convergência, e as explanações evolucionistas mais radicais, fundadas na proclamação da unidade psíquica da humanidade ou na superapreciação da freqüência de invenções independentes. A superação dessas duas estreitezas será possível mediante a adoção de uma perspectiva mais ampla de análise, que conceitue a diversificação e a homogeneização das sociedades e de suas culturas como o resultado tanto de invenções originais — naturalmente mais raras — quanto da adoção de desenvolvimentos alcançados por outros povos, através da difusão e da expansão civilizadora e, ainda, de seus próprios esforços de adaptação ecológica e de integração das diferentes esferas de suas culturas.

O conceito de processo civilizatório permite essa abordagem conjunta porque ressalta, na sua acepção global, a apreciação dos fenômenos de desenvolvimento progressivo da cultura humana tendentes a homogeneizar configurações culturais. E valoriza, na sua acepção limitada, os fatores de diferenciação das culturas singulares, só explicáveis como esforços de adaptação a condições ecológicas e históricas específicas e como produto de uma criatividade própria, capaz de apresentar respostas alternativas aos mesmos incitamentos básicos. Essa conceituação aproxima-se, de certo modo, do sentido geral atribuído aos ciclos culturais dos difusionistas (Schmidt e Koppers, 1924; Graebner, 1925; G. Montandon, 1934), às áreas culturais (C. Wissler, 1938; G. P. Murdock, 1951; A. L. Kroeber, 1944 e 1947) e ainda aos tipos culturais (Linton, 1936 e 1955; R. Benedict, 1934). Mas a eles também se opõe pela teimosia antievolucionista que os impregna, pelo caráter cerebrino dos complexos de traços que compõem os *Kulturkreise*, pelo geografismo do conceito de área cultural e pelo psicologismo em que descambam tantas vezes as buscas de tipicidades (R. Benedict, 1934).

Por tudo isso, aproxima-se mais da reformulação do conceito de tipo cultural devida a J. Steward (1955a, cap. 11), que também se opõe claramente às antigas noções de áreas culturais e de etapas evolutivas. Mas supera a limitação casuística desse último, mediante a análise do processo civilizatório geral através da utilização conjunta das noções de revolução tecnológica, como fator causal básico: de formação sociocultural, como modelo teórico de resposta cultural àquelas revoluções, e do conceito de civilização, como entidade histórica concreta cristalizada dentro daquelas formações.

Essa perspectiva importa no salto a um plano de abstração ainda mais alto do que aquele em que operou Steward, ao superar o nível de análise funcionalista para examinar diacronicamente grandes grupos de sociedades como as hordas pastoris nômades e as civilizações fundadas no regadio. Esse nível mais alto de generalização compele, obviamente, a um grau maior de abstração na definição dos traços "diagnósticos" de cada formação. Resta saber se em tal nível ainda será possível alcançar generalizações explicativas da evolução sociocultural global e instrumentais para a classificação dos seus componentes concretos dentro de uma escala geral de passos evolutivos. Cremos haver demonstrado que isso é possível mesmo nos limites deste estudo preliminar.

Esquema conceitual

A grande dificuldade que apresenta a formulação de um esquema evolutivo global consiste na necessidade de combinar diferentes abordagens temporais e funcionais, emprestando-lhes a devida fidedignidade e congruência, a fim de permitir a compreensão tanto da grande corrente de evolução cultural humana quanto dos seus passos tumultuários de progresso e retrocesso histórico.

Tentaremos, nas páginas seguintes, estabelecer as bases e os limites dentro dos quais nos propomos a formular um esquema evolutivo geral com os atributos assinalados. Ou seja, uma explanação teórica ideal, construída pela redução conceitual da multiplicidade de situações concretas registradas pela arqueologia, pela etnologia e pela história, a um paradigma simplificado da evolução global das sociedades humanas, mediante a definição de suas etapas básicas e dos processos de transição de uma a outra dessas etapas.

Para isso conduzimos nossa análise dentro de diversos níveis de abstração, através do emprego dos conceitos de *processo civilizatório* geral com um significado próximo àquele em que A. Weber (1960) fala de "processo civilizador"; de *processos civilizatórios singulares* com a significação que P. Sorokin (1937-41) deu à expressão "supersistemas culturais"; de *revoluções tecnológicas* num sentido mais restrito do que o atribuído ao conceito de "revoluções culturais" por Gordon Childe (1937 e 1951) e Leslie White (1959); de *formações socioculturais* com o significado que K. Marx (1956 e 1966; Marx e Engels, 1958) deu à expressão *formações econômico-sociais*; de modelos e tipos estruturais no sentido weberiano (1964); e, ainda, de *configurações histórico-culturais*, com um significado próximo ao de J. Steward para "tipos culturais" (1955a). Empregamos, também, os conceitos de *progresso* e *regressão* (Gordon Childe, 1960), de *estagnação*, de *atualização histórica* e de *aceleração evolutiva* com sentidos particulares, que serão precisamente definidos. Nos termos da conceituação proposta tivemos também de redefinir as noções de *civilização*, *cultura autêntica* e *cultura espúria* (Sapir, 1924), de *autonomia cultural*, *defasagem cultural* (Ogburn, 1926), de *traumatização* e *restauração e cristalização cultural* (Foster, 1964), bem como os conceitos de *aculturação* e *deculturação* (Barnett e outros, 1954), de *etnia*, *macroetnia* e *etnia nacional* (F. Znaniecki, 1944; G. Weltfish, 1960) e, ainda, os conceitos sociológicos de *assimilação*, de *desenvolvimento* e de *modernização* (Eisenstadt, 1963).

Concebemos a evolução sociocultural como o movimento histórico de mudança dos modos de ser e de viver dos grupos humanos, desencadeado pelo impacto de sucessivas revoluções tecnológicas (Agrícola, Industrial etc.) sobre sociedades concretas, tendentes a conduzi-las à transição de uma etapa evolutiva a outra, ou de uma a outra formação sociocultural. Empregamos esta última expressão para designar as etapas evolutivas enquanto padrões gerais de enquadramento sociocultural dentro dos quais se desenvolve a vida dos povos. Ou, em outras palavras, como modelos conceituais de vida social, fundados na combinação de uma tecnologia produtiva de certo grau de desenvolvimento, com um modo genérico de ordenação das relações humanas e com um horizonte ideológico, dentro do qual se processa o esforço de interpretação das próprias experiências com um nível maior ou menor de lucidez e de racionalidade.

Procuramos emprestar maior congruência e instrumentalidade ao conceito de etapas evolutivas, mediante a construção teórica de cada formação sociocultural como uma constelação particular de certos conteúdos do seu modo de adaptação à natureza, de certos atributos de sua organização social e de certas qualidades de sua visão do mundo.

Essas três ordens de fenômenos correspondem, por seus graus de organização interna, a três sistemas. O *sistema adaptativo* compreende o conjunto integrado de modos culturais de ação sobre a natureza, necessários à produção e à reprodução das condições materiais de existência de uma sociedade. O *sistema associativo* compreende, fundamentalmente, os modos estandardizados de regulamentação das relações entre as pessoas para o efeito de atuarem conjugadamente no esforço produtivo e na reprodução biológica do grupo. Como decorrência do desenvolvimento das formas de conduta adaptativa e associativa surgem, em certas etapas da evolução sociocultural, tendências à institucionalização de outras esferas de vida social, além da família e das formas elementares de divisão do trabalho. Entre outras destacam-se a forma da propriedade, a estratificação da sociedade em camadas diferenciadas por seu papel no processo produtivo e a ordenação do convívio social através de instituições reguladoras de caráter político, religioso, educacional etc. A terceira ordem de elementos que compõe uma formação sociocultural corresponde ao seu *sistema ideológico*. Compreende, além das técnicas produtivas e das normas sociais em seu caráter de saber abstrato, todas as formas de comunicação simbólica, como a linguagem, as formulações explícitas de conhecimentos com respeito à natureza e à sociedade, os corpos de crenças e as ordens de valores, bem como as explanações ideológicas, em cujos termos os povos explicam e justificam seu modo de vida e de conduta.

Numa sociedade considerada historicamente em certo local e em certo tempo, esses três sistemas, em seu caráter de corpos simbólicos de pautas socialmente transmitidas de geração a geração, formam sua cultura. Um conjunto particular de sociedades suficientemente homogêneas pode ter essas três esferas de conduta descritas genericamente em termos de um modelo estrutural como, por exemplo, o modo de ser dos povos indígenas agricultores da floresta tropical da América Latina. O conceito de formação sociocultural deve ser operado em nível de abstração ainda mais alto, porque engloba numa só categoria, por exemplo, todos os povos tribais que vivem da caça e da coleta, ou todas as sociedades classificáveis dentro do sistema mundial capitalista mercantil, seja como seus centros metropolitanos, seja como suas áreas coloniais.

Por essa razão, o grau de especificidade dos sistemas adaptativo, associativo ou ideológico correspondente a uma formação sociocultural deve ser, necessariamente, muito genérico, mas não tanto que torne o esquema inservível para efeitos classificatórios. A grande dificuldade que se apresenta para a construção teórica dos paradigmas de formação sociocultural consiste, por isso, na seleção dos aspectos distintivos dessas formações que, por seu caráter crucial e por sua capacidade de influenciação sobre as demais, devam ser incluídos entre suas qualificações mínimas. O âmbito de variação dos patrimônios culturais, embora não impossibilite a definição desses traços distintivos, obriga-nos a utilizá-los apenas em seu sentido diagnóstico, ou seja, com o objetivo de situar sociedades concretas em certas formações de escala evolutiva, sem esperar que todos os traços estejam presentes em cada sociedade.

A solução ideal para esse problema seria a determinação

de um tipo de traços diagnósticos homogêneos referentes aos sistemas adaptativo, associativo e ideológico que atravessassem todas as formações, apresentando em cada uma delas certas alterações significativas. Entretanto, essa construção ideal está muito distante do possível, em virtude do âmbito de dispersão das variações de conteúdo de cada cultura. Nessas circunstâncias, cada etapa ou formação terá que ser caracterizada pelos elementos que nela possam estar presentes, sem exigir que os mesmos traços devam compor, com conteúdos distintos, as etapas anteriores ou posteriores. Nem mesmo nas designações descritivas de cada formação sociocultural podemos alcançar a homogeneidade desejável, pela contingência de nelas combinar termos baseados em diferentes critérios, a fim de torná-las mais expressivas e permitir relacioná-las com as designações da bibliografia clássica sobre a matéria. Assim é que apelamos para elementos referentes a atividades produtivas (caça e coleta, pastoril, agrícola, rural-artesanal, regadio, industrial); a elementos concernentes à estratificação social e às relações de trabalho e propriedade (indiferenciada — em oposição à estratificada —, coletivista, privatista, escravista, mercantil, capitalista, socialista); a termos descritivos de unidades políticas (tribal, horda, aldeia, chefia, estado, império, colônia) e, finalmente, a qualificativos do perfil ideológico e de atributos especiais de certas formações (teocrático, salvacionista, despótico, revolucionário, evolutivo, modernizador).

A construção teórica das formações socioculturais apresenta duas dificuldades adicionais, dada a sua natureza de categorias abstratas de análise. A primeira delas decorre da necessidade de conciliar seu caráter de etapa do *continuum* evolutivo das sociedades humanas e, portanto, de uma categoria temporal, com seu caráter assincrônico. Para perceber essa dupla característica, basta considerar que, embora se escalonem temporalmente como etapas da evolução sociocultural, sua seqüência não é histórico-temporal, porque em cada momento coexistem sociedades classificáveis nas etapas mais díspares: por exemplo, os povos tribais e as estruturas industriais imperialistas, contemporâneas mas não coetâneas dentro do mundo moderno.

Essa característica geral das etapas evolutivas, que levou Julian Huxley (1952 e 1955) a defini-las como "homotaxiais não sincrônicas", obriga-nos a focalizar problemas especiais decorrentes da coexistência e da interação de sociedades classificáveis em diferentes etapas de desenvolvimento. As relações entre essas formações defasadas conduz, freqüentemente, a situações ambíguas, em que uma sociedade apresenta, ao mesmo tempo, traços correspondentes a "momentos" evolutivos muito distanciados. Esse é o caso, por exemplo, dos índios Xavante recém-pacificados, que utilizavam instrumentos de metal, ou da implantação de indústrias modernas em áreas de populações atrasadas na história. Essas duas situações, longe de invalidar os esquemas evolutivos, antes comprovam sua imperatividade. Mas compelem-nos a considerar, em toda a sua complexidade, tanto os processos autônomos de desenvolvimento como os reflexos, decorrentes da difusão e da aculturação, e as conseqüências de uns e outros sobre os povos que os experimentam.

O segundo atributo da formação sociocultural é seu caráter mais de movimento direcional-temporal do que de etapa de um *continuum*, o que torna muitas vezes imperativo dividi-la em passos de manifestação incipiente (formativo), quando emerge ainda indiferenciada da formação anterior, e de amadurecimento (florescimento), quando se intensifica a expressão das características diagnósticas da nova formação. Entre duas etapas sucessivas, o período florescente de uma e o formativo de outra, ambas se confundem em muitos casos concretos. E é inevitável que assim seja, porque, nos casos de progressões evolutivas continuadas, o florescimento é o conduto à nova etapa, e nos casos de progressões interrompidas é o clímax a partir do qual começa a decadência. Só dentro desse âmbito de variação se pode situar, na tipologia proposta, algumas sociedades concretas que se encontram em situações de traumatização cultural ou em estágios de transição entre duas ou mais formações, nas quais se registram qualidades de todas elas, umas como sobrevivências de formas arcaicas, outras como emergências de qualidades novas ainda não configuradas como seus traços dominantes.

Só em condições excepcionais as sociedades têm oportunidade de experimentar processos evolutivos contínuos puramente ascendentes, que as conduzam a viver sucessivamente diversas etapas da evolução. Via de regra, são interrompidos por várias causas conducentes à estagnação e à regressão cultural ou a desenvolvimentos cíclicos de ascensão e decadência. Parece mesmo haver certa correlação entre maturidade e tendência à regressão, explicável, em certos casos, pela coincidência da maturidade com a saturação da exploração das potencialidades criativas de uma tecnologia; em outros, pela tendência ao expansionismo que se desenvolve com a maturação. Este último, conduzindo à criação de relações de dominação fortemente tensas por sua própria natureza opressora, pode provocar a ruptura da constelação sociocultural, pela reversão do contexto de povos dominados sobre o centro dominador. Essa tendência é que explica o desenvolvimento do militarismo e do colonialismo como categorias gerais, presentes em certa etapa do desenvolvimento de todas as formações avançadas, e, por esse caráter universal, não utilizáveis como traços diagnósticos gerais na definição de etapas evolutivas particulares, mas, por esse mesmo caráter universal, decisivamente importante no estudo geral de um dos motores básicos da evolução que é a compulsão social aculturativa, principal responsável pela criação e transformação das unidades étnicas.

As sociedades concretas, como formas vivas nas quais se estão continuamente processando alterações — decorrentes tanto da interação de seus componentes quando da influência de outras sociedades —, apresentam descompassos e defasagens mais ou menos profundos. Diferem, por isso, das formações construídas conceitualmente, porque estas são meros paradigmas expressivos de um estado ideal de maturidade e de equilíbrio, dificilmente encontrável na vida real. As situações comumente classificadas como de "dualidade estrutural" são expressões de um tipo similar de descompasso, explicável pela diferença de ritmos de transformação dos vários conteúdos de uma cultura, sujeitos aos mesmos agentes de mudança.

Tudo isso significa que a classificação das sociedades concretas dentro dos esquemas evolutivos deve ser feita depois de despojá-las conceitualmente do que têm de peculiar, para atentar somente no modo como nelas se conformam as qualidades diagnósticas atribuídas a cada modelo de formação. E, também, focalizando-as em largos períodos, que tornem perceptível o sentido das alterações que estão experimentando.

Revoluções tecnológicas e processos civilizatórios

Empregamos o conceito de revolução tecnológica para indicar que a certas transformações prodigiosas no equipamento de ação humana sobre a natureza, ou de ação bélica, correspondem alterações qualitativas em todo o modo de ser das sociedades, que nos obrigam a tratá-las como categorias novas dentro do *continuum* da evolução sociocultural. Dentro dessa concepção, supomos que ao desencadeamento de cada revolução tecnológica, ou à propagação de seus efeitos sobre contextos socioculturais distintos, através dos processos civilizatórios, tende a corresponder a emergência de novas formações socioculturais.

A maioria dos estudiosos concorda com a classificação

de Gordon Childe, que distingue três "revoluções culturais" a partir de uma pré-revolução que se confunde com o próprio processo de humanização, que fez o homem transcender da escala zoológica para situar-se no plano da conduta cultural (Hockett e Ascher, 1964; Washburn e Howell, 1960). Tais são a *Revolução Agrícola* que, introduzindo o cultivo de plantas e a domesticação de animais no sistema produtivo, transfigura a condição humana, fazendo-a saltar da situação de apropriadora do que a natureza provê espontaneamente à posição de organizadora ativa da produção; a *Revolução Urbana*, fundada em novos progressos produtivos, como a agricultura de regadio, a metalurgia e a escrita, que conduziu à dicotomização interna das sociedades numa condição rural e numa condição urbana e à sua estratificação em classes sociais, além de outras profundas mudanças na vida social e no patrimônio cultural das sociedades que atingiu; e a *Revolução Industrial*, que emergiu na Europa Ocidental com a descoberta e a generalização de conversores de energia inanimada para mover dispositivos mecânicos, responsável também por novas alterações fundamentais na estratificação social, na organização política e na visão do mundo de todos os povos.

No esforço por correlacionar as revoluções tecnológicas com as formações socioculturais, fomos levados a identificar maior número delas e a desdobrar algumas em distintos processos civilizatórios. Assim é que, em nosso esquema, à Revolução Urbana fazemos suceder uma *Revolução do Regadio*, que proporcionou as bases tecnológicas para a configuração das primeiras civilizações regionais, através de inovações prodigiosas na construção de grandes canais de irrigação e de novos barcos para navegação; de sistemas de estradas, de edificações ciclópicas — pirâmides, templos, palácios — de cidades urbanizadas, além das escrituras ideográficas, de sistemas uniformes de pesos e medidas e de desenvolvimentos científicos, sobretudo no campo da matemática e da astronomia. Vem, depois, a *Revolução Metalúrgica* — correspondente aproximadamente à idade do ferro dos arqueólogos —, no curso da qual se aprimoraram e difundiram a tecnologia do ferro forjado, a manufatura de ferramentas, a moeda cunhada, e se inventaram o alfabeto e a notação decimal. Segue-se a *Revolução Pastoril*, com a aplicação criadora de algumas dessas inovações aos problemas da utilização de animais para tração e para a cavalaria de guerra, bem como o aperfeiçoamento do emprego da energia hidráulica e eólica para fins produtivos. À Revolução Industrial acreditamos que deva anteceder uma *Revolução Mercantil*, assentada na tecnologia da navegação oceânica e das armas de fogo e responsável pela ruptura com o feudalismo europeu. E se deve acrescentar uma *Revolução Termonuclear*, que parece desencadear-se em nossos dias com a eletrônica, a energia atômica, a automação, os raios laser etc., cujas potencialidades de transformação da vida humana serão provavelmente tão radicais quanto as das revoluções tecnológicas anteriores. Consignamos, portanto, oito revoluções tecnológicas, caracterizáveis pelo vulto das inovações que introduziram nas potencialidades produtivas e no poderio militar das sociedades humanas e pelas mudanças que provocaram nos sistemas adaptativo, associativo e ideológico dos povos que as experimentaram, direta ou reflexamente.

A sucessão dessas revoluções tecnológicas não nos permite, todavia, explicar a totalidade do processo evolutivo sem apelo ao conceito complementar de *processo civilizatório*, porque não é a invenção original ou reiterada de uma inovação que gera conseqüências, mas sua propagação sobre diversos contextos socioculturais e sua aplicação a diferentes setores produtivos. Nesse sentido, a cada revolução tecnológica podem corresponder um ou mais processos civilizatórios, através dos quais ela desdobra suas potencialidades de transformação da vida material e de transfiguração das formações socioculturais (Quadro II).

A *Revolução Agrícola*, como motor do primeiro processo civilizatório, permite a ruptura com a condição das tribos de caçadores e coletores nômades e dá lugar a uma nova formação sociocultural: as *aldeias agrícolas indiferenciadas*. Conduzida, depois, por um segundo processo civilizatório — correspondente à domesticação dos animais e à especialização funcional de alguns grupos humanos nessa atividade produtiva —, dá nascimento a uma nova formação: as *hordas pastoris nômades*.

A *Revolução Urbana* desdobra-se em quatro processos civilizatórios. O terceiro, correspondente ao surgimento das cidades e dos estados, à estratificação das sociedades em classes sociais, aos primeiros passos da agricultura de regadio, da metalurgia do cobre e do bronze, da escritura ideográfica, da numeração e do calendário, enseja a cristalização de uma nova formação, os *estados rurais artesanais*. Nessa etapa amadurece o quarto processo civilizatório, com a adoção da propriedade privada e da escravização da força de trabalho em alguns estados rurais artesanais, opondo-os como formação àqueles que institucionalizam a propriedade estatal da terra e estabelecem uma estratificação social baseada antes na função do que na exploração econômica, o que desdobra os estados rurais artesanais em dois modelos diferenciados: o *coletivista* e o *privatista*. A propagação de alguns desenvolvimentos tecnológicos, como a utilização do cobre e sua aplicação às atividades pastoris, corresponde ao quinto processo civilizatório, com o qual surgem as *chefias pastoris nômades*.

O amadurecimento da mesma tecnologia básica da Revolução Urbana, principalmente a das grandes obras de irrigação, provoca o desencadeamento da Revolução do Regadio e, com ela, o sexto processo civilizatório, que dará lugar ao apa-

Quadro I - Evolutivas em diversos esquemas conceituados

K. MARX (1857)	L. H. MORGAN (1877)		F. ENGELS (1884)	V. GORDON CHILDE (1937)	JULIAN STEWARD (1955)	D. RIBEIRO	
comunismo	CIVILIZAÇÃO		comunismo		(impérios econômico-políticos dos séculos XIX e XX)	SOCIEDADES FUTURAS	
socialismo			socialismo			socialismo evolutivo	socialismo revolucionário
capitalismo industrial			capitalismo industrial		(expansão centro e norte-européia)	imperialismo industrial neocolonialismo	nacionalismo modernizador
capitalismo mercantil			capitalismo mercantil		(conquistas espanholas)	capitalismo mercantil	colonialismo mercantil colonialismo de povoamento
feudalismo			feudalismo	feudalismo	(feudalismo)	impérios mercantis salvacionistas	colonialismo escravista
FORMAÇÃO ASIÁTICA: formação germânica			escravismo	idade do ferro	(Grécia e Roma)	impérios despóticos salvacionistas	
formação antiga clássica		escrita		dade do bronze	estados militaristas de regadio estados teocráticos de regadio / estados teocráticos comerciais	*regressões feudais* impérios mercantis escravistas	impérios teocráticos de regadio
	barbárie	ferro		alta barbárie do cobre	florescimento regional	(privatistas) estados rurais	(coletivistas) artesanais
comunidade gentílica		lavoura domesticação cerâmica	barbárie	barbárie neolítica	formativo agricultura incipiente	aldeias agrícolas indiferenciadas	chefias pastoris nômades hordas pastoris nômades
comunidade primitiva	selvageria	caça pesca coleta	comunismo primitivo	selvageria	caça e coleta	tribos de caçadores e coletores	

Quadro II

SEQÜÊNCIAS BÁSICAS DA EVOLUÇÃO SOCIOCULTURAL
EM TERMOS DE REVOLUÇÕES TECNOLÓGICAS, DE PROCESSOS
CIVILIZATÓRIOS E DE FORMAÇÕES SOCIOCULTURAIS

Revoluções tecnológicas	*Processos civilizatórios gerais*	*Formações socioculturais*	*Paradigmas históricos*
I Revolução Agrícola	1º Revolução Agrícola	aldeias agrícolas indiferenciadas	Tupinambá (séc. XVI) Guaná (séc. XVIII)
	2º Expansão pastoril	hordas pastoris nômades	Quirquiz (séc. XX) Guaicuru (séc. XVIII)
II Revolução Urbana	3º Revolução Urbana	estados rurais artesanais coletivistas	Urartu (séc. X a. C.) Mochica (séc. II)
	4º Expansão escravista	estados rurais artesanais privatistas	Fenícios (séc. XX a. C.) Kushana (séc. V a. C.)
	5º Segunda expansão pastoril	chefias pastoris nômades	Hicsos (séc. XIII a. C.) Hunos (séc. IV)
III Revolução do Regadio	6º Revolução do Regadio	impérios teocráticos de regadio	Egito (séc. XXI a. C.) Incas (séc. XV)
IV Revolução Metalúrgica	7º Revolução Metalúrgica	impérios mercantis escravistas	Grécia (séc. V a. C.) Roma (séc. II)
V Revolução Pastoril	8º Revolução Pastoril	impérios despóticos salvacionistas	Islão (séc. VII) Otomano (séc. XV)
VI Revolução Mercantil	9º Revolução Mercantil	impérios mercantis salvacionistas	Ibéria (séc. XVI) Rússia (séc. XVI)
		colonialismo escravista	Brasil (séc. XVII) Cuba (séc. XVIII)
	10º Expansão Capitalista	capitalismo mercantil	Holanda (séc. XVII) Inglaterra (séc. XVII)
		colonialismo mercantil	Indonésia (séc. XIX) Guianas (séc. XX)
		colonialismo de povoamento	EUA (séc. XVIII) Austrália (séc. XIX)
VII Revolução Industrial	11º Revolução Industrial	imperialismo industrial	Inglaterra (séc. XIX) EUA (séc. XX)
		neocolonialismo	Brasil (séc. XX) Venezuela (séc. XX)
	12º Expansão Socialista	socialismo revolucionário	URSS (1917) China (1949)
		socialismo evolutivo	Suécia (1950) Inglaterra (1965)
		nacionalismo modernizador	Egito (1953) Argélia (1962)
VIII Revolução Termonuclear	13º Revolução Termonuclear		Sociedades futuras

ETAPAS DA EVOL

REVOLUÇÕES TECNOLÓGICAS, R
E FORMAÇÕES SOCIOC

POVOS TRIBAIS

Aldeias agrícolas indiferenciadas

Marajoara (1000)
Jarmo (-5000)
Fayum (-4500)
Tupinambá (1500)
Kwakiult
Zuñi
Ifugao
Dobu
Tikopia
Maori
Mandinga
Ashanti

HORDAS PASTORIS NÔMADES

Mbaya
Comanche
Chukchi
Nuer
Sakalave

ETNIAS NACIONAIS

Estados rurais artesanais

Halat (-4000 a -3000)
Mênfis, Tebas (-4000 a -2500)
Mohenjo-Daro e Harappa (-2800)
Hsia, Yangshao (-2000)
Tiro, Sídon, Biblos (-2000 a -1000)
Micenas (-1400)
Minóica (-1700)
Urartu (-1000)
Maarib (-700)
Khmer (-500)
Palestina (-1000)
Atenas (-600)
Roma (-350)
Kushana (-500)
Uxmal (-1000)
Galinazo (-700)
Mochica (-200)
Chibcha (1000)
Rússia (1000)
Gana (800)
Mali (1200)

Impérios teocráticos de regadio

Acádia (-2350)
Babilônia (1800)
Egípcia I (-2070)
Egípcia II (-1750)
Sínica (-1122)
Maurya (-327)
Ch'in e Han (-220)
T'ang (618)
Ming (1368)
Gupta (320)
Maia (-300)
Cambodja (600)
Chimu (1000)
Apteca (1200)
Inca (1300)

CIVILIZAÇÕES REGIONAIS

Impérios mercantis escravistas

Assíria (-1200)
Aquemênida (-600)
Helênica (-450)
Cartaginesa (-209)
Romana (-27)

Chefias Pastoris Nômades

Hicsos (-1750)
Hititas (-1600)
Cassitas (-1600)
Ários (-1300)
Aqueus (-1200)
Citas (-500)
Hunos (-400)
Sakas (-120)

REVOLUÇÃO AGRÍCOLA

Lavoura
Pastoreio
Cestaria
Tecelagem
Cerâmica

REVOLUÇÃO URBANA

Arados
Veículos de roda
Tração animal
Regadio
Tijolos
Cobre–Bronze
Edificações em pedra
Silos
Veleiros

REVOLUÇAO DO REGADIO

Comportas e canais
Adubação
Estradas
Azulejo
Porçelana
Instrumentos metálicos
Polia. Prensa
Cabrestantes
Balança. Metros
Arquitetura monumental
Escritura ideográfica
Matemática
Astronomia
Calendários

REVOLUÇAO METALÚRGICA

Ferro forjado
Moeda cunhada
Mó rotativa
Nora. Grua
Ferramentas e armas de fer
Aquedutos
Moinhos hidráulicos
Alfabeto
Notação decimal
Faróis marítimos

Nota: A relação de sociedades é meramente exemplificativa de cada formação. As datas anteriores à nossa são indicadas com um sinal negativo. As linhas retas indicam acelerações evolutivas; as linhas mais grossas atualizações históricas.

UÇÃO SOCIOCULTURAL
ESPECTIVOS PROCESSOS CIVILIZATÓRIOS
ULTURAIS CORRESPONDENTES

CIVILIZAÇÕES MUNDIAIS

Impérios despóticos salvacionistas

Sassânida (-226)
Islâmica (651)
Otomana (1460)
Timúrida (1530)

Teutos (300)
Árabes (600)
Vândalos (400)
Visigodos (400)
Húngaros (600)
Turcos (600)
Mongóis (1200)
Manchus (1500)

Impérios mercantis salvacionistas

Espanha (1500)
Portugal (1500)
Rússia (1500)

Capitalismo mercantil

Holanda (1600)
Inglaterra (1650)
França (1700)

Colonialismo escravista

América Espanhola (1500)
Brasil (1550)
Antilhas Britânicas (1650)

Colonialismo mercantil

Indonésia (1600-1945)
Índia (1876-1945)
Angola (desde 1648)

Imperialismo industrial

Inglaterra (1850)
França (1880)
EUA (1890)
Japão (1910)

Colonialismo de povoamento

América do Norte (1650)
Canadá (1800)
Austrália (1850)

Neocolonialismo

Brasil (1808)
Venezuela (1819)
Índia (1945)

Socialismo revolucionário

URSS (1917)
Europa Oriental (1945)
China (1949)
Coréia do Norte (1948)
Vietnã (1954)
Cuba (1959)

Socialismo evolutivo

Suécia (1950)
Dinamarca (1950)
Inglaterra (1965)

Nacionalismo modernizad

México (1940)
Egito (1953)
Argélia (1962)

REVOLUÇÃO PASTORIL

Cavalaria
Freios
Estribos
Ferraduras
Arnês de sela
Arnês rígido
Aparelhos hidráulicos
Moinhos eólicos
Alambiques
Atafonas

REVOLUÇÃO MERCANTIL

Veleiros oceânicos
Bússola
Aparelhos ópticos
Leme fixo
Mapas
Cronômetros
Ferro fundido
Armas de fogo
Papel. Imprensa
Máquinas hidráulicas
Tornos
Talandros
Trefilação
Ligas metálicas
Biela-cardan

REVOLUÇÃO INDUSTRIAL

Aço – Coque
Motores a carvão, hidrelétricos, combustão interna
Borracha
Máquinas operatrizes
Tornos automáticos
Ácido sulfúrico. Soda
Prensas hidráulicas
Turbinas. Dínamos
Indústrias têxtil, química, metalúrgica
Locomotivas
Navios a vapor
Automóveis
Aviões
Submarinos
Máquinas agrícolas
Aparelhos elétricos
Refrigeração
Telégrafo
Telefone. Fonógrafo
Radiodifusão
Foto. Cinema
Televisão
Cimento armado

REVOLUÇÃO TERMONUCLE

Eletrônica
Transístores
Radar. Helicópteros
Retropropulsão
Reator nuclear
Bomba atômica
Bateria solar
Plásticos
Computadores
Automação
Gravação magnética
Luz coerente
Projéteis espaciais
Radiotelescóspio
Sintéticos: fertilizantes, herbicidas, germicidas
Dessanilização da água do
Gaseificação subterrânea do carvão

recimento das primeiras civilizações regionais como uma nova formação sociocultural: os *impérios teocráticos de regadio.*

O sétimo processo civilizatório corresponde já à *Revolução Metalúrgica*, assentada na generalização de algumas inovações tecnológicas, como a metalurgia do ferro forjado, que permite o desenvolvimento de uma agricultura mais produtiva nas áreas florestais, a fabricação de uma multiplicidade de ferramentas de trabalho e, com elas, o aprimoramento dos veleiros. A esses elementos se acrescentam a cunhagem de moedas, que viabilizaram o comércio externo, o alfabeto fonético e a notação decimal. Com essa base tecnológica amadurece uma nova formação, configurando os *impérios mercantis escravistas.*

O oitavo processo civilizatório é acionado pela *Revolução Pastoril*, fundado na aplicação de elementos da mesma tecnologia básica, sobretudo o ferro fundido, aos problemas de produção e de guerra das chefias pastoris nômades, permitindo a generalização do uso de selas e estribos, de ferraduras, de espadas e do arnês rígido, que multiplicam a eficiência dos animais de montaria e tração. Com base nessa tecnologia desencadeia-se um movimento de expansionismo messiânico daqueles povos que atacam áreas feudalizadas de antigas civilizações e as cristalizam como *impérios despóticos salvacionistas.*

O nono processo civilizatório corresponde já à *Revolução Mercantil*, com a qual se expandem as primeiras civilizações mundiais na forma de *impérios mercantis salvacionistas* e suas áreas de dominação, conformadas principalmente como *colonizações escravistas.* O décimo processo civilizatório é um desdobramento dessa mesma revolução tecnológica responsável pela configuração das primeiras formações *capitalistas mercantis* e de seu contexto de *colônias escravistas mercantis* e de *povoamento.*

A *Revolução Industrial* dá lugar à estruturação dos *imperialismos industriais* e do *neocolonialismo*, como 11º processo civilizatório, e, como 12º, ao surgimento das primeiras formações socioculturais, implantadas mediante a intervenção racional na ordem social: as *socialistas revolucionárias*, *socialistas evolutivas* e *nacionalistas modernizadoras*.

A emergência de uma nova revolução tecnológica, a *Termonuclear*, com suas imensas potencialidades de transformação da vida material de todos os povos da Terra que ela já encontra unificados num mesmo sistema de interação, deverá agir como um acelerador da evolução dos povos atrasados na história e como o configurador de novas formações socioculturais que designamos como *sociedades futuras*, em que, supomos, devem ser superados tanto a estratificação classista quanto o apelo à guerra nas relações entre as nações.

Com base na conceituação exposta, será possível falar tanto de um processo civilizatório global, que se confunde com a própria evolução sociocultural, como a visão de conjunto dos dez últimos milênios da história humana, quanto de processos civilizatórios gerais e singulares, ocorridos dentro do global e que, contribuindo para conformá-lo, modelaram diversas civilizações. A visão *global* é-nos oferecida pela perspectiva tomada desde agora sobre o passado. Ela permite apreciar como diversas tradições culturais particulares, desenvolvidas por diferentes povos em épocas e lugares distintos, se concatenam umas com as outras, interfecundando-se ou destruindo-se reciprocamente, mas conduzindo sempre adiante uma grande tradição cultural e contribuindo, assim, para conformar a civilização humana comum que começa a plasmar-se no mundo de nossos dias.

Os processos *civilizatórios gerais* correspondem às seqüências evolutivas genéricas, em que vemos difundirem-se os efeitos de um surto de inovações culturais como um movimento de dinamização da vida de diversos povos, em conseqüência do desencadeamento de uma revolução tecnológica. Cada um deles, ao propagar-se, mescla racialmente e uniformiza culturalmente diversos povos, incorporando-os a todos em novas formações socioculturais, como núcleos cêntricos e como áreas dependentes. É o caso, por exemplo, da expansão da grande agricultura de regadio que, em regiões distintas e em épocas também muito diferentes, ativou a vida de diversos povos, remodelando suas sociedades e suas culturas dentro das mesmas linhas gerais.

Conceituamos os *processos civilizatórios específicos* como as seqüências históricas concretas em que se desdobraram os processos civilizatórios gerais. Um exemplo é-nos dado pela expansão do regadio na Meso-América, que constituiu um processo civilizatório singular, responsável pelo amadurecimento ali de diversas civilizações fundadas na irrigação. Processos equivalentes produziram os mesmos efeitos no Egito, na Índia etc.

No corpo dessa concepção ganham novo sentido os conceitos de etnia e civilização. As *civilizações* são cristalizações de processos civilizatórios singulares que nelas se realizam como um complexo sociocultural historicamente individualizável. Cada civilização, ao expandir-se — a partir de centros metropolitanos —, difunde-se sobre uma área, organizando-a como seu território de dominação político-econômica e de influenciação cultural (civilizações egípcia, asteca, helênica etc.). As *etnias* são unidades operativas do processo civilizatório, cada uma correspondente a uma coletividade humana, exclusiva em relação às demais, unificada pelo convívio de seus membros através de gerações e pela co-participação de todos eles na mesma comunidade de língua e de cultura (etnias tupinambá, germânica, brasileira etc.). Falaremos de *etnia nacional* quando essas entidades se constituem em estados organizados politicamente para dominar um território, e de *macroetnias* quando tais estados entram em expansão sobre populações multiétnicas com a tendência a absorvê-las mediante a transfiguração cultural. Uma horda caçadora, composta de grupos familiais que se movem sobre um território, ou uma minoria nacional unificada pela língua e pela tradição e aspirante à autonomia, são etnias. Ou, ainda, uma coletividade que cultiva certas tradições comuns integradoras, cujos membros se unificam pelo desenvolvimento de lealdades grupais exclusivistas, como os ciganos ou os judeus. Um povo estruturado em nacionalidade, com seu território e governo próprio, é uma etnia nacional. Um complexo multiétnico unificado por uma dominação imperial que se exerça sobre seus povos, com propensão a transfigurá-los culturalmente e a fundi-los em uma entidade mais inclusiva, é uma macroetnia (macroetnia romana, incaica, colonial-hispânica etc.).

A evolução sociocultural, concebida como uma sucessão de processos civilizatórios gerais, tem um caráter progressivo, que se evidencia no movimento que conduziu o homem da condição tribal às macrossociedades nacionais modernas. Os processos civilizatórios gerais que a compõem são também movimentos evolutivos através dos quais se configuram novas formações socioculturais. Os processos civilizatórios singulares são, ao contrário, movimentos históricos concretos de expansão, que vitalizam amplas áreas, cristalizando-se em diversas civilizações, cada uma das quais vive sua existência histórica, alcançando o clímax de auto-expressão, para depois mergulhar em longos períodos de atraso. As civilizações sucedem-se, dessa forma, alternando-se com períodos de regressão a "idades obscuras", mas sempre reconstruindo-se nas mesmas bases, até que um novo processo civilizatório geral se desencadeie, configurando processos civilizatórios específicos com os quais emergem novas civilizações.

No âmbito desses processos civilizatórios singulares ganham clareza os estudos dos problemas de dinâmica cultural decorrentes da difusão ou da aculturação. O primeiro conceito não exige definição especial, porque será sempre empregado no sentido geral de transferência de traços culturais de qualquer tipo, de forma direta ou indireta, sem importar no estabelecimento de relações de subordinação entre a entidade doadora e a receptora. O conceito de aculturação, porém, terá que ser redefinido de modo a não se restringir exclusivamente aos efeitos da conjunção de entidades culturais autônomas. Essa conceituação, que é a corrente na literatura antropológica, só abrange as relações intertribais, porque só nesse caso as culturas são efetivamente autônomas e oferecem concretamente seus patrimônios umas às outras em condições que tornem possível a livre seleção e a adoção completa de traços culturais alheios, sem o estabelecimento de vínculos de dependência (Herskovits, 1938; Redfield e outros, 1936; R. Bals, 1953; Barnett e outros, 1954). Em lugar dessa acepção restritiva usaremos o conceito de aculturação para indicar também os movimentos de confluência de altas tradições culturais e a expansão delas sobre complexos culturais mais atrasados como o principal processo de formação e transfiguração de etnias.

É o que ocorre com a expansão de uma civilização de mais alto nível tecnológico sobre contextos de povos atrasados na história, os quais são subjugados e engajados nos sistemas de dominação e de influenciação da sociedade civilizadora como parcelas dela dependentes, passíveis de assimilação ou de reconstituição posterior como novas entidades étnicas. Nessas sociedades traumatizadas, as compreensões comuns que regem a vida social configuram-se como uma cultura espúria. Só através de longos períodos tais culturas podem refazer-se pela combinação de traços sobreviventes do seu antigo patrimônio com elementos tomados do complexo cultural em expansão, amadurecendo para aspirar à retomada da autonomia na condução de seu destino.

No estudo dos processos civilizatórios gerais visualizam-se, principalmente, as alterações nos sistemas adaptativo, associativo e ideológico decorrentes do impacto das revoluções tecnológicas sobre as sociedades, estruturando-se em sucessivas formações socioculturais. No estudo dos processos civilizatórios específicos visualizam-se as expansões de tradições culturais singulares associadas a movimentos econômicos e políticos de dominação que se cristalizam em civilizações individualizadas, em núcleos centralizados por redes metropolitanas. Estes últimos, atuando através da subjugação, da deculturação e da traumatização cultural de etnias dominadas, assimilam-nas como parcelas indiferenciadas de macroetnias imperiais ou as reativam para amadurecerem como entidades étnicas aspirantes à autonomia e à expansão.

Atualização histórica e aceleração evolutiva

A problemática do desenvolvimento, posta nesses quadros de largo alcance histórico, se ilumina, tornando mais evidente o caráter transitório das instituições, mais inteligíveis a natureza e o papel dos conglomerados de interesses na implantação de ordenações sociais e mais facilmente perceptível o caráter progressivo ou regressivo das tensões que se processam dentro das sociedades em transição. À luz da perspectiva dos mesmos processos civilizatórios podem-se superar as limitações inerentes ao tratamento dos problemas de dinâmica social no quadro das teorias de alcance médio (R. Merton, 1957) e das posições funcionalistas, ambas predispostas a explicar os problemas socioculturais pela interação dos seus conteúdos presentes, como se as sociedades não tivessem história, ou com base no pressuposto de que todos esses conteúdos têm iguais potencialidades determinativas. Podem-se, também, superar dois tipos de concepção da dinâmica social. Primeiro, o que considera os povos dependentes como sobrevivências de etapas pretéritas da evolução humana. Segundo, o que confere às sociedades mais desenvolvidas a qualidade de términos do processo evolutivo, figurando-as como o modelo ideal de ordenação sociocultural para onde marchariam todos os povos (D. Lerner, 1958; W. W. Rostow, 1961 e 1964; A. Gerschenkron, 1962; S. N. Eisenstadt, 1963).

Dentro dessa gama de problemas, alguns conceitos especiais deverão ser definidos, como os de *atualização* e de *aceleração histórica*, por um lado, e por outro, os de *estagnação cultural*, de *atraso* ou *regressão histórica*.

Por aceleração evolutiva, designamos os processos de desenvolvimento de sociedades que renovam autonomamente seu sistema produtivo e reformam suas instituições sociais no sentido de transição de um a outro modelo de formação sociocultural, como povos que existem para si mesmos. Por *atraso histórico*, entendemos o estado de sociedades cujo sistema adaptativo se funda numa tecnologia de mais baixo grau de eficácia produtiva do que o alcançado por sociedades contemporâneas. Por *atualização* ou *incorporação histórica*, designamos os procedimentos pelos quais esses povos atrasados na história são engajados compulsoriamente em sistemas mais evoluídos tecnologicamente, com perda de sua autonomia ou mesmo com a sua destruição como entidade étnica. Esse foi o caso, por exemplo, da incorporação dos povos autóctones subjugados pelo conquistador e de populações africanas transladadas como mão-de-obra das minas e das plantações tropicais, nas formações coloniais escravistas da América. O conceito de atualização retrata, por isso mesmo, tanto situações de caráter regressivo — do ponto de vista das entidades étnicas avassaladas, traumatizadas ou destruídas — como conteúdos progressistas, enquanto um procedimento de incorporação de povos atrasados a sistemas sócio-econômicos mais avançados. A característica fundamental do processo de atualização histórica está no seu sentido de modernização reflexa, com perda de autonomia e com risco de desintegração étnica.

No corpo desses processos de incorporação ou atualização histórica é que se devem situar os movimentos através dos quais uma sociedade sofre os efeitos indiretos de alterações havidas no sistema adaptativo de outras sociedades. Em muitos casos, esses efeitos produzem profundas transformações progressistas em seu modo de vida, mas conduzem fatalmente ao estabelecimento de relações de dependência entre a sociedade reitora e a sociedade periférica, sujeita à ação reflexa. Tal ocorre, por exemplo, com a difusão dos produtos da Revolução Industrial, como instalações de ferrovias ou de portos que "modernizaram" enormes áreas em todo o mundo extra-europeu, apenas para fazê-las mais eficazes como produtoras de certos artigos, mas que, nada obstante, as tornaram importadoras de bens industriais. Por esse processo é que as populações latino-americanas, com a independência, desatrelaram-se da condição de áreas coloniais de uma formação mercantil salvacionista para cair na condição de áreas neocolonialistas de formações imperialistas industriais.

O conceito de *aceleração evolutiva* será utilizado para indicar os procedimentos diretos, intencionais ou não, de indução do progresso, com a preservação da autonomia da sociedade que o experimenta e, por isso mesmo, com a conservação de sua figura étnica e, por vezes, com a expansão dessa como uma *macroetnia* assimiladora de outros povos. Tal é o caso das sociedades que experimentam uma revolução tecnológica com base em sua própria criatividade, ou na adoção completa e autárquica de inovações tecnológicas alcançadas por outras sociedades, ou, ainda, com base em ambas as fontes. Identificamos, também, como situações de aceleração evolutiva, os processos de reconstituição étnica através dos quais sociedades, antes avassaladas por processos de atualização, reconstroem seu próprio *ethos* para conquistar sua independência política e retomar a autonomia perdida. Isso foi o que ocorreu em alguns movimentos de emancipação dos povos coloniais, como o da América do Norte. Classificam-se na mesma categoria as revoluções sociais em que uma vanguarda política, agindo em nome dos interesses das camadas subalternas, induz, revolucionariamente, uma reordenação da sociedade segundo os interesses dessas camadas e de modo a afastar óbices estruturais à adoção e generalização de uma tecnologia produtiva mais eficaz. Estão no mesmo caso, ainda, se bem que em menor grau, os esforços intencionais de indução do progresso sócio-econômico através da ação de lideranças renovadoras ou de programas governamentais de desenvolvimento planejado, sempre que se orientam para a acentuação da autonomia econômica e política.

Dentro dessa concepção, os povos desenvolvidos e subdesenvolvidos do mundo moderno não se explicam como representações de etapas distintas e defasadas da evolução humana. Explicam-se, isto sim, como componentes interativos e mutuamente complementares de amplos sistemas de dominação tendentes a perpetuar suas posições relativas e suas relações simbióticas como pólos do atraso e do progresso de uma mesma civilização. No mundo contemporâneo, são desenvolvidas as sociedades que se integram autonomamente na civilização de base industrial por aceleração evolutiva, e são subdesenvolvidas as que nela foram engajadas por incorporação histórica como "proletariados externos", destinados a preencher as condições de vida e de prosperidade dos povos desenvolvidos com os quais se relacionam.

Resta-nos definir os conceitos de *estagnação cultural* e de *regressão histórica*. O primeiro indica a situação das sociedades que, através de longos períodos, permanecem idênticas a si mesmas, sem experimentar alterações assinaláveis no seu modo de vida, enquanto outras sociedades progridem. É o caso, por exemplo, de tantas tribos pré-agrícolas, assim como de tribos de lavradores da floresta tropical latino-americana, que permaneceram no mesmo estágio cultural através de milênios, enquanto outros povos do continente ascenderam ao nível de civilizações urbanas. As situações de estagnação têm sido explicadas tanto pela presença de elementos dissuasores do progresso — as condições opressivas e desestimulantes da floresta úmida, ou o contrário, a dadivosidade da natureza tropical, que não estimularia o esforço — como pela carência de fatores dinâmicos — ausência de animais domesticáveis, sobretudo o gado e, em virtude disso, ausência de povos pastores agressivos ou de contatos externos: em termos do peso esmagador do repto decorrente do meio ou da conjunção social que tiveram de enfrentar, e, ainda, em termos da superespecialização que, garantindo a algumas sociedades uma adaptação adequada ao meio, as teria tornado incapazes de progresso.

Entre inúmeros exemplos possíveis desse último fator de estagnação pode-se citar a superespecialização de certos povos das regiões frígidas ou das estepes, que configuram modos de adaptação genéricos, e por isso mesmo homogêneos, para sociedades muito diversificadas em suas demais características, mas peculiares, porque só se desenvolvem onde as condições ecológicas se reproduzem nas mesmas bases. Assim, os esquimós polares e os Timbira do cerrado brasileiro exemplificam modelos gerais de adaptação ecológica que alcançaram extremos de especialização cultural criativa em face do ambiente. Fizeram-no, porém, trilhando antes desvios do que caminhos alternativos do desenvolvimento humano. A excelência de algumas dessas adaptações, que permitiram a criação, a reprodução e o crescimento de comunidades humanas onde pareciam inviáveis, não lhes tira o caráter de complexos marginais, não multiplicáveis e condenadas a tornarem-se, a certa altura da evolução cultural geral, atrasadas ou estagnadas. Para comprovar esse caráter basta considerar que, tanto nas zonas árticas como nos cerrados, tornaram-se possíveis, com base na tecnologia científica moderna, adaptações muito mais eficazes em termos da magnitude da população que podem manter (C. D. Forde, 1966; P. Gourou, 1959; A. Toynbee, 1951-64; M. Bates, 1959).

Ainda que se possam alcançar certas generalizações sobre os fatores da estagnação — quando menos pelo uso com sinal inverso das indicações dos fatores de progresso —, ela só se explica histórica e ecologicamente. Naquilo que nos importa para o estudo geral do processo civilizatório, é suficiente registrar que essas sociedades de culturas estagnadas correspondem a povos que ainda estão à margem de alguns ciclos do processo, mas serão fatalmente atingidos por eles e, afinal, conscritos, seja para se atualizarem historicamente, seja para experimentarem um processo de aceleração evolutiva, conforme as condições em que entrem em contato com povos mais avançados que penetrem seus territórios.

As situações de regressão sociocultural são explicáveis por vários fatores, como o resultado do impacto de uma sociedade de alto nível sobre povos mais atrasados, em que estes conseguem sobreviver pelo recuo, evitando, assim, sua descaracterização étnica, mas compelidos a acoitar-se em áreas inóspitas ou nas quais seu antigo sistema adaptativo não pode atuar com eficácia. Isso foi o que sucedeu a diversos povos americanos ante o avanço europeu sobre seus territórios. Situações de regressão podem produzir-se, igualmente, como resultado de traumas internos, que conduzam ao desencadeamento de insurreições das classes subalternas, ocasionando a destruição da velha ordem social, sem a capacidade de implantar uma nova, mais progressista. Isso foi o que ocorreu, entre muitos outros casos, com a sociedade egípcia, 2200 anos antes de nossa era, paralisando e fazendo regredir Mênfis, que jamais voltou a florescer, e também com o Haiti, após a independência, em que só uma reordenação global e intencional de toda a vida social, que superava suas possibilidades, teria permitido criar uma estrutura economicamente tão eficaz quanto o colonialismo escravista, mas capacitada a atender às aspirações de liberdade e de progresso da própria população.

Também conduzem a regressões os movimentos anti-históricos desencadeados por classes dominantes que, sentindo-se ameaçadas em sua hegemonia, submetem seus próprios povos a transfigurações intencionais de caráter involutivo. Isso foi o que se deu com a caricatura espartana da cultura grega, resultante de um projeto obsessivo de perpetuação de seu domínio sobre um contexto escravista. E também com a Alemanha hitlerista e com a Itália fascista, desfiguradas no esforço desesperado de frear movimentos socialistas emergentes e por se constituírem em novos núcleos de dominação imperialista. Todas essas irrupções anti-históricas descambam em expansionismos militares de decadência e em regimes despóticos que, primeiro, degradam as bases da vida social e cultural de seus povos e, depois, os conduzem a guerras desastrosas.

Outra causa de regressão cultural é a superutilização de uma tecnologia eficiente, mas destruidora em seu nível de saturação, como a agricultura de regadio. Exemplos dessa forma de regressão são-nos dados por tantas regiões que configuraram, no passado, civilizações florescentes, fundadas na irrigação, mas que mergulharam na estagnação e, depois, na regressão cultural. Isso foi o que sucedeu nos vales do Indo, do Nilo, do Tigre e do Eufrates, do Huang Ho e do Yang-Tse, onde milhões de hectares de terras de cultivo foram perdidos por efeito da erosão, da alcalinização ou da salinização das terras e da putrefação das águas, provocadas por deficiências de drenagem, através de longos períodos de cultivo por inundação (R. Revelle, 1965).

As regressões culturais têm tido, porém, como causa principal o esgotamento das potencialidades de uma formação sociocultural que, nos limites de sua aplicação, enrijece a estrutura social e acumula tamanhos conflitos de classes contrapostas a ponto de tornar inviável a vida social ulterior sem o desenvolvimento de instituições despóticas de contingenciamento da força de trabalho e de repressão aos levantes das camadas subalternas. Nessa forma de regressão representam papel especial os ataques de povos relativamente atrasados do seu contexto, que conseguem vencer e subjugar sociedades mais avançadas, cuja rigidez estrutural ou cujas crises internas tornaram vulneráveis. Esse é o caso típico da mais importante das formas de regressão sociocultural, que consiste no mergulho de sociedades relativamente avançadas nas chamadas "idades obscuras", empurradas pelo célebres *Völkerwanderung*.

Tal é a natureza do *feudalismo*, que não o identificamos como uma formação sociocultural, ou como uma etapa da evolução humana, mas como uma regressão provocada pela desintegração do sistema associativo, das instituições políticas centralizadoras e do sistema mercantil de uma antiga área integrada numa civilização, fazendo-a recair numa economia de mera subsistência. Ao produzir-se a regressão feudal, as cidades são destruídas ou se despovoam e a tradição cultural erudita que delas irradiava tende a ser substituída por uma tradição popular rústica, de transmissão principalmente oral. Nesse processo deterioram-se, igualmente, as antigas formas de conscrição de mão-de-obra, como a vassalagem ou o escravismo, dando lugar a novos modos de contingenciamento das camadas subalternas e senhorios militares locais.

Regressões feudais desse tipo se sucederam, como compassos necessários a todas as expansões civilizadoras, até a emergência da Revolução Mercantil. Esta, prontamente seguida pela Revolução Industrial, impôs às sociedades humanas mudanças progressivas de intensidade infinitamente maior que todas as anteriores, não dando lugar a regressões feudais, a não ser em casos excepcionais. Isso só ocorreu em áreas que se marginalizaram economicamente por curtos períodos ou cujas estruturas sociais inigualitárias se enrijeceram demasiadamente para perpetuar interesses patrimonialistas, impossibilitando a renovação tecnológica e a reordenação social correspondente.

Na verdade, a história humana se fez mais de passos regressivos dos tipos mencionados do que de passos evolutivos. As regressões representam, porém, o esgotamento das potencialidades de um sistema produtivo ou de uma forma de ordenação social, constituindo, por isso, recuos episódicos de povos exauridos no esforço de auto-superação ou abatidos por outros em ascensão. Os passos evolutivos representam, ao contrário, processos de renovação cultural que, uma vez alcançados e difundidos, alargam a capacidade humana de produzir e de utilizar energia, de criar formas de organização social crescentemente inclusivas e de representar conceitualmente o mundo com fidedignidade cada vez maior.

Como se vê, entendemos a evolução sociocultural como uma série genética de etapas evolutivas expressas numa seqüência de formações socioculturais geradas pela atuação de sucessivas revoluções culturais e respectivos processos civilizatórios, mas, também, como um movimento dialético de progressões e de regressões culturais, de atualizações históricas e de acelerações evolutivas. Essa concepção tem, provavelmente, a virtude de subsistir a compreensão corrente de evolução como a sucessão de etapas fixas e necessárias — seja unilineares, seja multilineares — por uma perspectiva mais ampla e matizada, que reconhece o progresso e o atraso como movimentos necessários da dialética da evolução. Dentro dessa concepção, cada revolução tecnológica, ao agir sobre um novo contexto, não repete, em relação às sociedades nele existentes, a história daquelas em que ocorreu originalmente, em virtude de quatro fatores de diferenciação. Primeiro, porque mais freqüentemente os povos são chamados a reviver o processo por efeito da difusão do que conduzidos por esforços autônomos de auto-superação. Segundo, porque a difusão não coloca ao alcance das sociedades os mesmos elementos originalmente desenvolvidos, nem na mesma ordem em que se sucederam e, tampouco, com as mesmas associações com outros elementos na forma de complexos integrados. Terceiro, porque os processos civilizatórios são movidos por revoluções tecnológicas que privilegiam os povos que primeiro as experimentam, ensejando-lhes condições de expansão como núcleos de dominação. Quarto, porque os povos atingidos pelos mesmos processos civilizatórios, através de movimentos de atualização histórica, perdendo o comando do seu destino e condenados à subjugação e à dependência, vêem estritamente condicionado todo o seu desenvolvimento ulterior.

Esse é o caso, por exemplo, das civilizações regionais que integraram diferentes povos numa mesma tecnologia básica, fazendo-os, porém, encarnar os papéis mais díspares, conforme se configurassem como centros imperiais ou como áreas dependentes. É o caso, ainda, da formação mercantil salvacionista, primeira das civilizações de base mundial que engajou povos tanto para a posição de metrópoles mercantis como para a de colônias escravistas, umas e outras só inteligíveis em sua complementaridade, mas que submetiam os povos nelas enquadrados a condições de vida totalmente distintas, conforme se situassem num ou outro dos pólos do grande complexo.

Outra conseqüência da perspectiva aqui adotada é que impõe a integração conceitual dos vários processos civilizatórios singulares — correspondentes às linhas divergentes dos distintos evolucionismos multilineares — num processo global, tal como ocorreu efetivamente na história. Esse procedimento permite valorizar os efeitos tanto fecundantes quanto destruidores de suas interações. Permite, também, reconstituir, em suas linhas mais gerais, as relações dos povos modernos de todo o mundo com os processos civilizatórios que plasmaram as grandes tradições culturais dentro das quais cristalizam suas presentes culturas. E permite, por fim, fixar uma tipologia das revoluções tecnológicas, dos processos civilizatórios e das correspondentes formações socioculturais, aplicável à classificação tanto das sociedades de diversos níveis de desenvolvimento de um passado remoto como das sociedades contemporâneas, atrasadas ou avançadas.

I AS SOCIEDADES ARCAICAS

1 A REVOLUÇÃO AGRÍCOLA

O primeiro processo civilizatório corresponde à Revolução Agrícola, que se desencadeou originalmente, há cerca de 10 mil anos passados, sobre os povos da Mesopotâmia e do Egito e se repetiu, mais tarde, por efeito da difusão ou como desenvolvimentos independentes, na Índia (6000 a. C.), na China (5000 a. C.), na Europa (4500 a. C.), na África Tropical (3000 a. C.) e nas Américas (2500 a. C.).

Essa revolução tecnológica desdobrou-se em dois processos civilizatórios, com os quais surgiram a agricultura e o pastoreio, configurando modos de vida tão diferenciados de todos os anteriores que cumpre identificá-los, desde suas formas mais incipientes, como duas novas formações socioculturais. O primeiro processo cristalizou-se em *aldeias agrícolas indiferenciadas* (não estratificadas em classes) dos povos que se fizeram lavradores de tubérculos ou de cereais, a exemplo das tribos da floresta tropical, nas Américas, e de inúmeros povos tribais de outros continentes. Alguns deles combinaram, mais tarde, a agricultura com a criação de animais, mas ainda não os utilizavam na tração. O segundo processo conformou as *hordas pastoris nômades* dos povos que, posteriormente, se especializaram na criação de animais, ajustando todo o seu modo de ser às condições de sobrevivência e de multiplicação dos rebanhos.*

Antes da Revolução Agrícola o homem vivera sempre em pequenos bandos móveis de coletores de raízes e frutos, de caçadores e pescadores, rigidamente condicionados ao ritmo das estações, engordando nas quadras de fartura e emagrecendo nos períodos de penúria. Só em regiões excepcionalmente dadivosas, como as costas marítimas, ricas em mariscos, e por isso mesmo muito disputadas, esses bandos podiam alcançar maiores concentrações. Ainda assim o montante de cada grupo era limitado pela capacidade de provimento alimentar nas quadras de maior escassez e pelas dificuldades de ordenar socialmente o convívio de unidades sociais maiores.

Nesse largo período de vida pré-agrícola, avaliado em meio milhão de anos, o homem dominara o fogo; aprendera a fabricar instrumentos de trabalho que compensaram suas carências físicas com meios de ataque e de defesa, e aumentaram sua eficiência produtiva. Desenvolvera idiomas, criara instituições sociais reguladoras da vida familiar e grupal e intensificadoras do sentimento de lealdade étnica. Acumulara patrimônios de saber e de crenças que explicavam sua experiência e orientavam sua ação, bem como fantasmagorias, através das quais procurava alcançar segurança emocional em face dos ris-

(*) Na caracterização das *aldeias agrícolas indiferenciadas* tivemos em mente, principalmente, os grupos indígenas agricultores da floresta tropical americana, tal como os pudemos observar em nossos estudos de campo e como são descritos na bibliografia etnográfica pertinente (H. Baldus, 1954; J. Steward [ed.], 1946-50). Consideramos, também, as fontes arqueológicas que revelam a antigüidade e a dispersão desses grupos nas Américas e, ainda, com objetivo de comparação, as reconstituições arqueológicas de outros continentes, tal como resenhadas por Gordon Childe (1951).

Com respeito às *hordas pastoris nômades*, tivemos em mente os primeiros grupos de criadores de gado maiores da Ásia, da Sibéria, da Mongólia e do Norte da África, segundo registros históricos, bem como as populações pastoris modernas dessas mesmas áreas e da África Oriental como são descritas na bibliografia etnológica, além das fontes americanas concernentes à adoção do cavalo pelas tribos chaquenhas da América do Sul e das planícies da América do Norte.

cos a que estava sujeito e dos quais se tornara consciente, como a dor e a morte.

O característico fundamental dos grupos humanos pré-agrícolas era sua multiplicidade e a disparidade de seus modos de ser. Cada pequeno bando, vivendo isolado, subdividindo-se sempre que crescia, conformava uma face pronunciadamente diferenciada do humano, hostil a todas as outras. Nessas circunstâncias, prevaleciam as tensões centrífugas que conduziram a espécie humana à dispersão, desde seus nichos originais, até cobrir a Terra inteira, atingindo as regiões mais ínvias e adaptando-se às condições mesológicas mais contrastantes, através da diversificação e especialização de seus patrimônios culturais (J. Steward, 1955a; R. C. Owen, 1965; M. D. Sahlins, 1968).

As instituições do tabu do incesto e da exogamia, atuando como vinculadoras de diversos grupos sociais, contribuíram para aglutiná-los em unidades tribais cooperativas ou, ao menos, não necessariamente hostis. O intercruzamento resultante dessas instituições permitia capitalizar a criatividade de maiores contingentes humanos através da difusão dos avanços culturais alcançados pelo grupo, para assim criar e preservar um corpo crescente de compreensões comuns (L. White, 1949; C. Lévi-Strauss, 1949). A julgar pelos registros da etnologia, devem-se acrescentar aos referidos procedimentos de vinculação intergrupal alguns outros, como o rapto de mulheres, que podem ter desempenhado um papel importante na difusão de certas técnicas.

Em alguns desses núcleos, por efeito da acumulação de observações e de experimentos, através de milênios, surgiram as primeiras formas de agricultura. Estas se iniciam, provavelmente, pela horticultura de frutos e tubérculos nas áreas tropicais e, nas regiões temperadas e frias, pelo cultivo de cereais, uns e outros anteriormente coletados nos mesmos sítios. Tais procedimentos acabam por fixar-se como um processo produtivo novo que, permitindo reordenar intencionalmente a natureza, a colocava a serviço do homem para prover a massa principal de alimentos vegetais de que carecia (N. I. Vavilov, 1926; E. C. Curwen e G. Hatt, 1947; Ch. B. Heiser, 1965: C. O. Sauer, 1952).

A domesticação de animais, surgida em certas áreas, permitiria enriquecer a dieta humana com uma provisão regular de carne e também de leite e peles. Mais tarde, alguns dos animais domesticados proporcionariam uma nova fonte de energia muscular, além da humana, como montaria ou força de tração de arados e carros, multiplicando, dessa forma, a capacidade produtiva do homem e sua mobilidade espacial.

Tal como a agricultura, a domesticação de animais desenvolveu-se progressivamente, a partir de procedimentos ocasionais que familiarizaram o homem com as condições de sobrevivência e de reprodução dos animais. Segundo o testemunho etnográfico, os grupos caçadores têm gosto em levar para suas moradas, e entregar ao cuidado das mulheres e das crianças, filhotes dos animais que eles caçam, para serem criados como um brinquedo animado. Essa atividade está, provavelmente, na base da domesticação que, começando pelos cães de caça, se estenderia às aves, porcos e muitas outras crias de terreiro e, depois, a animais de maior porte, criados já em rebanhos, como as renas, os camelos, as ovelhas, os eqüinos e os bovinos, cujas condições de crescimento conduziriam ao pastoreio como atividade especializante.

Supunha-se que o pastoreio teria surgido independentemente da agricultura, a partir do encurralamento de reservas de animais obtidos na caça, ou por um processo paralelo àquele que conduziu algumas tribos americanas a redomesticar cavalos e gado bovino trazidos pelos europeus, que se haviam multiplicado astronomicamente em rebanhos selvagens nas imensas pastagens naturais do Norte e do Sul do continente (Schmidt e Koppers, 1924). A ausência de comprovação arqueológica para essa hipótese com respeito ao Velho Mundo torna mais verossímil que o pastoreio se tenha desenvolvido a partir da domesticação de animais por parte de grupos lavradores ao nível de *aldeias agrícolas indiferenciadas*. Selecionadas as espécies por esses agricultores, sua multiplicação ulterior — nos terrenos apropriados e a distância conveniente das plantações — conduziria a uma especialização ocupacional crescente. Esta acabaria por diferenciar, primeiro funcional e ocupacionalmente, e em seguida até mesmo etnicamente, as populações de agricultores e as de pastores,* bipartindo a condição sócio-econômica dos grupos humanos mais desenvolvidos em duas linhas marcadamente diferenciadas (Gordon Childe, 1951).

O efeito crucial da agricultura e do pastoreio na esfera das relações do homem com a natureza foi um enorme incremento demográfico, causado pela relativa fartura alimentar que proporcionou. A fecundidade humana "natural", antes comprimida pelo condicionamento aos ciclos estacionais da coleta, da caça e da pesca, experimenta uma primeira expansão que teria, doravante, não a carência de alimentos como limite principal ao incremento do grupo humano, mas os efeitos letais das enfermidades e outras causas de ordem social que abateriam, periodicamente, os aumentos mais desbordantes. Essa explosão demográfica processar-se-ia, daí em diante, enquadrada por dois modeladores. Primeiro, a cissiparidade e a ex-

(*) O desenvolvimento do pastoreio como ocupação exclusiva só se daria tardiamente, porque exigiria, como condições prévias, o estabelecimento do comércio com grupos agrícolas, bem como a criação e o aperfeiçoamento da metalurgia. Foram identificados restos fósseis de diversas raças bovinas domesticadas na Ásia e no Egito, o que faz supor que as tentativas originais de domesticação de gado bovino datam de cerca de 6000 a. C. e as das raças eqüinas de 3000 a 4000 a. C. (bibliografia em K. Dittmer, 1960).

pansão horizontal que se mantêm enquanto atua como fator dinâmico a Revolução Agrícola. Depois, a aglutinação e a estamentação vertical que seriam desencadeadas pela Revolução Urbana, conduzindo já os grupos que as experimentaram a se configurarem como novas formações socioculturais.

O primeiro modelador consistiu na tendência, ainda prevalecente, da subdivisão dos grupos, cuja população excedesse certos limites, em novas unidades tribais, em virtude da rudimentaridade da tecnologia e da inaptidão dos sistemas sociais para dar coesão a grupos populosos ou para unificar, num mesmo corpo étnico, muitos núcleos dispersos. As novas técnicas produtivas, conquanto capazes de aumentar o contingente de cada núcleo, eram ainda insuficientes para sedentarizar o homem e para criar grandes unidades sociais extrafamiliares. Assim, os primeiros grupos de lavradores e criadores viam-se compelidos a uma vida transumante, em busca de terras virgens para os roçados e de pastagens novas para os rebanhos, e a subdividirem-se em novas unidades étnicas à medida que crescia sua população.

Como vanguardeiros da nova tecnologia, os povos agricultores e pastores, divididos em grupos tribais, avançaram sobre vastas áreas, desalojando suas antigas populações sempre que estas ocupavam terras agricultáveis ou pastagens naturais. Conformam-se, desse modo, em diferentes regiões do mundo, áreas de ocupação agrícola e pastoril cada vez mais extensas, cercadas por contornos marginais. Mais tarde, esses contornos reduzir-se-iam a meras ilhas, onde grupos de caçadores e coletores continuariam vivendo a antiga existência, como povos atrasados na história. Quase todos eles, porém, seriam paulatinamente atingidos pelo processo civilizatório fundado na Revolução Agrícola, tendente a integrá-los também na condição de agricultores ou pastores.

As sociedades estruturadas nos dois tipos de formação sociocultural — as aldeias agrícolas indiferenciadas e as hordas pastoris nômades — dedicam-se, essencialmente, à reprodução do seu modo de vida através de economias de subsistência. Mas suas disputas recíprocas e os conflitos com os povos mais atrasados sobre cujos territórios se expandem já começam a fazer da guerra uma ocupação fundamental, garantidora das suas condições de sobrevivência e de expansão. A unidade étnica, fundada na comunidade lingüística e cultural, já nessa época enseja associações periódicas de muitos grupos locais ou de hordas independentes para ações conjugadas de ataque ou de defesa, começando a gerar, desse modo, unidades étnicas mais amplas. A vida e as posses de cada família não dependem, porém, dessas uniões eventuais. Ao contrário, elas é que encontram nos grupos de parentesco as unidades estáveis que podem ser eventualmente conjugadas (R. Linton, 1936; J. Steward, 1955a).

Nessas circunstâncias, as relações anteriores de mero usufruto dos bens do território pelo qual transitam os grupos pré-agrícolas, como um rebanho, se alteram pela necessidade de defesa coletiva do território de exploração tribal. Ainda não surgira a propriedade territorial como instituição, mas as unidades tribais já se fazem co-possuidoras da terra beneficiada pelo trabalho humano ou das pastagens indispensáveis para os rebanhos, enquanto membros de um grupo coletivamente responsável por sua preservação, como condição fundamental da sua sobrevivência e autonomia.

Tal como as economias precedentes de caça e coleta, essas novas economias agrícolas e pastoris incipientes ainda não ensejam condições de diferenciação de categorias sócio-econômicas capazes de estamentar as comunidades. O grupo étnico inteiro — apenas dividido em famílias e distribuindo as atribuições produtivas segundo o sexo e a idade — devota-se às tarefas de subsistência como um esforço coletivo que ocupa igualitariamente todos os seus membros. O domínio tribal coletivo das áreas de caça, pesca e coleta, estendendo-se, depois, às áreas de cultivo e de pastoreio, permite manter cada família como unidade de produção e de consumo. Nessa etapa não há lugar ainda para a acumulação privada de bens, nem para a apropriação dos produtos do trabalho alheio. Os excedentes alimentares ou de outro tipo — geralmente produto da dadivosidade da natureza em certas quadras do ano — são destinados a gastos supérfluos, com atos de fé, ou ao consumo festivo. Mesmo quando esses bens são apropriados pelos chefes dos grupos familiares, revertem geralmente à coletividade, após sua morte, ou são transferidos segundo regras de parentesco classificatório que incluem grande parte, senão a totalidade, do grupo local.

Nessas formações, diversas modalidades de organização social baseadas nos sistemas classificatórios de parentesco permitem atender às necessidades de respostas institucionais ao crescimento da capacidade produtiva. Tanto os sistemas bilineares de parentesco, com as respectivas formas de organização das unidades familiares, quanto os unilineares, tendentes a desdobrarem-se em estruturas clânicas, são suscetíveis de ampliar-se para atender à necessidade de organização de unidades étnicas mais inclusivas. Essa a razão por que malograram as tentativas de correlacionar os modelos de parentesco classificatório com formas progressivas de desenvolvimento sociocultural. Na realidade, esse é um setor em que a amplitude das respostas possíveis aos desafios da renovação do sistema produtivo, ainda que não arbitrária, dificulta sua utilização para a construção de seqüências genéticas (G. P. Murdock, 1949; C. Lévi-Strauss, 1949 e 1953).

A renovação institucional mais assinalável dessa etapa

encontra-se, provavelmente, no aprofundamento da divisão de trabalho entre os sexos, que atribui às mulheres as tarefas relacionadas com a semeadura, a colheita e a preparação de alimentos cultivados. Essa nova carga de trabalho reacentua a linha tradicional que já atribui à mulher funções rotineiras e ao homem as tarefas mais cansativas. Assim como a ele cabia antes a caça, agora lhe incumbe a derrubada dos bosques e o preparo dos terrenos para a lavoura. Ambas são tarefas grandemente exigentes, mas episódicas, porque concentradas no tempo, ensejando-lhe oportunidades de refazer-se dos esforços dispendidos em longos períodos de repouso. Às mulheres, todavia, cabem novas tarefas cotidianas que, como a manutenção da casa, o preparo da comida, a coleta, o cuidado das crianças, exigem um esforço continuado e sem interrupções para repouso.

Simultaneamente com essa diferenciação de papéis produtivos surgem crenças e cultos destinados a impor a dominação masculina, que se vira virtualmente ameaçada. Com o apelo a mitos e ritos — como os do Jurupari entre os grupos Tupi do Brasil, de instituições como a casa dos homens e os sistemas de castigos a que ambos estão associados — perpetua-se uma precedência social que já não corresponde ao papel masculino na nova economia dos povos agricultores.

As hordas pastoris nômades nao parecem enfrentar esses problemas, em virtude da relevância do papel masculino no sistema produtivo. Em conseqüência, nelas se aprofunda essa dominância que assume as formas patriarcais mais despóticas. Também nos grupos de economia mista, em que o cuidado dos animais de criação cabe aos homens, a precedência social destes se ressalva. Por último, a guerra age também como fator de fortalecimento da precedência masculina dentro das sociedades agrícolas e pastoris, determinando, desde muito cedo, o aparecimento de diferenciações sociais que ampliam e dignificam as antigas formas de chefia, cujas responsabilidades vinham sendo aumentadas. Agora lhes cumpre fazer face aos riscos de saque das safras e dos rebanhos e a condução das lutas pela conquista de novas áreas de cultivo e de pastagens.

Amplia-se, igualmente, na mesma etapa, o número de especialistas no trato com o sobrenatural, que são chamados ao exercício de funções mais complexas, como a salvaguarda do grupo contra variações estacionais e a garantia da fertilidade do solo e das sementes, junto aos povos agricultores, e da saúde e da multiplicação dos rebanhos, junto aos pastores.

Ainda no curso da Revolução Agrícola, algumas sociedades experimentam grandes progressos na sua capacidade produtiva, devidos à substituição da enxada pelo arado puxado por animais e ao uso de fertilizantes. A tecnologia geral se enriquece com a descoberta e a generalização da cerâmica, que introduz o hábito de consumir principalmente alimentos vegetais cozidos, e, também, com o surgimento da fiação e da tecelagem, que substitui as vestimentas de couro por tecidos de fibras vegetais e animais e enriquece a tralha doméstica com uma multiplicidade de utensílios.

Essas atividades artesanais recairão principalmente sobre as mulheres, tornando mais penosa sua rotina, que se vira aliviada com a substituição da coleta de frutos e tubérculos silvestres pela produção dos roçados. Ao homem incumbe, agora, menos que caçar e pescar, preparar a terra para a lavoura e cuidar dos animais domesticados. Com isso, o âmbito de circulação espacial rotineiro de cada pessoa vai diminuindo, iniciando-se a tendência à sedentarização, que se acentuará cada vez mais.

Essa nova tecnologia agrícola e artesanal não supõe, ainda, o surgimento de especialistas de tempo integral e, por essa via, a estratificação da sociedade em classes econômicas. O parentesco classificatório continua sendo o sistema fundamental de ordenação da vida social, e os grupos familiais, bem como as comunidades locais, continuam a ser as unidades operativas e os núcleos de lealdade aglutinadores dos membros de cada sociedade. Todos se dedicam à produção de alimentos e apenas conhecem formas elementares de troca de produtos e serviços. Dentro de cada comunidade local, os novos membros alcançam direitos iguais aos de todos os outros, pelo mesmo processo através do qual aprendem a língua e se tornam herdeiros do patrimônio cultural comum. A qualidade de membro do grupo é que os faz usuários do domínio coletivo sobre a terra e o rebanho e co-participantes do esforço coletivo de provimento das condições de sobrevivência e de crescimento de sua sociedade. Cada indivíduo sabe fazer o mesmo que qualquer outro; dedica-se a tarefas idênticas — exceto os papéis já diversificados de chefes e sacerdotes —, convivendo em um pequeno mundo social em que todos os adultos se conhecem e se tratam pessoal e igualitariamente.

2 A REVOLUÇÃO URBANA

Com o desenvolvimento da Revolução Agrícola, algumas sociedades foram acumulando inovações tecnológicas que, ao alcançar o nível de uma nova revolução, lhes imprimiram um movimento de aceleração evolutiva que acabou por configurá-las como novas formações socioculturais. Seus motores foram uma acumulação de inovações técnicas que ampliaram progressivamente a eficácia produtiva do trabalho humano, provocando alterações institucionais nos modos de relação entre os homens para a produção e nas formas de distribuição dos produtos do trabalho. Tal se deu sucessivamente em várias regiões do mundo, a partir de diversas condições ecológicas e de diferentes contextos culturais, tanto por efeito da difusão quanto de desenvolvimentos independentes e, mais freqüentemente ainda, pela combinação de ambos.

Em todos os casos, essas sociedades aumentaram o número de plantas cultivadas, aprimoraram as qualidades genéticas destas e revolucionaram suas técnicas agrícolas com a adoção de métodos de trabalho e de instrumental mais eficazes para o preparo do solo destinado às lavouras, transporte e estocagem das safras. Algumas sociedades de economia pastoril ou mista também alcançaram os mesmos resultados mediante a seleção genética dos rebanhos e a especialização do criatório para obter animais de montaria e de tração ou para o provimento de carne, de leite e de lã.

As inovações mais importantes da Revolução Urbana consistem, porém, na descoberta das técnicas ainda incipientes de irrigação e de adubagem do solo que, controlando os dois fatores essenciais da produtividade agrícola, asseguram colheitas cada vez mais fartas. Tal se dá tanto em terras baixas, mediante o controle de processos naturais de fertilização do solo pelas enchentes, como em terras altas, através da construção de complexos sistemas de captação e distribuição da água por meio de canais artificiais. Outras inovações fundamentais foram: a generalização do uso do arado e de veículos de roda, ambos de tração animal, bem como de barcos a vela capacitados para a navegação costeira. De modo geral, esses sistemas de tração e de transporte apresentaram-se juntos no Velho Mundo, mas dissociados na América, onde a ausência de animais domesticáveis de grande porte conduziu o desenvolvimento por outras linhas.

Com base em diferentes combinações dessa tecnologia diversos povos revolucionam sua capacidade de produção de alimentos, ensejando o advento das primeiras cidades e, nelas, de novas técnicas de fabrico de tijolos e ladrilhos, a arte da vidraria, a metalurgia do cobre e do bronze, os silos, a escrituração ideográfica, a numeração, o calendário e, por fim, a arquitetura monumental. Gordon Childe (1946) demonstra que esses desenvolvimentos tecnológicos se concentram no período relativamente breve dos dois milênios que antecederam a 3000 a. C., tendo por isso um caráter nitidamente explosivo, pelo contraste com a infecundidade criativa dos longos períodos anteriores e dos dois milênios imediatamente posteriores.

As sociedades vanguardeiras dessa revolução tecnológica, ampliando a capacidade de produção de cada lavrador, passaram a contar com excedentes de alimentos que permitiram desligar um número cada vez maior de pessoas das atividades de subsistência. Ensejou-se, desse modo, o surgimento de formas mais complexas de divisão social do trabalho através da especialização artesanal e do comércio, tanto interno como externo, entre lavradores e pastores.

Por esse caminho é que os progressos da tecnologia produtiva puseram em ação um segundo modelador da vida social — a estratificação ocupacional — que imporia reordenações tendentes a transformar toda a estrutura interna da sociedade. A expansão horizontal que, desde muitos milênios, vinha multiplicando etnias começa, então, a ser contida por uma nova orientação reordenativa, no sentido vertical, que enseja o incremento de cada unidade étnica e a fusão de várias delas em entidades cada vez maiores.

Essa reordenação se rege fundamentalmente pelos processos de estratificação social e de organização política que passarão a operar, de então por diante, acionados por sucessivos progressos tecnológicos. Com eles surgem mecanismos de compulsão do aumento da produtividade, de acumulação de riqueza e de concentração desta em mãos de grupos minoritários que, na defesa de seus privilégios, atuam como incentivadores do desenvolvimento econômico. No curso desse processo, o sistema produtivo vai-se tornando cada vez mais complexo, exigindo crescente aplicação de recursos em bens de produção. Surgem, simultaneamente, novos modos de ordenação das unidades étnicas, que as tornam cada vez mais diferenciadas, mediante a segmentação interna em estratos sociais contrapostos, embora mutuamente complementares, no corpo de entidades pluricomunitárias, e mais inclusivas, mediante o aumento das populações aglutinadas nas mesmas unidades etnopolíticas e a incorporação nelas de gente de outras etnias.

Dentro de algumas dessas sociedades de tecnologia avançada, os prisioneiros de guerra já não são sacrificados nos cerimoniais de antropofagia ritual, mas apresados como trabalhadores cativos, surgindo, desse modo, o escravismo. A presença de escravos tomados a outros povos e despersonalizados para serem possuídos como instrumentos de produção afeta profundamente todo o modo de vida dessas sociedades, que deixam de ser igualitárias, ao mesmo tempo que se transformam em comunidades multiétnicas caracterizadas pela polarização de escravos em contraposição a senhores e em competição com os trabalhadores livres.

Das primitivas comunidades agrícolas igualitárias e das hordas pastoris, fundadas ambas na propriedade coletiva da terra e dos rebanhos e na garantia a cada unidade familiar dos produtos do seu trabalho, passa-se, assim, progressivamente, a sociedades de classe, assentadas na propriedade privada ou em outras formas de apropriação e de acumulação do produto do trabalho social. Umas e outras tornam-se cada vez menos solidárias internamente, porque as relações entre pessoas, antes reguladas pelo parentesco, começam a ser condicionadas por considerações de ordem econômica.

Os motores básicos dessa diferenciação social, além da renovação tecnológica, foram a contingência de regular a distribuição, dentro da comunidade, dos excedentes de bens que se tornara capaz de produzir; o imperativo de utilizar o poder de compulsão que se capacitara a exercer sobre grupos estranhos; e a necessidade de ordenar a vida social interna de comunidades humanas cada vez mais populosas. Esses desafios comuns apontavam para algumas formas possíveis de ordenação, dentro das quais se foram enquadrando uniformemente as diferentes sociedades. Uma delas era a propriedade privada da terra e o escravismo; outras, a preservação da acessibilidade de todos à terra, combinada com novas formas de ordenação político-religiosa da vida social, que também incentivavam a produtividade e a acumulação de riquezas.

Os progressos técnicos acumulados pelas sociedades que ascendem à economia agrícola superior — pela irrigação artificial e o uso de fertilizantes ou pela utilização de animais para tração de arados e carros — tornam aqueles desafios ainda mais imperativos. O esforço por enfrentá-los é que induz, a certa altura, o aparecimento da especialização ocupacional e de formas mais altas de troca de bens e de serviços, bem como o contingenciamento da força de trabalho e, com ela, a diferenciação progressiva dos indivíduos por categorias definidas segundo o seu papel e o seu lugar na produção. Surgem, assim, as classes sociais, diferenciando os produtores das camadas parasitárias de apropriadores dos excedentes produzidos. Estas se concentram, de preferência, nas vilas que começam a configurar-se como cidades, atuando como exatores de impostos ou como intermediários entre os setores já diferenciados de lavradores e pastores ou entre todos eles e os artesãos. Também estes, à medida que se especializam no fabrico de instrumentos de trabalho, de objetos de uso comum e de bens supérfluos, tendem a abandonar as atividades de subsistência alimentar e, por isso, a se concentrarem nas cidades nascentes.

Em algumas sociedades, a propriedade individual de bens, circunscrita originariamente aos produtos do trabalho de cada indivíduo ou de cada família, se estende, progressivamente, com o aumento da capacidade produtiva, até fazer-se o principal sistema de ordenação da vida social. Acaba por abranger os próprios agentes da produção, os animais de tração, os trabalhadores escravizados e, finalmente, a condição básica da produção agrícola, que é a terra. Desse modo, são aumentadas as possibilidades de acumulação de bens e estes se tornam não apenas mera riqueza concentrada em algumas mãos e consumida de modo ostentoso, mas um instrumento utilizável na produção contínua de mais riqueza.

Em outras sociedades, preservam-se as formas coletivas de propriedade, geralmente em associação com o desenvolvimento de técnicas novas, como o regadio, e a criação de instituições extrafamiliares reguladoras das atividades produtivas e de integração do artesanato com a agricultura em comunidades auto-suficientes. Nesses casos, a estrutura social pode evoluir para formas mais altas de comunitarismo que, sem apelo à propriedade privada e à escravidão pessoal do trabalhador, preenchem, por outras vias, os requisitos indispensáveis à expansão étnica e ao progresso sociocultural.

Por todos esses caminhos, criam-se formas de interdependência social que exorbitam da solidariedade meramente familiar e da mutualidade de nível local. Novas tramas de interdependência passam a regular o intercâmbio dos setores diferenciados dessas sociedades: dos produtores de alimentos com os artesãos especializados e as camadas parasitárias que intermedeiam suas relações ou exercem outras funções sociais. Com base nessa diferenciação configuram-se dois modelos de sociedades: as regidas por princípios coletivistas, fundados na propriedade coletiva ou estatal da terra e em procedimentos não escravistas de contingencionamento da mão-de-obra, e as regidas por princípios privatistas, principalmente a propriedade privada e a escravização da força de trabalho. Essas linhas diferenciadoras, dando lugar a distintas formações socioculturais, devem ser classificadas como dois processos civilizatórios: o primeiro, correspondente ao trânsito de aldeias agrícolas indiferenciadas a *estados rurais artesanais de modelo coletivista*; o segundo, correspondente à configuração de *estados rurais artesanais de modelo privatista*, desenvolvida por evolução interna, desde as aldeias agrícolas, ou através da subjugação destas, por hordas pastoris nômades.

Simultaneamente, atuava em certas áreas um terceiro processo civilizatório, fundado nos desenvolvimentos da Revolução Urbana, através do qual algumas hordas pastoris nômades, especializadas na criação e no adestramento de animais de montaria e de guerra, integrando-se na tecnologia metalúrgica, ascendem à condição de *chefias pastoris nômades*.

Os estados rurais artesanais dos dois modelos emergem, efetivamente, com a superação da condição igualitária das sociedades primitivas regulamentadas pelo parentesco e com o surgimento do Estado, que instaura um tipo novo de ordenação social baseada nos vínculos cívicos e na estratificação social. Lewis Morgan (1877 e 1880) acentuou essa transmutação, chamando *societas* ao antigo modelo de vida social, *civitas* ao novo. O Estado se configura com a implantação do domínio político sobre um território, o que coincide com o início da vida urbana.

Nos estados rurais artesanais de modelo privatista, a escravização assume cunho pessoal e ganha impulso crescente, estimulando guerras de conquista que não apenas expandem o domínio territorial, como ensejam a conversão das populações das áreas conquistadas em escravos pessoais apresados como mão-de-obra tanto para a agricultura como para manufaturas e transportes cada vez mais ativos. Essa nova modalidade de contingenciamento da força de trabalho afeta tanto os povos subjugados — porque os desenraíza e converte em condição material de vida de outros povos, equivalente ao gado ou a qualquer recurso natural apropriado — quanto os próprios subjugadores, porque lhes impõe modos de vida e de ordenação social opostos aos anteriores, por inigualitários e multiétnicos.

Introduz-se, assim, um fator dinâmico que passará a reger todo o desenvolvimento social ulterior. As relações do senhor com seus escravos assumem caráter de dominação, impossível de alcançar-se com respeito a qualquer outro bem, e se imprimem sobre as sociedades que as adotam, transmudando o caráter da sociabilidade vigente entre seus membros que, de igualitária e homogênea, se vai tornando categorial, privilegiando uns e transformando outros em párias.

Com o alargamento das camadas servis e dos estratos correspondentes de amos liberados da obrigação de trabalhar, surge um modo peculiar de vida, sustentado por novos valores, não mais assentados na virilidade ou na operosidade, mas na riqueza ou no poder. Aos poucos, esses novos estratos se configuram como uma camada senhorial tendente a exercer domínio não apenas sobre seus escravos, mas sobre a sociedade inteira, a fim de preservar e ampliar sua condição privilegiada.

Nos dois modelos de estado natural artesanal, com a transformação das aldeias em vilas e cidades, emerge um campesinato que progressivamente se diferencia até configurar-se, enquanto camada social e enquanto condição humana, num estrato distinto e oposto aos novos componentes da sociedade, desobrigados das tarefas de produção alimentar. Estes últimos, concentrando-se nas vilas, as transformam em cidades, cujo núcleo residente se compõe, predominantemente, de artesãos profissionalizados (oleiros, tecelões, vidreiros, metalurgistas e, depois, inúmeros outros), dedicados à produção de bens para troca, e de comerciantes incumbidos do intercâmbio, dedicados à acumulação das safras e dos produtos artesanais. A essas camadas juntar-se-ão, sucessivamente, novos estratos de especialistas — sacerdotes, funcionários, soldados — encarregados de manter a ordem na sociedade ampliada e enriquecida, de defendê-la contra saques tornados altamente atrativos pelo seu enriquecimento, bem como de abrir espaço à expansão étnica sobre novas áreas e, ainda, de prover massas de escravos para as atividades produtivas. Os conteúdos rural e urbano da sociedade evoluem, desde então, sempre correlacionados, mas crescentemente diferenciados, como duas tradições culturais distintas por seus modos de vida discrepantes.

Na verdade, com a cidade é que surge o próprio campesinato como categoria social anteposta à sua contraparte urbana, como parcelas da mesma sociedade, mutuamente dependentes para o preenchimento de suas condições de sobrevivência (R. Redfield, 1953 e 1956; H. Barnett e outros, 1954). Essa nova estrutura societária de rurícolas e citadinos capacita-se a fazer do território, e não da descendência, a base da unidade social e, desse modo, a incorporar numa mesma unidade sócio-política diversas comunidades locais, cujas populações já podem ser muito maiores, cujas origens e identificações étnicas podem ser amplamente diferenciadas e cuja estratificação social pode ser muito mais diversificada.

Um dos reptos principais com que se defrontaram essas primeiras sociedades estratificadas consistiu na necessidade de desenvolver princípios integradores capazes de dar unidade social e coesão moral a suas populações divididas em estratos sociais profundamente diferenciados e contrapostos, a fim de torná-las entidades políticas unificadas e operativas. A fonte básica dessa coesão foi encontrada nas velhas tradições religiosas, que para isso tiveram de ser redefinidas, a fim de resignar o pobre com sua pobreza e também com a riqueza dos ricos, a todos permitindo viver e interagir e encontrar gosto e significação para suas existências tão contrastantes.

Os especialistas no trato com o sobrenatural, cuja importância social vinha crescendo, tornam-se, agora, dominadores. Constituem não apenas os corpos eruditos que explicam o destino humano, mas também os técnicos que orientam o trabalho, estabelecendo os períodos apropriados para as diferentes atividades agrícolas. Mais tarde, compendiam e codificam todo o saber tradicional, ajustando-o às novas necessidades, mas tentando fixá-la para todos os tempos. Esse caráter conservador era inarredável à sua posição de guardiães de verdades reveladas, cuja autoridade e cujo poder não se encontravam neles, mas nas divindades a que eram atribuídas.

Os *xamãs* convertem-se, assim, em sacerdotes e, para atender às novas funções, organizam-se em corpos burocráticos e institucionalizam em igrejas a antiga religiosidade coparticipada. Estas se tornam, em seguida, as principais agências de ordenação da sociedade a partir de centros cerimoniais construídos com crescente magnificência. Sua edificação e manutenção tem dois efeitos cruciais. Primeiro, ao exigir a apropriação de parcelas cada vez maiores de bens e de serviços, proporcionam as motivações de caráter sagrado necessárias para induzir o campesinato a produzir mais do que consumia, assegurando, desse modo, uma direção externa ao processo produtivo. Segundo, a necessidade de aliciar temporariamente trabalhadores das aldeias para a edificação dos templos permite desgarrar massas rurais cada vez mais numerosas para constituir a força de trabalho urbano. Dela selecionam-se os artesãos mais talentosos para a manufatura de jóias, adornos e artigos de luxo destinados ao culto e a outros usos. O governo dos homens, que fora, até então, matéria de lideranças tradicionais, vai se tornando função de uma classe burocrática diferenciada, na qual a posição de precedência cabe a figuras novas que, fazendo-se divindades viventes, encarnam, conjuntamente, o poder político e o religioso.

Estados rurais artesanais e chefias pastoris nômades

Na fixação do paradigma de estados rurais artesanais tivemos em mente dois modelos básicos correspondentes a dois processos civilizatórios distintos. Primeiro, as cidades-estados, que inauguram a vida plenamente urbana, com base na agricultura de regadio e em sistemas sócio-econômicos coletivistas, antes de 4000 a. C. na Mesopotâmia (Halat); entre 4000 e 3000

a. C. no Egito (Mênfis, Tebas); na Índia (Mohenjo-Daro) por volta de 2800 a. C.; antes de 2000 a. C. na China (Yangshao, Hsia); e, muito mais tarde, na Transcaucásia (Urartu, 1000 a. C.); na Arábia meridional (Hajar Bin Humeid, 1000 a. C.); na Indochina (Khmer, 500 a. C.; Champa, 700 E. C.; Annam, 1000 E. C.; Sião, 1200 E. C.); na Indonésia (Xrividjava, 750 E. C.; Madjapahit, 1293 E. C.); e, ainda, no Altiplano Andino (Salimar e Galinazo, 700 a. C., e Mochica, 200 E. C.); na Meso-América (Uxmal, 300 E. C.); na Colômbia (Chibcha, 1000 E. C.); no primeiro milênio de nossa era no Japão (Jimmu), reiterando-se diversas vezes (Heian, 782 E. C.; Kamakura, 120 E. C.).

O segundo modelo é representado pelos estados rurais artesanais, de organização privatista, que se exemplificam nas primeiras talassocracias maduras, como a Fenícia (Tiro, Sídon, Biblos, entre 2000 e 1000 a. C.); as minóicas (Knossos, 1700 a. C.) e micênicas (1700 a. C.), além dos etruscos (século IX a. C.); de Atenas do século VI a. C. e de Roma anterior ao século III a. C. A elas podem-se acrescentar, ainda, o estado sacerdotal judaico (1000 a. C.) e os estados que se estruturaram como entrepostos comerciais da Ásia Central (Kushan, 500 a. C.), da Rússia (Kiev e Novgorod, 1000 E. C.). É duvidoso o caráter dos chamados "reinos" africanos fundados aparentemente no escravismo, como Gana (século IX E. C.), Zimbábue (século X E. C.), Mali (século XII E. C.), Gao (século XIV E. C.), Congo (século XV E. C.) e Songhai (século XVI E. C.). Essas formações de amadurecimento mais tardio, tendo ocasião de adotar uma série de desenvolvimentos tecnológicos difundidos por outras áreas, como a metalurgia, e de se impregnarem de valores de grandes tradições culturais, configuram já de forma distinta sua estrutura de estados rurais artesanais.

O terceiro processo civilizatório provocado pela Revolução Urbana, correspondente à expansão experimentada pelas formações pastoris arcaicas, deu lugar às chefias pastoris nômades. Estas podem ser exemplificadas pelos "povos de areia", como os hicsos, os hititas e os cassitas (1750 a 1500 a. C.), que se lançaram sobre as civilizações egípcia e mesopotâmica; pelos ários orientais (1300 a. C.), por citas (500 a. C.), hunos (400 E. C.) e sakas (120 a. C.), que avançaram em várias ondas sobre as civilizações orientais; pelos guerreiros teutônicos, celtas e escandinavos, que atacaram a civilização romana a partir do século III; e também pelos árabes, berberes (600 E. C.), os tártaros e mongóis (1200 E. C.) e manchus (1500 E. C.). Alguns desses últimos, por seu desenvolvimento tardio, tiveram a oportunidade de integrar-se na tecnologia do ferro e de se configurarem como um novo tipo de formação sociocultural: os impérios despóticos salvacionistas, no curso de outro processo civilizatório.

A Revolução Urbana, atuando através dos três primeiros processos civilizatórios referidos, que deram lugar àqueles distintos modelos de organização sócio-política, provocou, além da dicotomização das sociedades em conteúdos rurais e urbanos, a emergência de duas formas divergentes de vida rural: a rural artesanal e a pastoril. Ensejando, embora, em muitas delas, a manutenção de singularidades que continuaram a diversificá-las culturalmente, unificou-se como estilos de vida. Surgem, assim, em oposição a um estilo de vida citadino, dois estilos rurais, o camponês e o pastoril, cujas diferenças culturais passam a ser menos relevantes do que suas semelhanças como estruturas sociais, decorrentes de uniformidade dos respectivos sistemas adaptativos. Estes é que imprimem, tanto às populações urbanas quando às camponesas e também às pastoris do mundo inteiro, uma feição comum, que sobressai entre todas as suas variedades de línguas e de costumes.

Os dois modelos básicos de estados rurais artesanais configuram-se com o surgimento de unidades políticas supracomunitárias, como centros de poder instalados em cidades que dominam populações rurais muito maiores que elas (80 a 90% da população total), dispersas no seu contorno imediato ou aglutinadas em comunidades camponesas. Estas têm sua vida disciplinada por uma tradição milenar e não experimentam as alterações radicais que se desencadearam sobre as populações citadinas. Nelas, as unidades familiais e a solidariedade fundada no parentesco continuam representando o papel de princípios ordenadores da vida social; a existência permanece rotineira, marcada apenas pelo suceder das estações, cada uma das quais as obriga a reiterar as mesmas atividades. Homens e mulheres trabalham, sucessivamente, na lavoura, na criação de animais domésticos e nas indústrias caseiras de fabricação de artefatos. Há pouca margem para a especialização, já que todos conhecem as técnicas produtivas básicas, não obstante atribuídas segundo linhas de sexo e de idade. Tampouco há lugar para a competição aberta ou para o espírito aventureiro e renovador. O que prevalece é antes um profundo sentimento de que a vida é sempre igual, de que a tradição contém todo o saber, de que os bens terrenos são limitados. Ante as populações das cidades, desenvolvem um arraigado sentimento de aversão, fundado na idéia de que os citadinos são incapazes de dedicar-se a um trabalho verdadeiro, vivem da exploração dos camponeses e são os culpados das desgraças desencadeadas sobre o mundo rural, como as guerras e as pestes (R. Redfield, 1953; G. M. Foster, 1964 e 1965; E. Wolf, 1966).

Nas cidades nascentes começa um estilo de vida voltado para o futuro, pleno de elã expansionista e de ambição, informado por um saber explícito que, conquanto deificador da tradição, permite o cultivo de certo espírito de indagação. Uma mobilidade social maior estimula a competição pelo controle das fontes de riqueza, de poder e prestígio, entendidas todas elas de modo mais objetivo e enfrentadas de forma prática e combativa. Um desenvolvimento particular é experimentado por algumas dessas estruturas, que se especializam como núcleos de traficantes e de guerreiros do mar. São as *talassocracias*. Crescendo, colocam a serviço dos seus centros de poder marítimo vastas populações que passam a dominar ou com as quais comerciam, absorvendo seus excedentes. Algumas dessas estruturas alcançam grande desenvolvimento e exercem um papel de dinamização do processo evolutivo só equiparável ao das formações pastoris, como núcleos de difusão cultural que atuam através do comércio e da guerra.

As *chefias pastoris nômades*, condicionadas ao atendimento dos seus rebanhos transumantes, jamais chegaram a sedentarizar-se; apenas desenvolveram uma estratificação incipiente e só raramente diferenciaram conteúdos citadinos. Sua rotina de vida mais uniforme, em núcleos sociais menores e mais isolados, porque dispersos sobre enormes áreas, bem como seu sistema alternado de trabalho que, por vezes, exige grande esforço mas proporciona, depois, largas quadras de recuperação, não dão lugar a uma estamentação rígida. A mobilidade que o cavalo ou o camelo lhes asseguram, somada ao espírito aventureiro que desenvolvem, acaba por imprimir a esses povos pastores um estilo peculiar de vida e certas qualidades especiais de agressividade e brio que os fazem não apenas diversos, mas opostos ao campesinato. Esses fatores de diferenciação transformaram as hordas e, depois, as chefias pastoris nômades no terror dos povos ruralizados, incapazes de defesa contra seus ataques e, por isso, freqüentemente obrigados a pagar-lhes tributo ou a sofrer saques periódicos e, por fim, a se submeterem a seu domínio, mediante a substituição da antiga camada dominante pela chefia pastoril que os vença e subjugue.

Essas formações pastoris desenvolveram-se na orla dos estados rurais artesanais, como provedores especializados de bovinos para atrelar a arados ou a carros, de asnos para carga, de cavalos e camelos para montaria e para a guerra. A documentação arqueológica comprova que em princípios do segundo milênio antes de Cristo alguns desses grupos pastoris já dominavam a tecnologia metalúrgica indispensável à fabricação de freios dos cavalos e de grande parte de sua tralha de uso comum. Começam, então, a lançar-se sobre as populações ruralizadas, transmudando-as étnica e socialmente e, mais tarde, sobre os próprios centros de civilização urbana, que antes proviam de animais domesticados ou aos quais serviam como condutores de tropas de animais de carga.

Seu modo de vida, viabilizado por uma economia mercantil lucrativa, fundada na exploração do crescimento natural dos rebanhos e na valorização dos animais através do adestramento, lhes permite uma multiplicação constante do gado e dos pastores. Seleciona o gado e os homens; a estes, pelas altas exigências de tenacidade, agilidade e resistência que a lida pastoril impõe, infundindo atitudes senhoriais, bem como ambições de riqueza e domínio que os tornariam, mais tarde, os naturais dominadores dos povos sedentarizados.

Como se vê, a Revolução Urbana não apenas aprofundou as diferenças entre os modos de vida agrícola e pastoril, mas também os contrapôs um ao outro, da maneira mais drástica. A interação entre essas duas formações teve um papel dinâmico de importância capital na linha evolutiva das sociedades humanas. O elã expansionista e conquistador dos povos pastores é que compeliu muitas sociedades agrícolas a ascender à condição de estados rurais artesanais, seja pela necessidade de defesa contra seus ataques, seja por efeito de sua dominação por hordas pastoris guerreiras. Essa conjunção teve, ainda, dois efeitos cruciais. Primeiro, porque, conduzindo à constituição de sociedades multiétnicas, fortaleceu os vínculos políticos em detrimento dos familiares e tribais e permitiu constituir amplas unidades nacionais capacitadas a expandir-se de modo imperialista sobre vastos territórios, através da subjugação e do engajamento de todos os seus povos em amplos sistemas de dominação econômica e política. Segundo, porque contribuiu, provavelmente, para o surgimento de sociedades de modelo privatista, uma vez que, projetando as formas de repartição dos rebanhos sobre as terras e sobre as populações conquistadas, pôs em causa a propriedade coletiva dos campos de cultivo, antes co-participada por lavradores, e, desse modo, ensejou sua divisão em lotes de terras e grupos de homens para apropriação pelos conquistadores.

A institucionalização dos estados rurais artesanais faz-se através de duas linhas básicas de ordenação da vida social, que atuam simultaneamente e em constante interação uma com a outra: primeiro, a regulação da vida econômica, mediante a institucionalização da propriedade privada ou estatal, como um sistema de incentivo à produção de excedentes e de apropriação destes por uma camada minoritária; segundo, a institucionalização do poder político através da organização do Estado.

Os exemplos mais expressivos de estados rurais artesanais fundados na propriedade privada e no escravismo pessoal nos são dados pelas talassocracias. Estas surgem e se desenvolvem para a exploração das possibilidades de comércio e de guerra, tendendo a crescer como unidades multiétnicas de ordenação social rigidamente classista. Suas populações se dividem em categorias de homens livres, de diversas condições sociais, que variam conforme sua riqueza em bens acumulados, escravos e terras, ou sua pobreza e dependência, e numa ampla camada subalterna de escravos, composta dos estrangeiros apresados na guerra, mas na qual podem cair os antigos cidadãos livres que perdem seus meios de vida.

O desenvolvimento desses Estados de modelo privatista se deve mais a fatores externos do que a um processo evolutivo autônomo. Efetivamente, isso seria impraticável sem o amadurecimento prévio das sociedades com as quais puderam comerciar suas manufaturas, para assim viabilizarem-se economicamente. Um mínimo de desenvolvimento próprio era, porém, indispensável para os tornar capazes de especialização no setor manufatureiro e comercial ou para empreender façanhas como a construção de veleiros marítimos, que exigem a combinação de diversos materiais e uma organização de esforços só praticável numa sociedade ordenada por uma autoridade supracomunitária (F. Cottrell, 1958). Seu poderio se amplia paralelamente ao seu enriquecimento, porque com os mesmos veleiros faziam o comércio e a guerra, tanto ofensiva como defensiva, e também porque desenvolveram os primeiros sistemas de exploração colonial escravista, que colocaram a serviço de suas classes dominantes enormes massas humanas escravizadas fora de seus territórios. Através dessa combinação de atividades comerciais, guerreiras e colonialistas, é que essas primeiras sociedades privatistas de traficantes do mar puderam crescer para empreendimentos cada vez mais ambiciosos, que as fariam, por fim, uma das principais forças destruidoras dos núcleos de civilização que haviam viabilizado sua existência.

Em suas formas mais avançadas, a camada superior dessas sociedades privatistas pode chegar a apropriar-se das terras do seu próprio campesinato, reduzindo-o a uma força de trabalho alienada dos seus interesses e submetida a vontades estranhas. Como o objetivo desse domínio é obter lucros pela apropriação dos excedentes produzidos pelo trabalho, o consumo dos trabalhadores tende a ser comprimido até limites extremos. Assim, as potencialidades da nova tecnologia, condicionadas por certas formas de organização social para a produção de bens, acabam por condenar à penúria não apenas estrangeiros escravizados, mas uma parcela crescente da própria etnia nacional. E o que é mais significativo: a uma penúria que já não decorre de imperativos naturais ou da rudimentaridade tecnológica, mas das formas de organização das relações de produção, ou seja, do poder constritor de uma camada privilegiada. Essa tendência conduz algumas sociedades a aprofundar o processo de estratificação até atingir a população inteira, dividindo-a numa minoria de proprietários da terra, do gado e dos instrumentos humanos e materiais de trabalho, e numa maioria de dependentes, transformada em classe subalterna, livre ou escrava.

O modelo coletivista de estado rural artesanal funda-se principalmente na agricultura de regadio e na propriedade estatal da terra, controlada por um poder central de caráter sacerdotal e por sua burocracia, e assenta antes no avassalamento da massa camponesa através da cobrança de tributos e de contribuições em serviço do que na escravização pessoal da força de trabalho. Os Estados desse modelo, embora dedicados também às guerras de conquista para ampliar suas áreas de domínio, nelas não têm uma função permanente, ao contrário dos Estados de tipo privatista, que exigem um contínuo suprimento de escravos para operar seu sistema produtivo. Suas camadas dominantes, recrutadas por critérios tradicionais, tendem a preservar um grau mais alto de responsabilidade social para com sua própria população de camponeses e artesãos, concentrados principalmente em pequenas aldeias.

Nos passos iniciais do desenvolvimento desse modelo de estado rural artesanal coletivista, a organização da produção se faz com base nas instituições tribais de cooperação intercomunal (J. Steward, 1955 e 1955b). Mais tarde, estas tendem a ser substituídas por formas cada vez mais imperativas de conscrição da mão-de-obra por parte do Estado e sua burocracia, que crescem e se fortalecem no exercício das funções de conscrição e de exação, à medida que se alargam os sistemas de irrigação. Esse poderio político, ensejando, a certa altura, o empreendimento de obras cada vez mais ambiciosas, tanto destinadas ao regadio (que fortalece o sistema econômico) como obras faraônicas (que o enfraquecem), conduz o Estado a um crescente despotismo. Esses desenvolvimentos já ocorrerão, porém, no corpo de um novo tipo de formação e na fase decadente dela.

A estrutura econômica dessas formações coletivistas, não incentivando uma viva competição pelo enriquecimento nos estamentos sociais superiores, poderia levar à estagnação sociocultural. Contra essa tendência, porém, atuam mecanismos próprios de dinamização social, que conduzem também ao aumento da produtividade e à reaplicação produtiva dos excedentes gerados. Nessas sociedades, a tendência ao consumo conspícuo por parte das camadas parasitárias, encarregadas de funções públicas, como agentes do poder político ou como altas hierarquias sacerdotais e burocráticas e comandos militares, enseja também um fomento das atividades de produção de artigos de luxo, de construção de residências e de usufruto de serviços subalternos, à custa de sacrifícios crescentes das camadas despossuídas. Em certos casos, a exploração da massa da população por parte desses estratos dominantes se torna tão opressiva que conduz, aqui também, a insurreições camponesas, como a egípcia de 2200 a. C. Entretanto, a circunstância de o principal fator dinâmico assentar-se mais nas disputas pelo poder como a fonte real de todas as regalias do que na conquista do enriquecimento pessoal, através de atividades produtivas e de intermediação, garante a esses estados coletivistas uma estabilidade social e política muito maior que a das sociedades configuradas segundo o modelo privatista.

A outra forma básica de ordenação dos estados rurais artesanais corresponde ao advento do próprio Estado, através de um esforço de institucionalização de sistemas de governo incipientemente desenvolvidos. Esse esforço processa-se como resposta a várias ordens de imperativos. Primeiro, o da preservação da solidariedade grupal e da capacidade de autodefesa em sociedades internamente diferenciadas, em que o destino de cada pessoa se rege, fundamentalmente, por sua posição de classe. Segundo, a manutenção da ordem interna em sociedades tornadas inigualitárias, o que só se torna praticável através da criação de complexos serviços de controle social e de repressão. Terceiro, a necessidade de delegar a órgãos centrais funções de planejamento, execução e controle de serviços de interesse coletivo, como a construção e manutenção de redes de irrigação e muitos outros tipos de serviços que se vão tornando cada vez mais complexos e exigentes.

Os Estados têm suas instituições básicas conformadas principalmente pelo tipo de regulamentação da propriedade que orientou sua constituição. Serão principalmente ordenações do poder patronal fundado na exploração econômica nas sociedades de modelo privatista, baseadas na propriedade privada e na escravidão, e, principalmente, institucionalizadoras do poder patriarcal fundado nas funções técnico-burocráticas, nas sociedades de modelo coletivista, que se assentam na propriedade estatal da terra. Ambos são reptados, porém, a cumprir um mínimo de funções gerais de preservação da ordem interna, de defesa externa, de prestação de serviços, de administração e provisão de recursos e, sobretudo, de regulamentação formal da vida social. Suas principais expressões foram alcançadas, nos Estados de modelo coletivista, através da compendiação das normas sociais em códigos. Esta foi uma tarefa de sacerdotes que se incumbiram de ajustar a tradição às novas exigências da vida social diversificada, estatuindo em textos legais religiosos a ordem social inigualitária como uma ordem sagrada, cujos preceitos e regras passam a vigorar em todo o âmbito de dominação do Estado.

Nesses códigos encontram-se as expressões mais claras dos objetivos gerais da sociedade, cuja consecução cabe a todos os cidadãos, bem como das metas individuais socialmente prescritas como desejáveis, em termos de consentimentos, prêmios e sanções. Neles se definem, também, as atividades ou condutas recomendadas ou proibidas e os direitos individuais salvaguardados. Estabelecem-se, assim, menos com fundamento na tradição do que nos imperativos da nova estrutura sócio-econômica, as regras gerais dentro de cujo enquadramento se processam a vida e a competição entre os diferentes estratos da sociedade.

Institucionalizada e garantida pelo Estado, a ordem social inigualitária, que já se implantara espontaneamente nas relações sociais, impõe extremos de riqueza e de pobreza, de poder despótico e de opressão. A igualdade dentro das etnias tribais e a fraternidade familiar ou clânica dão lugar, daí por diante, a mutualidades e interdependências categoriais dentro de uma nova forma de solidariedade — o vínculo cívico — e de um critério novo de qualificação social: a estratificação. O primeiro, encarnando a figura étnica do grupo dominante, impõe sua língua, seus costumes, suas instituições e crenças a todos os povos incorporados na órbita de dominação estatal, desatrelando-os de suas próprias tradições para integrá-los na nova sociedade como camada subalterna chamada a uma participação parcial na vida cultural e institucional. O segundo, estratificando a sociedade, torna a condição de classe muito mais determinante do papel e do destino das pessoas do que a condição familiar ou tribal.

O exercício das funções de poder instituidor e mantenedor da ordem social interna e de poder promotor do expansionismo étnico conduz o Estado a ampliar incessantemente seus serviços administrativos, de controle social, de repressão e de guerra. Para custeá-los, introduz tributos que consomem parcelas cada vez maiores da produção, ao mesmo tempo que absorve massas crescentes de pessoas em atividades não produtivas, como a guerra, as edificações suntuárias e a burocracia. Simultaneamente, o Estado passa a assumir novas funções, antes exercidas por outros órgãos. A justiça deixa de ser matéria privativa da família ou do clã para se tornar atribuição de especialistas. A tranqüilidade social se torna, por igual, objeto das polícias estatais. Por fim, a atividade guerreira, outrora obrigação de todos os homens, passa a ser cumprida por chefes especializados e tropas permanentes, mobilizáveis não só contra inimigos externos, mas, também, contra as ameaças de sublevação das classes subalternas. Esse é um desenvolvimento inevitável dos estados rurais artesanais, coletivistas e privatistas, em virtude da sedentarização dos seus camponeses e da especialização de seus artesãos que, fazendo-os cada vez mais inaptos para a guerra, tornam a sociedade vulnerável aos assaltos das chefias pastoris nômades, ávidas de saque e de domínio. Todavia, o ingresso de comandos militares permanentes no corpo do poder estatal passa a constituir um dos principais fatores de agitação interna, em virtude das ambições que suscita a existência de um poderio guerreiro autônomo, apto a apropriar-se da máquina do Estado.

Na ordem externa, cumprem ao Estado, como funções básicas, as atividades de defesa e a promoção da guerra, enquanto imperativos de perpetuação do domínio étnico sobre seu território e, por conseguinte, da autonomia e da liberdade dos cidadãos, e instrumento de expansão sobre outros povos. É também o Estado quem garante as condições de estabilidade e ordem indispensáveis ao comércio. Antes de serem alcançadas, é impraticável o comércio entre sociedades distintas, pela ausência de um mínimo de garantias aos mercadores para o exercício de suas funções. Ainda que, no nível tribal, se registrem certas práticas de escambo, o desenvolvimento destas, ao nível de intercâmbio mercantil internacional, exige o estabelecimento de condições básicas de convívio pacífico e de segurança para os mercadores que transportam grande volumes de bens, que só podem ter lugar sob a égide de autoridades respeitadas por todos.

A implantação da ordem interna nas primeiras áreas de estados rurais artesanais de caráter coletivista constitui, assim, um pré-requisito indispensável ao desenvolvimento ulterior de sociedades mercantis de base pastoril ou marítima. Os primeiros núcleos da civilização minóica e micênica, bem como da fenícia — que representaram um papel crucial na difusão dos progressos alcançados na Mesopotâmia e no Egito —, constituíram, por isso, desdobramentos externos daquelas civilizações.

O papel dos mercadores não foi, porém, meramente passivo nesse processo. Em muitos casos, foram eles que forçaram a abertura do comércio, exercendo-o como uma atividade pouco diferenciada da guerra, que oferecia a oportunidade de escambo como uma alternativa ao saque. No plano cultural, o traficante surge, sobretudo nas costas marítimas, como um agente intercultural desenraizado de sua comunidade de origem e capacitado a agir intersocietariamente. As características de alienação que desenvolvera em sua própria sociedade, como agente parasitário de intermediação entre setores produtivos, alcançam, agora, um nível de marginalidade. Em suas formas externas, esse estamento já não guarda lealdades étnico-culturais a grupo algum, senão àqueles que lhes assegurem o exercício de sua função e a garantia da acumulação e fruição dos seus bens.

Nas sociedades em que prevalece a propriedade estatal, o Estado tem como objetivo perpetuar a ordenação social na forma de uma comunidade de co-possuidores livres e iguais, obrigados todos ao cultivo de suas terras, à produção artesanal dentro de unidades auto-suficientes e à produção de um excedente de que o Estado, através de tributos, se apropria. Entretanto, a simples presença de um comando político extracomunitário com funções de direção e de corpos diferenciados de arrecadadores de tributos, de guerreiros e de sacerdotes, tende a romper a estrutura igualitária, diferenciando uma camada dominante cujas pautas de consumo se enriquecem, exigindo destacar crescentes parcelas de força de trabalho para atendê-las. O Estado se corporifica, nesse caso, como um governo central permanente, assentado sobre toda a sociedade, que opõe uma minoria dominante à massa da população incorporada nas classes de súditos. Essa minoria, chamada a exercer um papel ordenador e capaz de impor-se a todos — porque monopoliza o uso legítimo da força —, acaba também por quebrar a autonomia da unidade familiar, clânica e tribal, para fazer valer, sobre todas as qualidades, a de súditos de uma entidade política suprema implantada sobre o território. Esse grupo dominante estatal é recrutado entre os antigos líderes de prestígio fundado na tradição e na guerra e tende a perpetuar e a alargar seus privilégios através da sucessão hereditária nos postos e da educação erudita de sua prole. Consegue, assim, constituir-se também numa camada privilegiada que estrutura o Estado não como um poder neutro, superior às classes sociais opostas pelo antagonismo de seus interesses conflitantes, mas como o poder mantenedor dos interesses investidos, destinado a assegurar às camadas privilegiadas o gozo tranqüilo e a frutificação de suas regalias. Por tudo isso, também nos Estados de modelo coletivista se destaca, com toda nitidez, o círculo dos poderosos, formado pela nobreza hereditária, pelos chefes militares, pelas hierarquias sacerdotais e pela alta burocracia, unidos todos entre si por seu antagonismo ante a massa socialmente indiferenciada, mas sempre em conflito virtual uns com os outros, no esforço por ordenar a vida social do modo mais conveniente a cada facção.

Uma vez instituídos, os Estados tendem a uma regulamentação cada vez mais restritiva das atividades sociais, em termos de preservação dos interesses dos grupos dominantes. Contra essa tendência atuam, porém, forças mais profundas, advindas tanto da dinâmica da oposição dos interesses das diversas categorias sociais quanto, e principalmente, das inovações tecnológicas, que ampliam as fontes de riqueza e de poder. Essas forças invalidam sucessivamente as ordenações alcançadas, impedindo o esclerosamento social, porque forçam continuamente a redistribuição dos frutos do trabalho ou das oportunidades de exercício do poder e de gozo do prestígio social entre as camadas dominantes.

Em todos os modelos de estados rurais artesanais, a luta pelo poder entre os corpos diferenciados da camada dominante cria problemas de legitimação formal do regime à base de concepções religiosas, militares ou cívicas, sempre discutíveis pela ambigüidade das tradições contraditórias em que se fundam e por seu caráter de meras justificações do exercício do mando, já conquistado por um dos corpos contra os demais. O certo é que em todos eles se registram as mesmas estruturas básicas de poder classista. Estas, entretanto, variando de acordo com o modo de recrutamento e a composição da elite dirigente, tendem a assumir a forma de Estado-Igreja, nas formações coletivistas, e a de democracias patronais patriarcais, nas privatistas, ambas ameaçadas permanentemente de submergir sob ditaduras militaristas.

Os estados rurais artesanais de modelo coletivista estruturam-se como Estado-Igreja (Leslie White, 1959), regidos por monarquias de base tradicional, com forte tendência centralista, que concentram na figura do rei a propriedade nominal da terra, a condução suprema da vida religiosa (freqüentemente pela identificação do soberano com a própria divindade), o comando superior da guerra e a direção da máquina burocrática de arrecadação e de serviços. Sua organização é basicamente de castas, porque, dentro dessa estruturação, os corpos sociais que mais se diferenciam e impõem são a aristocracia real, o sacerdócio, as chefias militares e a burocracia, todos tendentes a recrutar seus membros por critérios hereditários, que os transformam em castas privilegiadas e propensas, também, a tornar a condição camponesa e artesã igualmente hereditária.

Uma configuração militarista do Estado estrutura-se mais tardiamente, com o predomínio de uma hierarquia guerreira que se impõe despoticamente sobre seu próprio povo ou sobre povos dominados, nos Estados de modelo tanto coletivista como privatista. Os espartanos oferecem um exemplo extremo desse modelo desenvolvido nos quadros de uma economia escravista. Outros exemplos são os diversos Estados fundados através da conquista de sociedades agrícolas por chefias pastoris, como o período de domínio hicso sobre o Egito, ou os Estados cassita e hitita da Mesopotâmia, e, ainda, os domínios impostos a diferentes regiões da Índia por ataques de povos pastoris, bem como diversas sucessões dinásticas exercidas por chefias mongólicas na China.

Uma terceira configuração, de desenvolvimento ainda mais tardio, é representada pelas cidades-estados de organização democrática, como as gregas e romanas dos períodos iniciais, em que um patronato escravista integrado por mercadores, latifundiários e empresários de *ergasterions** participa na formação e na condução dos órgãos de poder político. Essas sociedades de modelo privatista, propiciando maiores oportunidades de ascensão social ao empresariado de comerciantes e à oligarquia rural de grandes proprietários escravistas, alargam o estrato dominante e ensejam o desenvolvimento de instituições democráticas. Embora circunscrita ao âmbito patricial esta estruturação política se opõe, como modelo, ao caráter centralizador dos Estados-Igreja e das dominações militaristas e enseja a substituição dos critérios hereditários de recrutamento dos membros dos corpos dominantes por procedimentos mais igualitários e competitivos. Tais estruturas mais democráticas de poder jamais alcançaram a estabilidade dos outros mo-

(*) Ver página 142.

delos e tenderam todas a degenerar em tiranias. Assentando-se na oposição irredutível entre estreitas camadas de cidadãos-proprietários livres e a plebe, que mesmo quando livre já não é igual, e a escravaria, nem livre nem igual, viram-se compelidas a criar instituições formais de controle social e de repressão que, fortalecendo as tendências militaristas, as conduziram a regimes ditatoriais. Combinam-se, desse modo, um despotismo essencial — exercido por toda a classe dominante sobre a massa escrava e sobre camadas livres mas empobrecidas e por isso alienadas socialmente — com uma democracia de participação limitada ao estrato patronal patricial ou com uma tutela militar exercida em nome desse patriciado. Os traços mais característicos de tais sistemas políticos decorrem da ausência de uma dominação sacerdotal e de uma estamentação em castas e de desenvolvimento de camadas médias entre as populações urbanas que, assegurando mais amplas oportunidades de especulação intelectual e de debate, estabelecem condições propícias para que intelectuais e artistas exerçam mais livremente suas atividades criadoras.

Todos esses tipos de ordenação da vida política agem como um poder condicionador do progresso social, tendente a tudo subordinar aos objetivos de dominação dos grupos dirigentes. A expansão da produtividade, que se vinha experimentando desde o alvorecer da Revolução Urbana, em conseqüência de contínuos progressos tecnológicos, passa a ser condicionada, de então por diante, aos imperativos da preservação dos interesses investidos, ou seja, da manutenção da riqueza dos ricos e da sua contraparte necessária, a pobreza geral. Tanto a disponibilidade de grandes massas de mão-de-obra submetidas à vassalagem generalizada no modelo coletivista de Estado como as disponibilidades de escravos apresados na guerra, no modelo privatista, desestimulam a renovação tecnológica. Por isso é que os progressos alcançados nos dois primeiros milênios anteriores a 3000 a. C. foram tão maiores que os experimentados nos dois milênios posteriores (Gordon Childe, 1946 e 1960; S. Lilley, 1957).

Vemos, assim, que os progressos da Revolução Urbana, embora potencialmente mais libertários pela promessa de fartura com que acenavam, representaram para a maior parte das populações humanas a condenação à escravidão ou à vassalagem, desconhecidas antes. Difundiram-se não como meras descobertas técnicas livremente adotáveis por qualquer povo, mas como forças de dominação externa controladas pelas sociedades que primeiro se integram na nova tecnologia e primeiro experimentam sua ação renovadora. Em cada sociedade de economia agrícola ou rural artesanal somaram-se, ao incremento demográfico tornado possível pela disponibilidade de alimentos, novos contingentes, pela integração no corpo social de pessoas desalojadas de outros povos através da escravização e a ela incorporadas por meio da deculturação e da assimilação.

Através dos diversos processos civilizatórios desencadeados pela Revolução Urbana — tal como já ocorrera com a Agrícola — cumpriu-se a redução da miríade de povos tribais diversificados em microetnias, cada qual com sua língua e cultura peculiar, a um número mais reduzido de etnias, correspondente a unidades políticas mais populosas. Em outros termos, as forças libertárias da nova revolução tecnológica não atuaram nos quadros étnicos das velhas formações tribais, mas através de configurações étnicas que ela própria gerou, ao demolir as antigas estruturas.

Essas etnias, alargadas como Estados expansionistas, entrando em conflito umas com as outras, dão lugar a novas ordenações étnico-nacionais que projetam sobre áreas cada vez mais amplas seu poderio, suas línguas e seus costumes, juntamente com a nova tecnologia produtiva. Depois de alcançar certo grau de expansão, mediante o domínio de diversos povos, essas etnias alargadas acabam sendo abatidas pelo ataque de alguns povos que subjugaram, os quais, por via da própria dominação, haviam assimilado a nova tecnologia e amadurecido para a independência. Sucedem-se "idades obscuras" ou protofeudalismos em que as relações mercantis e os vínculos de suserania se interrompem e cada população volta a reconstituir pacientemente seu próprio *ethos* até que uma delas consiga alçar-se sobre as demais, iniciando novo ciclo expansionista, ou que a emergência de um novo processo civilizatório permita interromper esses movimentos reiterativos, gerando novas formações socioculturais.

Nos dez milênios em que vem atuando a Revolução Agrícola, e nos 6 mil anos que já dura a Revolução Urbana, elas acabaram por afetar todos os povos. Mesmo os grupos marginais que resistem, ainda hoje, à integração nos estilos de vida por elas criados, sofreram profundamente seus efeitos reflexos.

II AS CIVILIZAÇÕES REGIONAIS

3 A REVOLUÇÃO DO REGADIO

Apesar de suas imensas potencialidades, a Revolução Urbana apenas propiciou, durante os primeiros milênios, a criação de Estados locais em disputa que se sucediam nas mesmas áreas, incapazes de dar forma e estabilidade a uma civilização regional. Seus círculos concêntricos ainda se expandiam sobre os espaços culturais pré-agrícolas e de agricultura incipiente, quando uma nova revolução tecnológica entra em curso e cristaliza uma nova formação, capacitada a constituir as primeiras civilizações regionais.

Tal se dá com o desencadeamento da *Revolução do Regadio*, que provê as bases tecnológicas dos *impérios teocráticos de regadio*, que surgem primeiro na Mesopotâmia, com os Impérios Acádio (2350 a. C.) e Babilônico (1800 a. C.); no Egito, com o Império Médio (2070 a. C.) e com o Império Novo (1750 a. C.); na Índia, com os impérios Maurya (327 a. C.) e Gupta (320 E. C.); na China, com as dinastias Chou (1122 a. C.), Chin e Han (220 a. C.), Tang (618 E. C.), Ming (1368 E. C.) e Ching (1644 E. C.); na Indochina, com o Império da Camboja (600 E. C.). Mais tarde, estruturam-se nas Américas com os maias (300 E. C.) e, finalmente, com os incas e os astecas, que o conquistador espanhol ainda encontrou pujantes e rapidamente esmagou.* O Ja-

(*) Os maias, como os khmer, são incluídos aqui pela presença, em ambos, de

pão emerge também para a civilização no corpo de uma formação teocrática de regadio, inspirada no modelo chinês, com Tokugawa (1603 E. C.).

Seus requisitos tecnológicos, institucional e ideológicos, que se vinham acumulando, havia muito, nos estados rurais artesanais de modelo coletivista, configuram-se plenamente como civilizações baseadas na agricultura de regadio, através de complexos sistemas de comportas e canais, regidos por centros urbanos que, a seguir, se tornariam metropolitanos, como cabeças de extensas redes de cidades.

Alguns desses processos civilizatórios brotaram de gestação autóctone, cumprida passo a passo, como parece ter ocorrido na Mesopotâmia e nas Américas. Outros podem ter surgido da fecundação de um velho contexto cultural pela adoção de inovações tecnológicas e institucionais originalmente desenvolvidas em diferentes lugares. Em qualquer caso, todos se configuram como formações socioculturais tão radicalmente diferenciadas das anteriores e das posteriores que só podem ser compreendidas como uma nova etapa da evolução humana ou como fruto amadurecido de uma nova revolução tecnológica, a do Regadio.

Algumas dessas civilizações brotaram da gestação de descobrimentos técnicos e institucionais desenvolvidos depois da sedentarização das comunidades agrícolas e de sua estruturação em sociedades estratificadas. Dentre eles tiveram papel decisivo os sistemas de engenharia hidráulica, que abriram novos horizontes à agricultura irrigada e adubada, dirigidos por

---

obras de controle das águas. Todavia, nenhum deles desenvolveu uma agricultura de regadio comparável à dos demais, em parte pelas peculariedades ecológicas das zonas tropicais onde essas duas civilizações floresceram. Esse mesmo caráter tropical e a disponibilidade de madeiras e outros materiais de construção perecíveis é que explicam o contraste entre suas majestosas edificações de centros cerimoniais e a "pobreza" de suas cidades, carentes ou pobres de edifícios de moradia, capazes se deixar testemunho arqueológico.

governos centralizados, que propiciaram um prodigioso acréscimo da produtividade das áreas cultivadas, com o aumento correspondente dos excedentes alimentares. Essas disponibilidades não somente ensejaram novos ascensos demográficos, mas permitiram a manutenção de grandes massas desobrigadas das atividades de subsistência, aliciáveis para outras tarefas, que variavam desde a construção de grandes obras hidráulicas necessárias à irrigação em alta escala até a edificação de obras faraônicas e as guerras de conquista. Suas contribuições tecnológicas fundamentais, além da engenharia hidráulica, em que se assentava a agricultura de regadio em alta escala, foram a generalização da metalurgia do cobre e do bronze e a cerâmica, a invenção dos azulejos, de novas técnicas e novos materiais de construção, de novos procedimentos baseados na polia, na prensa e nos cabrestantes e, ainda, o desenvolvimento da escrita ideográfica e da notação numérica. Essas invenções, em combinação com outros elementos, conduziriam algumas sociedades humanas a avanços revolucionários, na linha da aceleração evolutiva, e, em outras, provocariam as mais profundas alterações reflexas, por via da atualização histórica.

O provimento das matérias-primas, sobretudo minérios, tornadas indispensáveis, levou os impérios teocráticos de regadio a melhorar as técnicas de transporte por terra e por mar e impôs vínculos externos, em que se combinavam e alternavam a guerra e o comércio. As manufaturas instaladas no campo e nas cidades se padronizaram e, em alguns casos, se orientaram para a produção mercantil. Onde a metalurgia se difundiu mais amplamente, a guerra passou a fazer-se com armas de metal e com carros de rodas reforçadas. O comércio, exigindo formas mais elevadas de troca, ensejou o surgimento, em certas áreas, da moeda metálica.

No plano sócio-político, essa nova formação caracterizou-se pelo poderio alcançado pela organização estatal, grandemente centralizada e poderosamente integradora de todas as forças de compulsão social, o que não ensejava qualquer oposição de interesses que lhe fosse inibitória. Tal concentração de forças foi atingida pela unificação, dentro de uma mesma entidade, dos controles políticos e militares, bem como da capacidade reguladora e integradora da religião, e, ainda, pela monopolização das atividades produtivas e comerciais. Por esse motivo, em tais formações não surgem igrejas independentes, nem empresariados privatistas que se oponham ao poder central. Ao contrário, todos se unificam nele, cada qual contribuindo com elementos de integração e fortalecimento do seu domínio.

Armados desse poder monolítico, os impérios teocráticos de regadio se capacitam a alargar as bases de sua economia interna através da ampliação portentosa dos sistemas de irrigação e de defesa contra inundações e da construção de enormes obras hidráulicas, a fomentar o crescimento das cidades através de programas de urbanização e da construção de aquedutos, diques e portos e, ainda, a edificar gigantescos templos, palácios e sepulcros, bem como amplíssimas redes de caminhos, monumentais muralhas defensivas e enormes canais de navegação.

A base econômica dessas estruturas imperiais era a apropriação das terras cultiváveis pelo Estado teocrático e o desenvolvimento de complexos sistemas administrativos de controle da força de trabalho.

A primeira condição foi alcançada mediante a atribuição ao faraó, ao inca ou seu equivalente, enquanto divindade viva, da propriedade nominal de todas as terras. Isso permitiria intervir na rotina de trabalho dos camponeses e regular a sucessão hereditária, de modo a fomentar a produtividade e criar procedimentos regulares de apropriação, depósito e distribuição dos excedentes. Dentro desse sistema, as terras de cultivo permaneceram entregues em usufruto às comunidades locais, sem a intermediação de proprietários individuais. Mas se conseguiu romper com a auto-suficiência das aldeias camponesas e transformá-las em parcelas ativas de um sistema econômico global.

A segunda condição foi preenchida com a criação de formas complexas de controle da totalidade da força de trabalho e de sua direção na realização de grandes obras através de um vasto corpo sacerdotal, tendente a estruturar-se como uma burocracia gerencial. A envergadura dos empreendimentos estatais e a complexidade técnica dos mesmos obrigaram esse corpo burocrático a especializar-se e, em certa medida, a secularizar-se, de modo a capacitar o pessoal necessário ao planejamento e à direção das obras de engenharia hidráulica, rodoviária e construtiva, à implantação de sistemas uniformes de pesos e medidas, de tributação, de medição e alocação de terras de cultivo, de recolhimento de excedentes de alimentos e sua distribuição, à criação de procedimentos contábeis de registro de bens e de sistemas de conscrição e capatazia da mão-de-obra, ao exercício monopolístico do comércio exterior para o suprimento de certas matérias-primas, como minérios, madeiras e sal, além da implantação de instituições educacionais de transmissão formal do saber tradicional e também do técnico-científico.

Esse desenvolvimento organizacional fez crescer, ao lado da nobreza hereditária e dos corpos sacerdotais que originalmente se haviam incumbido dessas tarefas, um vasto corpo de servidores do Estado. Seu recrutamento, que de início devia proceder-se pela seleção de talentos, tendeu, depois, a circunscrever-se ao mesmo círculo social, em virtude da atuação de dois fatores: primeiro, a necessidade imperativa de capacitação dos corpos técnico-burocráticos através da educação formal; segundo, os impulsos de defesa dos privilégios e direitos adquiridos por parte das camadas dominantes. A burocracia foi-se fazendo, assim, uma casta, pela sucessão dos filhos aos pais nos mesmos postos, mediante o adestramento seletivo e a crescente vinculação com a nobreza e com o clero, bem como pela oposição de interesses entre todos esses estratos e o conjunto da população.

Um outro elemento organizacional dos impérios teocráticos de regadio foi a profissionalização de uma camada guerreira tornada indispensável para compensar a debilidade combativa das populações agrícolas sedentarizadas e, sobretudo, a vulnerabilidade dos sistemas de rego em face de ataques externos. Mais tarde, esses corpos militares profissionais já não se voltam apenas para a defesa contra invasores e para a repressão interna, mas para as guerras de conquista. Esses exércitos, mesmo quando recrutados nas antigas camadas dominantes, já não se identificavam como um estrato indiferenciado dos demais (aristocratas, sacerdotes e burocratas), mas como uma entidade nova, apta a disputar o poder nas áreas conquistadas e, mais tarde, até mesmo no próprio centro imperial. Em conseqüência, torna-se intrinsecamente subversiva, porque as estruturas de poder que compõe não dependem unicamente da fonte tradicional de legitimação do mando — que é de natureza religiosa — mas do simples uso da força. Sua presença faz com que a ambição de saque que antes animava as sociedades marginais — pastoris e navegantes — contagie também os grandes centros de civilização.

Desencadeia-se, assim, um expansionismo fundado na capacidade dessas sociedades ricas de mobilizar e armar grandes exércitos, mas destinado não a preencher suas condições de existência, senão a canalizar e atender às ambições de mando, de riqueza e de prestígio de uma camada funcionalmente diferenciada (J. Schumpeter, 1965). Com esse expansionismo sobrevém uma série de tensões dentro da classe dominante e problemas econômicos internos, conducentes à acentuação do despotismo.

Em certas circunstâncias, o surgimento do militarismo expansionista pode ser explicado por pressões internas, de ordem demográfica, decorrentes da escassez de recursos para atender a uma população crescente. Em outros casos, que parecem ser os mais freqüentes, o militarismo surge como uma pauta de conduta advinda da subjugação dos impérios por sociedades mais aguerridas que, ao integrar a classe dominante no período de restauração, lhe imprimem seus antigos corpos de valores (J. Steward [ed.], 1955). Isso é o que parece ter ocorrido com os impérios teocráticos de regadio que se sucederam na Mesopotâmia e no Império Asteca, ambos convulsionados por um militarismo extremado. Quando o poder teocrático cede lugar ao militarismo, ou com ele se associa, tende a agravar-se o despotismo, pela necessidade de impor à população uma economia de guerra que exige maiores sacrifícios a todos. Nessas condições, anula-se também nas camadas dominantes dos impérios teocráticos de regadio o sentido de responsabilidade social em relação às populações subalternas, que assegurava a cada camponês e até mesmo ao cativo certo grau de autonomia quase equivalente à liberdade, em comparação com as formas escravistas pessoais de submissão da força de trabalho a proprietários individuais que se assenhoreavam das terras e dos homens.

Nos impérios teocráticos de regadio, o camponês, permanecendo, embora, jungido à terra e obrigado a sofrer a extorsão dos excedentes que produzia, só encontrava acima dele, como estrutura dominante, a própria comunidade solidária dentro da qual vivia, e, num segundo plano, a burocracia real, representada por agentes apropriadores dos excedentes de produção, através da cobrança de tributos ou formas similares de captação de bens e de imposição de serviços forçados. Entretanto, mesmo essas formas de apropriação e de conscrição encontravam certa justificativa social, porque não se destinavam ao enriquecimento de um senhor, mas, em grande parte, ao custeio de serviços públicos fundamentais, a cargo do poder central, como a construção e manutenção dos enormes sistemas de irrigação, de barragens e canais, da rede de transportes, da produção de instrumentos de trabalho, do comércio de matérias-primas e da guerra. O próprio luxo da camada dominante era extraído das sobras dessas apropriações e constituía a forma de ressarcimento aos nobres, sacerdotes, chefes militares e burocratas pelos serviços que prestavam como encarregados do exercício de funções sociais explicitamente definidas como contribuições à manutenção do sistema global (K. Marx, 1966).

Mesmo quando aliciados para a edificação de obras faraônicas, como os templos e as pirâmides, o camponês e o artesão estavam contribuindo para o culto a valores, crenças e glórias que também para eles tinham sentido. Os próprios cativos trazidos de terras longínquas para trabalhar nessas obras podiam viver juntos, criar seus filhos e preservar a língua e os costumes que fossem compatíveis com a nove vida. O cativeiro dos judeus no Egito mostra-nos que essas massas avassaladas não se inseriam no sistema como propriedade de senhorios individuais, mas como povos vencidos e subjugados a um poder estatal que poderia libertá-los amanhã ou fixá-los em novas terras e assim integrá-los etnicamente como parte do campesinato e dos corpos de artesãos e soldados da macroetnia imperial. Todavia, a situação dos cativos concentrados nas minas e nas edificações ciclópicas, ainda que distinta do escravismo individual, era a da sujeição mais despótica.

O aliciamento dessas grandes massas humanas para o trabalho produtivo deve ter sido facilitado pelo próprio caráter do Estado-Igreja, polarizado em torno de reis-divindades que outorgavam ao clero uma soma extraordinária de funções sociais, políticas e econômicas e atuavam em nome dos valores mais transcedentes. Com base na autoridade de porta-vozes de uma regência sagrada, os sacerdotes podiam compelir as massas trabalhadoras a produzir excedentes, ao pagamento de tributos e ao provimento de mão-de-obra para grandes empreendimentos públicos, com maior eficácia do que qualquer outro setor da sociedade.

Um exemplo do desenvolvimento extremo dessa atribuição aliciadora e coordenadora dão-nos os templos egípcios. Um deles, ao tempo de Ramsés III (1198-67 a. C.), atuou como uma vastíssima empresa financiadora e administradora de um enorme patrimônio produtivo. Contava com 750 mil acres de terras cultiváveis, 107 mil cativos engajados no trabalho, 500 mil cabeças de gado e uma frota de 88 navios, além de 53 fábricas e estaleiros (L. White, 1959:326). A esse papel econômico dentro do sistema egípcio, a Igreja acrescia outras funções gerais, como as de reguladora da vida social através de corpos de normas que atingiam todo indivíduo. Ela é que prescrevia e celebrava os ritos que marcavam sua existência, do nascimento à morte e para além dela, e que compunha e executava o calendário de atividades religiosas e produtivas. Era ainda ela que dirigia as instituições educativas que preparavam seu próprio corpo sacerdotal e os quadros superiores dos outros estratos dominantes. Somando a seu poderio econômico e às suas funções reguladoras o seu caráter de intermediária entre o mundo dos vivos e as forças sobrenaturais, a Igreja alcançava um extraordinário poder de compulsão e de disciplinamento. Fundida com o Estado, formava uma entidade política monolítica e todo-poderosa.

O aspecto mais negativo dessa forma de ordenação da sociedade era o seu custo, representado pela manutenção do corpo sacerdotal parasitário, a edificação de templos e, sobretudo, das tumbas reais, que absorviam a parcela maior do excedente produzido pela sociedade inteira. Avalia-se que a edificação da pirâmide de Quéops tenha ocupado 100 mil trabalhadores durante cerca de vinte anos. Sua alimentação e vestimenta, mesmo no padrão mais baixo, ao nível do desenvolvimento tecnológico egípcio, devem ter absorvido a capacidade de produção de excedentes de cerca de 3 milhões de camponeses.

Conforme vimos anteriormente, já os estados rurais artesanais haviam criado cidades diferenciadas das aldeias predominantemente camponesas, por suas funções de centros das atividades político-administrativas, militares, religiosas e mercantis. Com os impérios teocráticos de regadio, porém, algumas dessas cidades alcançaram categoria de metrópoles, como capitais políticas de impérios em expansão, que as transformaram em cabeças de amplas redes urbanas dispersas por vastos territórios e em poderosos centros de criatividade cultural e de difusão das grandes tradições culturais de cada civilização.

Suas populações crescem e se diversificam, tanto ocupacionalmente, pelo desdobramento das especializações funcionais, quanto etnicamente, pela coexistência entre gente originária de diferentes povos. Suas antigas funções ganham também uma nova dimensão, ao se fazerem grandes centros imperiais de comércio, vinculados a extensas áreas, das quais trazem matérias-primas e artefatos e para as quais exportam moedas e manufaturas, e, também, núcleos difusores de uma nova tecnologia, mais avançada, e de uma tradição cultural formalizada.

Nessas grandes metrópoles cosmopolitas, as camadas diferenciadas de intelectuais — quase sempre sacerdotes — acrescentam à cultura societária, já bipartida num patrimônio rural e outro citadino, um conteúdo novo, de caráter erudito, mais especulativo e já capaz de desenvolver um corpo de conhecimentos explícitos distinto do saber vulgar, transmitido oralmente entre a população comum. Por seus esforços desenvolveram-se a escrita, as matemáticas, a astronomia, bem como, pela fusão do saber erudito com as técnicas correntes de produção, a arquitetura monumental, o aprimoramento da metalurgia do cobre e do bronze e, mais tarde, do ferro. Os artefatos de metal, que já eram um progresso em si — espadas, pontas de arado, ferragens de rodas e eixos —, passando a ser utilizados como ferramentas, possibilitam a fabricação de todo um complexo de bens materiais, como as pirâmides, os templos, os palácios, as casas, os barcos, os moinhos etc.

Algumas civilizações urbanas fundadas na agricultura de regadio sobreviveram por milênios, constituindo, por isso, as formações mais estáveis que a história conheceu. Contando com menor número de fatores dissociativos internos, em virtude das características estamentais de sua estratificação social, puderam perdurar por longos períodos através de fases cíclicas de ascensão e decadência. O alto grau de integração de suas culturas e a centralização de suas instituições sócio-políticas asseguravam à população uma forte coesão social e uma solidariedade orgânica. Seu poder central, embora tendente ao despotismo, tirava sua força do caráter social e necessário das funções econômicas que exercia como construtor de grandes obras públicas, como monopolizador da produção e do comércio, e também da soldadura que alcançou, num mesmo corpo, da ordem política com a religiosa, através da teocracia.

Duas tendências dissociativas manifestam-se, porém, nessas formações. Primeiro, o custo econômico da vasta camada parasitária, tendente a ampliar-se e a enriquecer pela acumulação de regalias, na forma de concessões de terras e de trabalhadores para exploração privada ou de atribuição a indivíduos do monopólio de certas atividades econômicas, sobretudo as comerciais, e, ainda, o crescimento dos gastos suntuários nos atos de fé, como a construção de templos e pirâmides. Segundo, o desenvolvimento do militarismo, que fortaleceu um componente societário capaz de impor sua hegemonia sobre os demais e tendeu a deformar o sistema econômico pela expansão do poderio imperial sobre áreas não exploráveis pela tecnologia do regadio, mas cuja posse era cobiçada pela existência de minérios ou para provimento de mão-de-obra cativa ou de tributos.

Ambas conduziram os sistemas teocráticos de regadio à decadência, por minarem as bases mesmas de sua estruturação social. A deterioração burocratizante é exemplificada pelos incas, pela Índia e pela China, onde surgem tendências à reconstrução da economia em linhas privatistas por parte da nobreza e da burocracia. A militarista se desenvolveu especialmente na Mesopotâmia e em menor medida no México, mas ocorreu em todos os impérios, a certa altura do seu desenvolvimento, gerando tensões que contribuíram decisivamente para seu enfraquecimento e quebra diante do ataque de povos marginais.

Assim é que, uma vez atingido certo nível de desenvolvimento e de exploração do seu contexto, essas formações monolíticas caíam todas em regressões feudais. Para tanto contribuíram ainda vários outros fatores, como o esgotamento das potencialidades da tecnologia de regadio sobre terras superexploradas, o desestímulo de empreender inovações técnicas em virtude da disponibilidade quase ilimitada de mão-de-obra e a carência de inquietações intelectuais ou o seu cerceamento pelo peso das tradições religiosas estatizadas, que faziam da intelectualidade um corpo de guardiões do saber sacramentado, só muito raramente capaz de criatividade.

Minados por esses efeitos dissociativos, os impérios teocráticos de regadio, após atingirem aos cumes de progresso, entraram em regressão feudal, abatidos pelas disputas no âmbito das camadas dominantes tornadas hereditárias, pelas guerras intestinas e, finalmente, por ataques externos que os prostravam através de séculos de feudalização, da qual apenas podiam ressurgir para a reconstituição das antigas formas, num esforço exclusivamente restaurador.

Os ataques externos são uma constante em todos os casos de desmoronamento das estruturas imperiais de regadio, mas atuaram, provavelmente, como um fator adicional sobre civilizações levadas já à decadência por um complexo de causas dissociativas de caráter econômico-social e cultural. Seu efeito crucial foi sempre a perda da integração macroétnica e da capacidade de autodefesa de sociedades cujas classes subalternas, vendo-se despojadas de tantas de suas instituições solidarizadoras e conscritas a um sistema de produção cada vez mais despótico, deixavam de identificar-se organicamente com as camadas dominantes e se tornavam suscetíveis de sucumbir, quase sem luta, ante ataques externos. Essa reação passiva constituiu, provavelmente, uma forma de resistência ou ao menos de protesto das camadas subalternas contra a opressão a que eram submetidas.

A civilização egípcia foi abatida, primeiro, pelos cavaleiros hicsos, conseguindo reestruturar-se, depois, sob o comando da chefia vitoriosa. Mais tarde, já como Império Novo, sucumbiu ao ataque dos aqueus, líbios e núbios, que subemergiram toda a região numa regressão feudal de que jamais conseguiu recuperar-se (Gordon Childe, 1934; L. White, 1959; R. Turner, 1963).

As civilizações de regadio da Mesopotâmia tiveram uma existência ainda mais agitada, sofrendo sucessivos ataques de grupos ários, cassitas e hititas, citas e, finalmente, dos medos e persas. Restauraram-se várias vezes após esses ataques e os mergulhos correspondentes no feudalismo. Sob cada nova chefia estrangeira experimentaram profundas transformações étnicas, mas conservaram sempre as bases tecnológicas e os mesmo princípios estruturais, até que estes também foram afetados, já no curso de um novo processo civilizatório, que transfiguraria os povos mesopotâmicos (G. Childe, 1934; R. Braidwood, 1952).

A civilização de regadio da Índia sofreu ataques dos ários, dos sakas, dos hunos e de diversos outros grupos tártaro-mongólicos que a mergulharam também em sucessivas feudalizações, de que conseguiu restaurar-se algumas vezes para cair, por fim, num longo período de estagnação feudal. As últimas invasões responsáveis pela restauração dos povos do Indo e do Ganges e sua incorporação em novos processos civilizatórios foram, primeiro, a irânica, que resultaria no Sultanato de Delhi, a tártara, que lhe imporia a regência Timurida, somando ambas quase seis séculos de dominação, e, finalmente, a britânica, que subjugaria a Índia por um século e meio, através de um processo colonial de atualização histórica, conduzindo o povo hindu ao subdesenvolvimento em que debate até nossos dias (M. Wheeler, 1962; S. Piggot, 1950; A. J. Toynbee, 1951-64).

As civilizações chinesas experimentaram uma pressão constante dos povos do seu contexto, principalmente dos grupos pastoris euro-asiáticos da Alta Ásia, sob cujas chefias sucumbiram quatro vezes. A primeira, pela dominação dos bárbaros ch'tan, que lhes impuseram a dinastia Liao. Depois, sob o ataque das hostes de Jurchen, que fundaram a dinastia Ch'in; a seguir, pelo domínio mongol, que deu lugar à dinastia Yuän; e, finalmente, pela invasão manchu, que lhes impôs sua última dinastia. A cada uma dessas ondas invasoras sucedeu um período de feudalização em que os invasores foram aculturados para iniciar-se um lento processo de restauração imperial. Graças a essa capacidade aculturativa, a China é, de todas as formações estruturadas como impérios teocráticos de regadio — e até mesmo de todas as altas civilizações do passado —, a única que conseguiu sobreviver conservando seu perfil macroétnico fundamental. Seus experimentos mais recentes — como as comunas populares e a Revolução Cultural — são, por isso, em grande medida, uma retomada de antigas instituições sociais e um novo enfrentar de velhas ameaças de despotismo burocrático que arrostou sem sucesso, através de milênios (K. Wittfogel, 1964; O. Lattimore, 1940; Zaburov, 1960).

As civilizações de regadio das Américas jamais defrontaram tensões dessa ordem, exceto os meso-americanos, por parte dos chichimecas, mas foram afinal abatidas pela expansão mercantil salvacionista dos espanhóis (J. Steward, 1955a e 1955b; E. R. Wolf, 1959).

Muitas das afirmativas sobre o caráter supostamente estacionário e despótico das civilizações fundadas no regadio se baseiam, sobretudo, na observação dessas sociedades depois de mergulhadas no feudalismo. K. Marx (1955 e 1966), por exemplo, caracteriza essas formações como essencialmente estacionárias, com base em dados referentes à Índia e à China do século XIX. K. Wittfogel (1955 e 1964), para caracterizá-las como intrinsecamente despóticas, engloba na categoria de "sociedades asiáticas" muitas formações que nada têm de comum com as civilizações fundadas no regadio.

Nenhuma dessas conceituações resiste à crítica quando se considera o vigor social e a criatividade cultural dos impérios teocráticos de regadio no clímax de amadurecimento das suas potencialidades de desenvolvimento; quando se pondera que a alternativa da forma de contingencimento da força de trabalho que utilizavam, naquela altura da evolução sociocultural, era a escravização individual associada à propriedade privada da terra, muito mais alienadora e despótica; quando se admite que elas, como todas as civilizações, são suscetíveis de cair na feudalização, com perda de sua integração macroétnica, de sua estrutura política e da vitalidade de seu sistema econômico, afundando numa condição regressiva que não pode ser atribuída a qualquer das formações de que se originaram, porque é característica da própria feudalização; e, sobretudo, quando se conta com outras categorias conceituais para classificar as formações realmente despóticas, nenhuma das quais se baseou principalmente no regadio ou é explicável como um desenvolvimento de suas características.

4 A REVOLUÇÃO METALÚRGICA

A expansão dos impérios teocráticos de regadio se viu restringida por uma limitação essencial: a inviabilidade de generalizar a irrigação sobre as áreas conquistadas, em virtude das exigências ecológicas que lhe são inerentes. Nas áreas propícias à irrigação, tendiam a implantar sua tecnologia básica, mediante programas de colonização ou da transladação de populações que acabavam por incorporar-se à etnia dominadora. Onde o regadio era inviável, apenas puderam exercer uma dominação débil.

Entretanto, a tecnologia desenvolvida pelos impérios teocráticos de regadio, uma vez aprimorada e aplicada a sistemas produtivos novos, pôde florescer e expandir-se amplamente, atingindo extensas áreas e revolucionando o modo de vida de inúmeros povos. Seu impacto foi tão profundo e seus efeitos renovadores tão radicais que, a nosso juízo, cumpre tratar essa expansão como uma nova revolução tecnológica, a Metalúrgica, responsável pela configuração de uma nova formação sociocultural: os *impérios mercantis escravistas*.

Sua base tecnológica consistiu, essencialmente, na generalização e no aprimoramento da metalurgia, do ferro forjado para a fabricação de ferramentas, armas, machados, pontas de arado, rodas e eixos e partes metálicas de embarcações, e ainda da moeda cunhada, dos carros de transporte e de guerra, dos barcos mercantes e de guerra, do alfabeto fonético e da numeração decimal. A esses elementos, tomados de outras formações e transfigurados pela nova, ele acrescentou máquinas hidráulicas, moinhos movidos a água, o aqueduto, a nora, a mó rotativa, cabrestantes e gruas, bem como os faróis marítimos.

Os impérios mercantis escravistas

Os impérios mercantis escravistas, como desenvolvimentos dos estados rurais artesanais de modelo privatista, caracterizam-se pela institucionalização da propriedade individual da terra, pelo incentivo à liberdade de comércio e pela mais ampla generalização do apresamento de prisioneiros de guerra para convertê-los em escravos pertencentes a senhorios individuais. São modelos característicos dessa formação, em sua maturidade, a civilização assíria (séculos XII a VII a. C.), a aquemênida (séculos VI a IV a. C.), a helênica (séculos V a I a. C.), a cartaginesa (séculos VI a II a. C.), a romana (séculos I a. C. a IV de nossa era) e a bizantina (séculos VI a X de nossa era). Entre elas registram-se grandes diferenças, ressaltadas nos estudos históricos, que decorrem das tradições culturais que haviam herdado e das vicissitudes particulares que enfrentaram. Todas essas civilizações são, porém, variantes de uma mesma formação sociocultural, fundada na escravidão da maior parte da mão-de-obra e no fomento do colonialismo mercantil.

Armados da tecnologia desenvolvida na mesma área ou alhures, essas formações estruturam-se de forma oposta aos impérios fundados no regadio. Com a técnica do ferro forjado, que se podia produzir em qualquer parte pela ampla distribuição do minério e a simplicidade do processo produtivo, generalizam-se os instrumentos de metal. Torna-se com isso possível abater as florestas para abrir extensas áreas de cultivo dependentes das chuvas, menos produtivas por unidade-área do que a agricultura de regadio, mas passíveis de expandir-se por amplíssimas regiões. Os mesmos efeitos foram alcançados no aprimoramento dos veleiros marítimos e dos carros de transporte e de guerra. A escrita fonética, facilitando a alfabetização, permitiu recrutar uma intelectualidade numerosa e independente do sacerdócio, ensejando a ampliação de todos os conhecimentos. A moeda cunhada, dando lugar à economia do dinheiro, alargou extraordinariamente os horizontes do comércio externo. Todos esses desenvolvimentos associados criaram um tipo de sociedade mais livre, que estimulava façanhas individuais, ensejando, aos tipos empreendedores, amplas oportunidades de enriquecimento.

O principal incentivador desse processo foi a economia mercantil que, por terra e por mar, vinculava centenas de comunidades, levando a cada uma delas as necessárias transformações internas para saltar da produção de subsistência para a produção de artigos de troca. Nas principais cidades de cada império mercantil escravista multiplicam-se as manufaturas organizadas como *ergasterions*: serrarias, carpintarias e marcenarias; estaleiros, metalúrgicas e caldeirarias; olarias e cerâmicas; vidrarias, curtumes, e oficinas de ourives, seleiros, correeiros, sapateiros, onde dezenas e até centenas de artesãos, na sua maioria escravos, produziam artigos padronizados para comércio.

As potencialidades da formação mercantil escravista só se manifestaram incipientemente na civilização assíria e aquemênida. Sua antiga economia de mercadores e sua expansão guerreira de saque levaram-nas apenas a uma estruturação de tipo mercantil escravista, em que começava a predominar a propriedade privada e a conscrição da força de trabalho através da escravidão.

Expressões superiores dessa formação seriam alcançadas

com a civilização grega, a expansão colonialista cartaginesa e, sobretudo, o Império Romano. Estas últimas, começando pela ampliação e multiplicação de cidades-estados regidas por patronatos de comerciantes, proprietários de terras agrícolas e de escravos, acabaram por estruturar-se em vastos sistemas unificados pela guerra e integrados pelo comércio. Após largos períodos de amadurecimento como cidades dominadoras dos territórios rurais circunvizinhos, fundadas na igualdade de sua camada patrícia, todas elas se entregaram ativamente à fundação de colônias externas, na Europa e na África. Aí concentraram mão-de-obra escrava apresada na guerra, instaurando os primeiros *ergasterions** e *plantations* destinados a produzir alimentos e manufaturas para exportação. Configurou-se, assim, um mercado internacional ativado por uma economia monetária e uma cultura erudita que se desenvolveram simultaneamente em várias cidades. O passo seguinte foi a disputa entre essas cidades-estados por áreas externas de dominação, que abriu o caminho para a constituição dos impérios mercantis escravistas.

O caráter mercantil escravista do novo sistema econômico, conduzindo a uma radicalização das formas de ordenação social, levou ao extremo as guerras de conquista e apresamento de escravos para prover mão-de-obra, bem como a competição interna pelo enriquecimento, estimulada pela economia de

(*) A palavra grega *ergasterion* indica manufaturas ou "fábricas" em que eram reunidos, desde dezenas até mais de uma centena de trabalhadores, principalmente escravos, para produzir cerâmica, vidro, ferramentas, armas, móveis etc., como mercadorias destinadas ao comércio. Os *ergasterions*, que foram os predecessores, muito rudimentares, das fábricas modernas, se destinavam a produzir "industrialmente" certas categorias de bens com base na concentração da mão-de-obra especializada, por vezes com utilização de implementos mecânicos, tais como: tornos de oleiro, moinhos rotativos de tração animal, rodas e marteletes hidráulicos etc. Demóstenes, o célebre orador ático, é conhecido também como "industrial" proprietário de dois *ergasterions*, um ocupando vinte escravos para produzir móveis, outro utilizando 32 para fabricar escudos (V. Gordon Childe, 1937; Max Weber, 1964, vol. I:99).

dinheiro. Em Atenas e em Roma, as massas de escravos alcançaram quatro quintas partes da população, e concentrações e percentagens ainda maiores nas colônias externas, distribuídas por todo o contorno europeu e africano do Mediterrâneo (G. Childe, 1946; K. Marx, 1966).

A racionalização dos procedimentos econômicos alcança, também, desenvolvimentos assimiláveis, liquidando com as sobrevivências das formas comunais de propriedade (*ager publicus*) e com as últimas instituições reguladoras fundadas no parentesco. Este, de classificatório — que designava os parentes colaterais e lineares com os mesmos nomes, formando grandes categorias de pessoas solidárias —, transforma-se em descritivo, que distingue com termos especiais os parentes lineares, restringindo a este o âmbito da solidariedade familiar e da herança. Mais tarde, dão-se novos passos nesse caminho de racionalização da conduta, através da secularização de uma série de setores antes regidos por critérios religiosos e da individualização das relações sociais. Institucionaliza-se a usura, cria-se a hipoteca sobre a terra e com ela a escravização por dívida; legaliza-se o regime de herança de bens através de testamento. Por fim, o empresariado se torna hegemônico em todos os setores, colocando os poderes do Estado a seu serviço.

A minoria rica torna-se cada vez mais poderosa, e as massas subalternas, livres ou escravas, cada vez mais miseráveis, agravando as tensões sociais até limites extremos. Legaliza-se o direito de o cidadão vender-se a si próprio e aos filhos, o que vem a ocorrer com certa freqüência nos períodos de penúria; generaliza-se a prática de submeter os devedores à servidão temporária e até mesmo a do apresamento de cidadãos da mesma etnia, nas guerras entre cidades, para fazê-los servir como escravos. Simultaneamente, escravos libertos, enriquecidos no comércio especulativo, se fazem senhores, estabelecendo como critério de qualificação social, acima da condição de plebeus ou de cidadãos, a condição de ricos e pobres. A cidadania, que fora uma função pública geral que fazia de todos os patrícios co-governadores de sua cidade, responsáveis pela justa condução da vida social e política, se dilui, tornando-se uma condição generalizada e irresponsável. A cidadania romana, antes limitada aos descendentes das antigas linhagens, generaliza-se a toda a camada não servil. Nessas novas condições, intensificam-se as tensões sociais e as disputas entre cidades-estados que se haviam aglutinado em impérios, até que o último deles, superestendido a ponto de cobrir todas as terras conhecidas, esgota as potencialidades do sistema. Reagindo contra essa ameaça, na Grécia como em Roma apela-se para um superestatismo legiferante e para regimes ditatoriais. Em vão. O sistema alcançara os limites supremos de suas potencialidades, gerando contradições insanáveis e mergulhando, também, em regressão feudal.

Dada a flexibilidade do caráter mercantil do seu empresariado, a aplicabilidade de suas técnicas produtivas a qualquer ambiente e o poder compulsório do seu sistema de conscrição da força de trabalho, os impérios mercantis escravistas atuaram como centros difusores de cultura muito mais dinâmicos que os impérios teocráticos de regadio. Ao engajar no seu sistema de produção escravos tomados a todos os povos dominados e concentrá-los nos núcleos metropolitanos, deculturaram e aculturaram essas massas escravas, mas também alteravam a composição étnica de sua própria gente e geravam tensões sociais que terminaram por inviabilizar o próprio sistema. Ao difundir, através do comércio e da guerra, suas técnicas produtivas e militares sobre amplos contextos externos, aceleraram o amadurecimento de outras etnias, suscitando ambições de saque que terminariam por vitimar a eles mesmos. Ao colonizar povos próximos ou distantes, mediante a exploração escravista, também os incorporavam intrinsecamente à sua civilização, assimilando cultural e lingüisticamente alguns deles como variantes da macroetnia imperial, mas simultaneamente, amadurecendo esses e outros como aspirantes à emancipação. Desencadeiam-se, em conseqüência, movimentos insurrecionais que, ativando a escravaria e os "proletariados externos", criam condições para a sua reconstituição como etnias capacitadas ao comando de si mesmas.

Assim, no auge de sua expansão, o Império Romano, como tantos outros impérios mercantis escravistas, atingia também o ponto extremo de fraqueza, porque se configurara como uma macroetnia genérica, por dentro e por fora da qual evoluíam núcleos étnicos cada vez mais coesos e vigorosos. Quando às rebeliões escravas se somavam os ataques desses povos ao centro reitor imperial, sua destruição se tornava inevitável. Esfacelava-se, assim, todo o conjunto numa multiplicidade de componentes feudais, em que se perderia a maior parte dos progressos técnicos e culturais alcançados.

Na derrocada dos impérios mercantis escravistas tiveram papel detonador da maior importância certas chefias pastoris nômades, parcialmente herdeiras da Revolução Urbana, que, em virtude de condições especiais — ecológicas e culturais —, se fizeram produtoras e consumidoras de instrumental metálico sem se fazerem agricultores sedentários. Nessas condições não perderam suas antigas qualidades guerreiras; pelo contrário, ativaram-nas até níveis extremos de audácia e combatividade.

Esses povos extra-imperiais, etnicamente coesos em torno de suas chefias, e irresistivelmente atraídos pelas riquezas acumuladas pelos povos cêntricos, é que deram o golpe de misericórdia na velha formação mercantil escravista, exausta de sua civilização, incapaz de novas crenças integradoras, com suas massas dependentes de escravos e de camponeses livres rebelados contra a sujeição despótica a que eram submetidos.

Aqui também, a desvinculação entre as classes subalternas e os estratos dominantes contribuiu para tornar a sociedade incapaz de defesa. A mesma passividade que se registrou nas camadas dependentes das formações fundadas no regadio, também incapazes de automobilização contra invasões externas, é que parece constituir uma forma generalizada de protesto dessas classes contra o despotismo. Não podendo por si mesmas subverter o sistema, deviam ver na irrupção de guerras uma forma de ruptura de dominação oligárquica que lhes ensejaria melhores perspectivas do que a simples perpetuação do sistema.

Na Europa, toda a soberbia romana desaba diante da audácia de um punhado de bárbaros que, somando menos de meio milhão, assolaram, venceram e avassalaram 80 a 100 milhões de europeus e africanos romanizados. Esses bárbaros, nada tendo a dar à civilização dos povos que dominaram, porque sua vitória só se baseava em serem *Herrenvölker*, acabaram por inserir-se no que restava da velha formação. Seus chefes se fizeram as aristocracias e realezas das antigas províncias imperiais; seus guerreiros transformaram-se em massas sedentarizadas de camponeses ou em novos contingentes de artesãos citadinos. Muitos deles se romanizaram lingüisticamente e todos se romanizaram culturalmente.

Nem as formações teocráticas de regadio nem as mercantis escravistas, ao se extinguirem, inauguram um novo processo civilizatório, mas simplesmente se afundam na estagnação feudal, divididas por miríades de pequenos potentados locais, incapazes de produção mercantil e de comércio externo, entregues a uma simples produção de subsistência e condenadas a gestos meramente passivos de defesa contra ataques externos. Vemos, assim, que as macroetnias podem ser rompidas pela própria expansão imperial, quando incorporam mais povos do que podem atualizar historicamente e assimilar. Perdida a coesão étnica dos antigos núcleos imperiais e quebrada a sua unidade política, finda também sua condição de existência como civilização.

Dentro desses contextos feudais de várias origens, todos regressivos pela liquidação dos sistemas mercantis e políticos que antes integravam e que ativavam suas economias, os antigos escravos se convertem em *colonus*, pagadores de foro pelo uso da terra e, finalmente, confluem para constituir o campesinato feudal, transformados todos em servos de senhorios locais ou em artesãos citadinos amparados por corporações. Essa transição do escravismo à servidão opera-se menos como uma evolução resultante da luta dos escravos contra seus senhores do que em virtude da deterioração do sistema econômico anterior, em que os escravos representavam papel fundamental como produtores de bens para o comércio. Nas condições de estagnação feudal, em que as cidades caem sob o domínio de potentados rurais e quase toda a economia se torna local e auto-suficiente, do ponto de vista de um senhor, pouca diferença representa uma tal transição. Na realidade, troca-se o escravo, que já não produz mercadorias vendáveis e deve ser alimentado e vestido, por servos atados à terra, que pagam tributos em bens ou em trabalho e se mantêm a si mesmos. Acresce, ainda, que a escravaria, desgastando-se rapidamente no trabalho, exige uma reposição constante através de guerras de conquista, impraticáveis na economia fechada de senhorios isolados.

A feudalização da Europa pós-romântica processa-se mediante duas rupturas fundamentais. Primeiro, a do sistema imperial de poder, coalhado em milhares de feudos impotentes para aglutinar seu contexto numa estrutura política duradoura. Segundo, a do sistema de intercâmbio mercantil externo, que só subsiste como atividade marginal e semiclandestina dos que negociavam com árabes, judeus e sírios ou que transacionavam com moedas orientais. Rompidas a atividade mercantil e a unidade política imperial, outras regressões se processam, como a reversão dos latifúndios agrícolas em terras de uso comum e em bens eclesiásticos. Os artigos manufaturados que se produziam com mão-de-obra escrava são substituídos por produção doméstica a cargo das mulheres de cada família. Desse modo, o artesanato, que já se havia urbanizado, desgarrando-se da agricultura como uma especialização, torna a fundir-se com ela. Só muito lentamente voltam os ofícios a se organizarem nas cidades decadentes, estruturando-se como grêmios tendentes ao exercício do monopólio, e a se tornarem hereditárias as profissões.

Como efeito maior de todas essas regressões, a estratificação social anterior, ativada por uma intensa mobilidade social, dá lugar a uma estamentação da sociedade em estratos consolidados, com tendência a se hereditarizarem. Na cúpula situa-se a nobreza de sangue dos descendentes de invasores bárbaros, transformados em proprietários de feudos. Como seus servidores mais destacados seguem-se o clero e os vassalos, de onde se recrutam os corpos de cavaleiros senhoriais mais predispostos a prélios desportivos do que a guerras. Abaixo, encontra-se a população urbana, de pequenos mercadores e artesãos, estes últimos segmentados em mestres, oficiais e aprendizes, divididos por ofícios e dedicados à produção para um comércio local de trocas. Na base da pirâmide social situam-se os camponeses, presos à gleba, como servos ou dependentes. O sistema econômico passa a atuar para manter e reproduzir essa mesma composição social, regida por um corpo de instituições destinadas a perpetuá-la.

Nesse mundo feudal, agitado apenas por novas invasões, como as muçulmanas, por guerras religiosas e por disputas entre nobres, acaba por implantar-se a paz da estagnação. A velha civilização romana que nele se dissolvera transforma-se numa mera tradição, tal como havia ocorrido antes com os impérios teocráticos de regadio quando caíram, também, em regressão feudal. Sua única força integradora será, de então por diante, uma religião herdada de um dos povos do contexto imperial romano que, no esforço por explicar o drama de sua própria dominação, redefiniria suas concepções tribais, fazendo-as mais inclusivas.

Assim, um grupo minoritário, detentor de uma fé consoladora de suas aflições, que não reconhecia privilégios étnicos nem graduações sociais, mas era capaz de falar aos homens de uma destinação mais nobre que a mera existência, se faz herdeiro do mundo greco-romano feudalizado, tal como outras minorias religiosas — os budistas, os confucionistas e os hinduístas — alcançam a mesma dominância sobre diferentes contextos igualmente submersos no feudalismo (A. J. Toynbee, 1951-64). Essa reintegração religiosa interna não consegue, todavia, restaurar, senão episódica e mediocremente, os antigos impérios, nem impedir que as etnias subjugadas, mas ainda vivas, entram a retramar novos *ethos* que, fundindo as antigas tradições com as dos invasores bárbaros, conformarão novas configurações étnico-nacionais.

A Igreja Católica converte-se paulatinamente na grande monopolizadora da vida econômica, organizada já não como um sistema mercantil, mas como um duplo sistema de apropriação dos poucos excedentes gerados, mediante a cobrança de dízimos e a obtenção de legados e doações, e a distribuição desses bens na "política de misericórdia" e na edificação de catedrais que vieram a ser, depois dos grandes castelos do feudalismo nascente, as únicas criações arquitetônicas da Idade Média. Sua riqueza cresce sem cessar pela monopolização das terras e dos rebanhos, pela ampliação das áreas de cultivo em poder das terras e dos rebanhos, pela ampliação das áreas de cultivo em poder das abadias, pela gerência das únicas obras capazes de proporcionar empregos e pela rapacidade dos mosteiros e das ordens religiosas. Simultaneamente, vai-se constituindo na grande força ordenadora da vida social, fundada agora não no igualitarismo do cristianismo primitivo, mas numa rígida estamentação social e no culto do conformismo, da disciplina e da obediência.

O feudalismo pós-romano, como os demais, em virtude de seu próprio caráter desaglutinador de áreas antes integradas política e economicamente, favorece um convívio humano menos despótico. As comunidades camponesas têm, provavelmente, oportunidade de comer mais, de vestir-se e de morar melhor do que sob o guante dos impérios despoticamente estruturados para arrancar-lhes todos os excedentes e para recrutálas como soldados. Nas cidades, cujas populações se reduziram drasticamente, os artesãos encontram meios de desenvolver uma economia corporativa, menos sujeita à espoliação e ao abuso do que os antigos *ergasterions* greco-romanos. Liberados, uns e outros, do poder de conscrição das grandes estruturas econômicas e político-religiosas do passado, não têm chance de lançar-se a grandes façanhas, mas podem, por isso mesmo, viver uma existência tranqüila, ainda que apagada e sem grandeza.

Todavia, a ausência de um poder central com capacidade para impor a todos uma ordenação social integrada enseja surtos de banditismo de estrada e práticas de saque de que passam a viver multidões de celerados, protegidos por senhores feudais que só dessa forma encontravam oportunidades de enriquecimento. E, sobretudo, a sociedade e a cultura se mediocrizam, tornando-se incapazes de criatividade intelectual e de progresso técnico. Nesse ambiente apenas floresce a teologia, compendiação de diversas fontes de saber e como especulação autolimitada sobre a verdade revelada (M. Bloch, 1939-40; N. Berdiaeff, 1936; A. Piettre, 1962).

5 A REVOLUÇÃO PASTORIL

No estudo das revoluções tecnológicas já examinadas, vimos sucederem-se diversos processos civilizatórios. Com a Revolução Urbana desencadeiam-se os movimentos responsáveis pelo advento dos dois modelos divergentes de estados rurais artesanais e pela assunção das hordas e chefias pastoris nômades. Com a Revolução do Regadio cristalizam-se os impérios teocráticos de regadio. Em correspondência à Revolução Metalúrgica, surgem os impérios mercantis escravistas. Cada um desses processos civilizatórios se pôs em movimento e ressurgiu em diferentes regiões e em épocas diversas, ativando a vida de milhares de povos, elevando alguns ao nível de altas civilizações individualizadas em estruturas imperiais e a outros apenas atualizando historicamente como objeto de dominação alheia.

No curso de cada processo civilizatório singular — como o teocrático de regadio na China e nas Américas ou o mercantil escravista no Irã e na Europa — diversas civilizações se ergueram, viveram seu destino e decaíram, mergulhadas em regressões feudais. Sobre suas ruínas, novas civilizações se levantaram, assentes na mesma tecnologia básica e estruturadas segundo os mesmos princípios, imprimindo-lhes coloridos peculiares, mas incapacitadas de alterá-los substancialmente. Os povos de cada uma dessas civilizações, mesmo depois de abatidos por ataques externos terrivelmente destruidores, acabavam por absorver, assimilar e aculturar os agressores, restaurando, sob a chefia deles, suas formas essenciais de expressão cultural. Vale dizer que, no âmbito de cada processo civilizatório, a sucessão de civilizações é meramente reiterativa do mesmo tipo básico de formação sociocultural.

Só no corpo de um novo processo civilizatório, fundado numa nova revolução tecnológica, se torna possível o advento de um outro tipo de civilização, representativo de uma nova etapa da evolução humana e de uma nova formação sociocultural. É o que ocorre com o amadurecimento da Revolução Pastoril que, armando alguns povos até então atrasados na história com uma nova tecnologia militar, lhes permitiria atacar áreas feudalizadas de altas civilizações e resistir à assimilação pelo povo conquistado, para configurar uma nova formação sociocultural totalmente distinta das anteriores: *impérios despóticos salvacionistas*.

Esse novo processo civilizatório configura-se, originalmente, como uma nova onda de expansão pastoril, fundada principalmente na aplicação da tecnologia do ferro à cavalaria de guerra. Seus elementos mais assinaláveis foram: a sela de montaria, dotada de estribos que deram maior segurança e mobilidade aos ginetes; a ferradura, que prolongou a vida útil dos animais e lhes permitiu enfrentar qualquer terreno; os freios de ferro, sob o comando de rédeas que possibilitaram uma direção firme e segura.

A essas inovações se acrescentaram mais tarde, no corpo das formações despóticas salvacionistas, diversos aperfeiçoamentos no sistema de tração dos animais de tiro, que multiplicaram sua força útil livrando-os da sufocação jugular dos velhos colares. Um destes foi um sistema de fixação dos varais em selas e, depois, a introdução do arnês rígido. Outras contribuições técnicas difundidas no mesmo ciclo foram os alambiques e, sobretudo, os novos modelos de moinhos eólicos e hidráulicos, aplicáveis a elevações de água, à moagem de cereais e à presença de sementes oleaginosas, e mais tarde ao martelamento de minérios e de metais, ao acionamento de serras e de foles, bem como a outros dispositivos. Dentre esses progressos tiveram caráter crucial, na etapa expansiva, os que revolucionaram a cavalaria de guerra e armaram os guerreiros de espadas e lanças mais eficientes, e, na etapa de construção das novas formações socioculturais, a propagação das novas formas de utilização da energia muscular animal com atafonas e almanjarras aperfeiçoadas para as tarefas de aração da terra e de transporte e de aplicação da energia dos ventos e das correntes de água a serviço do homem.

As primeiras dessas inovações tecnológicas exerceram um efeito vitalizador sobre antigas chefias pastoris nômades que se estavam integrando na tecnologia do ferro forjado, permitindo-lhes enfrentar os sistemas defensivos de sociedades mais desenvolvidas. Essas novas *Völkerwanderung*, porém, já não caem sobre impérios regionais para afundá-los no feudalismo e ressurgir dele culturalmente transfiguradas como novas aristocracias reiteradoras das antigas formas de civilização. Atacam, agora, áreas feudalizadas para as dinamizar e integrar numa formação totalmente distinta de todas as anteriores. Esses seriam os *impérios despóticos salvacionistas*, estruturados segundo princípios ordenadores novos, em que representava um papel crucial um corpo de crenças religiosas de caráter messiânico. Essas crenças passam a operar não mais como força integradora de unidades societárias desagregadas pela estratificação social ou como instituições reguladoras da vida social em áreas feudalizadas, mas como forças aliciadoras de todas as energias étnicas de suas populações para a destinação sagrada de impor ao mundo a verdade divina de que eram depositários. A essa missão divinal aliam-se, naturalmente, os interesses econômicos, em que importava sua transformação em senhorios de um mundo reordenado de conformidade com a palavra de seus profetas.

Aquela tecnologia nova de cavalaria de guerra e esta armadura ideológica os transformaria, de simples saqueadores da riqueza entesourada por outros povos ou exploradores de sociedades rurais artesanais sedentarizadas, em guerreiros invencíveis e em reformadores incandescidos de fúria sagrada. Nessas circunstâncias, o inimigo deixava de ser visto como o objeto de saque do guerreiro vitorioso para ser tido como o ímpio, cuja só existência ofendia a Deus. Os povos pastoris, dinamizados por esse novo processo civilizatório, lançam-se, assim, sobre o mundo circundante, com todo o seu antigo vigor de guerreiros, que adestravam seus cavalos e a si próprios para as façanhas mais ousadas, robustecidos pela missão de salvadores, destinados a erradicar do mundo a impiedade e a heresia.

Os impérios despóticos salvacionistas

A primeira dessas expansões salvacionistas, incipiente ainda pela incapacidade de formular um culto universalista, dinamizou um conjunto de povos irânicos, os persas sassânidas, transformando-os em instauradores de um vasto império que dominou por séculos (III a VII E. C.) o Irã e a Mesopotâmia e se estendeu até a Índia, e em propagadores da religião masdeísta, que se alastrou até a China. O masdeísmo, fundado nos ensinamentos de Zaratustra (Zoroastro dos gregos), cuja doutrina fora compendiada no Avesta ao tempo da dominação aquemênida, só alcançou o caráter de religião do Estado e de movimento messiânico salvacionista com os sassânidas. A partir do primeiro quartel do século III E. C., eles se expandem pela Ásia Menor com extraordinário vigor, num movimento de restauração das antigas tradições irânicas, de erradicação da influência helenística então dominante na região e de imposição do masdeísmo missionário. Estruturam o Império Sassânida com base num Estado sacerdotal, numa burocracia que executava a exação fiscal sobre as populações subjugadas, ao mesmo tempo que combatia as heresias, e num sistema agrícola assentado na concessão provisória de terras e de aldeias camponesas a uma nobreza guerreira que permanecia, assim, na dependência do poder central.

Um expansionismo salvacionista mais maduramente configurado se alçaria no século VII com o islamismo, que mobilizou as energias dos povos pastoris da Arábia e do Irã para lançá-los como os cruzados do maior movimento religioso de conquista que a história registra. Sua inspiração básica era o velho espírito de saque de terras e de bens das hordas pastoris, a que se somava, agora, um sentido de destinação sagrada, formulado por Maomé. A doutrina maometana, recolhida no Alcorão, sintetizava antigas tradições judaicas, helênicas e iranianas, redefinindo-as como uma nova religião universalista, orientada mais do que qualquer outra para o salvacionismo de conquista, como expansão da glória divina.

O islamismo se configura, assim, como um credo messiânico que põe mais empenho na expansão do domínio de Alá sobre todos os povos e terras do mundo do que no esforço missionário de converter almas para salvá-las da perdição. O próprio paraíso é descrito bizarramente como o jardim de repouso do guerreiro divinal. Conseqüentemente, não desenvolve um Estado-Igreja assentado num corpo sacerdotal profissionalizado. Estrutura-se pela fusão, numa mesma unidade, do sistema político e do religioso, através da atribuição a cada homem válido de uma destinação de cruzado subjugador de povos infiéis, de colonizador das áreas conquistadas e de braço divinal impositor da submissão a Alá.

Esse espírito de missão divina, armando de fúria sagrada os guerreiros árabes muçulmanos, fez com que arremetessem em todas as direções como uma avalanche diante da qual sucumbiram inúmeras sociedades feudalizadas. Infundiu-lhes também a capacidade de resistir à amalgamação cultural em contextos mais evoluídos, como ocorrera antes com os antigos invasores pastoris. E, sobretudo, incutiu-lhes o vigor necessário para estruturar os povos conquistados em imensos sistemas imperiais despóticos integrados numa nova ordem moral, fundada na palavra do Profeta.

Em poucas décadas, o domínio muçulmano se alastrou por quase todo o Oriente Médio e daí para o Oeste, sobre o Norte da África, as ilhas mediterrâneas e a península Ibérica; e para o Leste, sobre a Alta Ásia, sobre a Índia e, para além dela, a Indonésia e a Indochina. Seu domínio se estenderia, mais tarde, por outras áreas, penetrando profundamente, de um lado, na África Tropical, do outro, na Eurásia e nos confins do Oriente. Essas últimas ondas seriam conduzidas por povos islamizados, como os turco-mongólicos que, a certa altura, se colocam no centro do expansionismo muçulmano como sua força mais dinâmica.

Através de ondas sucessivas implanta-se o Islã (isto é, submissão incondicional) sobre uma área muito mais extensa que a de qualquer civilização imperial anterior, com uma capacidade de permanência também muito maior e com um poder de assimilação de povos e de aculturação compulsória jamais atingido antes. Seu domínio sobre a Ibéria, como Califado de Córdoba, se estendeu de 750 a 1350; sobre a Índia se prolongou por seis séculos, primeiro como Sultanato de Delhi (1300 a 1526), depois como Império Timúrida (1530 a 1705). Mesmo quando caem, posteriormente, em regressão feudal, deixam transfigurados os povos que haviam dominado, tanto os do Oriente Próximo e do Norte da África como os da África Tropical ou da Eurásia, modelando uma das mais vastas configurações socioculturais modernas, que engloba mais de 300 milhões de pessoas.

No curso de sua prodigiosa expansão, os povos islamizados, originalmente pastoris e de cultura rudimentar, foram avançando culturalmente até amadurecerem como uma alta civilização. Sua localização intermédia entre grandes centros de antigas civilizações os fez herdeiros e transformadores do patrimônio cultural de muitas delas e, depois, civilizadores do Oriente e do Ocidente. Através da construção de vastas estruturas de domínio imperial e de sujeição religiosa, atuaram como agentes de um dos mais vigorosos processos civilizatórios, cuja capacidade de atualização de povos atrasados na história para a modernização tecnológica, social e ideológica só teria paralelo no curso da Revolução Mercantil e da Revolução Industrial.

Seus mecanismos essenciais de expansão e aculturação compulsória foram a conquista, seguida da dominação mais despótica, a colonização escravista, a doutrinação religiosa e a miscigenação racial. Atuaram, freqüentemente, através da eliminação dos estratos dominantes das sociedades subjugadas e sua substituição por uma nova camada de caráter burocrático. Esta era integrada inicialmente por guerreiros, aos quais se atribuía o controle e exploração de extensas áreas; mais tarde, por corpos de funcionários cuidadosamente preparados para o exercício da dominação político-militar e das funções administrativas de organização econômica e de arrecadação de rendas.

No preparo dessa burocracia, apelaram largamente para sua experiência original de pastores nômades, sistematizando as práticas de adestramento de animais para aplicá-las a homens escravizados. Para tanto, capturavam crianças nas áreas conquistadas, selecionando-as inicialmente pelo vigor físico, e as encaminhavam para casas-criatórios, onde um meticuloso sistema de treinamento, de prêmios e de punições explorava as potencialidades de cada peça. Através desse procedimento, suscitavam o máximo de ambição e de espírito competitivo, levando seu adestramento a níveis extremos (A. J. Toynbee, 1951-64).

Essa forma despótica de preparação de quadros, assentada num recrutamento tão ampliável quanto se desejasse e numa disciplina educativa inalcançada por qualquer outro processo, permitia formar castas de funcionários e de guerreiros de uma eficiência a toda prova. Se, por um lado, desumanizava e alienava seus componentes, a alguns deles ensejava carreiras tão brilhantes que, entre as populações dominadas, se desenvolveu antes uma competição pelo ingresso nessas casas do que uma oposição ao sistema.

Por esse processo obtinham-se escravos superespecializados para o exercício das funções mais díspares, como eunucos — guardiães de haréns —, artesãos, conselheiros políticos, sábios e altos funcionários capacitados a atuar como fiéis exatores do seu sultão, que podiam chegar a exercer funções de grão-vizires. As casas-criatórios produziam, porém, principalmente guerreiros superadestrados, que se celebrizariam na história, fixando os conceitos de *janízaros*, de *sipaios* e, sobretudo, de *mamelucos*. Estes podiam alcançar os mais altos níveis de poder e de riqueza, mas permaneciam sempre presos ao seu estatuto de escravos, como peças possuídas por seus senhores, que através deles exerciam seu domínio.

Esses corpos de agentes superespecializados da dominação islâmica permitiram manter por séculos um poder de outra forma impraticável para simples guerreiros incandescidos de fúria sagrada. Após a conquista e o saque, cumpria organizar as novas possessões, civilizar a gente, inclusive os seus próprios soldados e os descendentes destes. Essa tarefa de organização, bem como a colonização e introdução de novas técnicas produtivas, exigindo outras habilitações além do elã combativo, impuseram a criação e o aperfeiçoamento de instituições educacionais, a partir da tradição irânica das casas-criatórios.

Estas experimentam, assim, um grande desenvolvimento, até se configurarem como um procedimento generalizado de formação de quadros militares e administrativos. Napoleão ainda encontraria o Egito dominado por uma casta mameluca que se autoperpetuara após a queda do Império Otomano.

Por todas essas características é que essa formação sociocultural deve ser tida como despótica e como salvacionista. A primeira qualificação vem sendo utilizada impropriamente, desde os estudos clássicos até os modernos, para definir o chamado "despotismo oriental", ou seja, as formações de regadio. Embora se encontrassem nelas, como nas demais, elementos de despotismo, só com os impérios despóticos salvacionistas esses elementos alcançam expressão que justifique utilizá-los como traço diagnóstico de uma formação.

A influência dos impérios despóticos salvacionistas se estendeu para além das suas áreas de domínio direto, através da difusão do patrimônio tecnológico que haviam desenvolvido e dos seus padrões de ordenação sócio-política. Mas se impôs, sobretudo, em virtude da polarização dos povos contra a ameaça de seus ataques. Dessa polarização temos exemplos expressivos nos esforços frustrados de rompimento do feudalismo europeu, através do advento do Sacro Império Romano-Germânico e do surto das cruzadas, e na militarização da sociedade bizantina e sua cristalização imperial como resposta inelutável à hostilidade islâmica, inicialmente árabe-irânica, depois turco-mongólica. Uma e outra acabam por se estruturar, também, como formas incipientes de impérios despóticos salvacionistas. Com o Império Carolíngio, a Europa experimenta, por um breve período, uma dinamização desse tipo, para de novo mergulhar na desintegração, por força dos interesses feudais, que prevalecem sobre seu elã de cruzados.

Novos esforços de revitalização salvacionista tiveram lugar entre os séculos X e XIII, com o movimento das cruzadas, que representou a primeira forma de expansão européia ocidental. Fora impulsionado, porém, mais pela ambição de conquista e enriquecimento dos senhores feudais franceses e da burguesia nascente das cidades italianas do que pelo elã salvacionista. Assim, ao chamamento papal para as cruzadas, não correspondeu um *chihad* — a guerra santa dos muçulmanos —, mas tão-somente uma irrupção messiânica. Milhares de camponeses europeus abandonaram os feudos e se puderam em marcha com suas mulheres e filhos rumo à Terra Santa, desorganizados e inermes como um exército maltrapilho que se mantinha da mendicância e da pilhagem. Só mais tarde as cruzadas se organizam como empreendimento guerreiro mercantil mais disciplinado e eficaz. Mas então seu motor fundamental já era a conquista de antigos domínios muçulmanos que haviam entrado em feudalização. Despertos por esses ataques, os muçulmanos reagiram, liquidando prontamente as colônias militares implantadas pelos cruzados em todo o Oriente Próximo, encerrando-se, assim, o primeiro ciclo do expansionismo salvacionista cristão europeu.

O Império Bizantino (1025-1453) remodelou-se também segundo o padrão despótico salvacionista, em virtude de ter de enfrentar o desafio islâmico, na qualidade de centro de afirmação e expansão cristã ortodoxa no Oriente. Nesse caso, alcançou-se um grau de integração mais alto que as tentativas européias (Império Carolíngio), porque os imperativos de defesa contra árabes, iranianos e turcos fortaleceram o Estado imperial militarista em face da sedição dos senhorios locais, impossibilitando a refeudalização. O preço dessa polarização foi, paradoxalmente, a estruturação da sociedade bizantina como formação despótica salvacionista, primeiro cristã expansionista, depois islãmica, quando os otomanos se instalaram em Constantinopla. A partir de então amadureceram plenamente suas características despóticas salvacionistas.

Em todas as áreas de dominação dos impérios despóticos salvacionistas implantou-se uma mesma ordenação básica. Suas linhas gerais foram, em primeiro lugar, a prática da concessão do usufruto vitalício, mas não transmissível, da terra aos vencedores das guerras de conquista, transformada, mais tarde, em propriedade livremente alienável. Segundo, a concessão às mesmas camadas das funções de exatores dos impostos imperiais sobre a terra e as pessoas. Terceiro, a adoção do escravismo e da servidão, quer na forma pessoal greco-romana, para a exploração mineradora ou agromercantil, quer na forma da servidão russa, que vinculava o camponês à gleba e fazia recair sobre ele uma taxação per capita. Quarto, uma ativação do comércio externo livre, ainda que sujeitando os mercadores a controles estatais e a confiscos. Quinto, o desenvolvimento de um artesanato produtor de artigos de luxo e de armas de guerra, através da criação de grandes manufaturas, freqüentemente estatizadas. Sexto, a instalação de empresas monopolísticas oficiais mediante concessões imperiais para explorar certos ramos produtivos. Sétimo, a implantação de um vasto sistema cartorial de recenseamento e controle da população das áreas dominadas e de arrecadação de tributos, freqüentemente através de leilões e arrendamentos da atribuição de cobrar taxas e impostos.

Com a estabilização de seu domínio, esses impérios, como os anteriores, foram conduzidos, primeiro, à decomposição, por efeito das disputas entre sultanatos e chefias de diferentes origens étnicas; depois, à feudalização, pelo revigoramento do poder local dos proprietários rurais, dos concessionários de monopólios e dos arrendatários da arrecadação de tributos, em prejuízo do poder central. À medida que se acentuavam essas forças dissociativas, debilitava-se também o elã salvacionista, fazendo prevalecer uma crescente tolerância religiosa. Sua raiz estava no empenho pelo aumento das rendas oficiais, tendentes a cair com a conversão religiosa devido à liberação dos novos fiéis ao pagamento de certos tributos. Todavia, a ausência de um inimigo externo capaz de desafiar seus exércitos supertreinados permitiu, mesmo aos sultanatos desgarrados e passíveis de feudalização, sobreviver por séculos, mantendo sempre um grande poder de compulsão sobre suas áreas de domínio.

III AS CIVILIZAÇÕES MUNDIAIS

6 A REVOLUÇÃO MERCANTIL

No corpo dos impérios despóticos salvacionistas se foi desenvolvendo uma tecnologia produtiva e militar que alcançou o nível de uma nova revolução tecnológica nos albores do século XVI, fazendo amadurecer duas novas formações socioculturais: os impérios mercantis salvacionistas e o capitalismo mercantil.

Tal foi a Revolução Mercantil, fundada numa nova tecnologia da navegação oceânica, baseada no aperfeiçoamento dos instrumentos de orientação (bússola magnética montada em balancins, o quadrante, a balestilha, o astrolábio, cartas celestes e portolanos, cronômetros e outros) e de navegação (as naus e caravelas, a vela latina, o leme fixo, as carretilhas e os barcos de guerra). Baseava-se, por igual, na descoberta de procedimentos mecânicos, como as bielas-manivelas, os eixos-cardan etc., e numa nova metalurgia revolucionada com a descoberta de processos industriais de fundição do ferro, de laminação do aço, de trefilação de arames, de fusão de novas ligas metálicas e de produção de artefatos com tornos de rosca e mandril e com máquinas de talandrar, afiar e polir metais. Baseava-se, também, na renovação das artes de guerra com armas de fogo aperfeiçoadas — canhões, morteiros, espingardas —

que em terra permitiram enfrentar a mobilidade das cavalarias armadas de arcos e lanças que haviam prevalecido no último milênio e, no mar, criavam a artilharia naval. Baseava-se, por igual, na generalização de outras técnicas, como modelos aperfeiçoados de moinhos de vento de cabeça móvel e de rodas hidráulicas horizontais impulsionadas pela força da gravidade, aplicáveis para acionar foles siderúrgicos, marteletes, serras, afiadoras e outras máquinas. Baseava-se, ainda, na instalação de fábricas de papel, de tipografias para a impressão de livros com tipos móveis, bem como na produção de instrumentos óticos. Algumas combinações dessas técnicas, como a do veleiro com canhões, tiveram efeitos extraordinários, permitindo o domínio da terra a partir do mar e abrindo, desse modo, amplas perspectivas para a estruturação de talassocracias de novo tipo.

Essa tecnologia nova, desenvolvida quase exclusivamente nas áreas de dominação dos impérios despóticos salvacionistas, é que possibilitou a primeira ruptura real com o feudalismo — agora não mais por ataques externos de povos pastoris, mas de dentro de áreas feudalizadas, e não mais apenas para reiniciar outro ciclo restaurador, mas para implantar novas formações socioculturais que seriam as primeiras civilizações de base mundial.

As potencialidades da nova revolução tecnológica realizaram-se através de dois processos civilizatórios sucessivos, embora nitidamente correlacionados. O primeiro, com o advento e a expansão dos *impérios mercantis salvacionistas*, através de guerras de reconquista de territórios dominados por impérios despóticos salvacionistas. O segundo, pelo amadurecimento de esforços seculares de restauração da Europa feudalizada, que resultaram na instauração do *capitalismo mercantil*. Ambos tiveram de peculiar, em relação a todos os anteriores, seu caráter mundial, expresso tanto na sua projeção geográfica sobre a Terra inteira quanto na sua capacidade de estancar o desenvolvimento paralelo de outros processos civilizatórios.

Os impérios mercantis salvacionistas e o colonialismo escravista

Os impérios mercantis salvacionistas surgem na passagem do século XV ao XVI em duas áreas marginais — tanto geográfica quanto culturalmente — da Europa: a Ibéria e a Rússia. Ambos tiraram das energias mobilizadas para a reconquista de seus territórios, ocupados por árabes e por tártaro-mongóis, a força necessária para as façanhas da sua própria expansão salvacionista.

A Ibéria, como península avançada sobre o Atlântico, lança-se à conquista e à subjugação de novos mundos no além-mar. Portugal, que vinha explorando a costa africana desde o começo do século XV, descobre sucessivamente o Cabo Verde e a Costa do Ouro, contorna o Cabo da Boa Esperança e, afinal, estabelece a rota marítima para a Índia. Subjuga, a seguir, a costa ocidental e parte da oriental da Índia e de Malaca. Ocupa Aden e Ormuz, interceptando a antiga via das especiarias. Apodera-se do arquipélago de Sonda, da Indochina e do Brasil. A Espanha, atingindo as Antilhas com as expedições de Colombo, se expande, a partir daí, por todo o continente americano e implanta, também, domínios coloniais e feitorias no Extremo Oriente.

A Rússia, como extremidade oriental da Europa, estende-se sobre a Eurásia continental, acabando por chegar também à América com a ocupação do Alasca, nos confins do seu território. Por essas expansões simultâneas, é a Europa que explode lançando as bases da primeira civilização mundial. Mas é também a Europa mais islamizada, feita herdeira tanto das inovações tecnológicas como dos princípios institucionais do patrimônio muçulmano.

Ambas haviam experimentado séculos de ocupação islâmica e tártaro-mongólica. A Ibéria, bastião ocidental do domínio mouro, vinha intensificando as lutas pela Reconquista desde o século XIV, mas só a completou no ano da descoberta da América. Essa guerra de emancipação, extremamente destruidora, conduzida sob a direção do papa e do rei, custou-lhe tantos sacrifícios que no seu decorrer toda a sociedade se transfigurou para servir a esse propósito, tornado obsessivo. As ordens religiosas se tornaram mais ricas e mais poderosas do que a nobreza, diferenciaram corpos especiais de sacerdotes guerreiros, e a Igreja Católica se fez herdeira de boa parte da terra reconquistada aos infiéis. A associação das monarquias ibéricas com o papado alcançou um nível de quase fusão quando se juntaram os recursos econômicos e o salvacionismo de Madri com o empenho anti-reformista de Roma. Nessa conjuntura, a Ibéria consegue do papa o título de domínio exclusivo sobre todas as terras que se descubram para além de uma linha imaginária, e a monarquia espanhola obtém os privilégios de erigir e dirigir a Santa Inquisição através de sacerdotes intermediários, de cristianizar o gentio com a qualidade de "vigários apostólicos" investidos da condição de "patronato universal" e até o direito de cobrar os dízimos e outras rendas da Igreja, que seriam ressarcidas depois pela Coroa.

Assim se estabeleceu uma estrutura de poder aristocrático-clerical que regeria, daí por diante, os destinos dos povos ibéricos. Entretanto, com a vitória sobre os núcleos islâmicos da Ibéria também se destrói o sistema agrário que haviam implantado com base numa agricultura de regadio de alta tecnologia e que permitira manter, por séculos, densas populações mesmo nas zonas mais áridas. À medida que os novos senhorios aristocrático-clericais se apossavam das antigas áreas intensamente cultivadas, transformavam-nas principalmente em pastagens para a criação de ovelhas, fazendo com que a penúria sucedesse à antiga fartura. Multidões de camponeses foram enxotados e reduzidos à mendicância, e a própria população entrou a diminuir drasticamente, tanto no campo como nas cidades. Nem todo o ouro saqueado da América, nos séculos seguintes, foi suficiente para compensar esse retrocesso (J. Klein, 1920).

A causa fundamental desse recuo estava, porém, na própria configuração de império mercantil salvacionista que a península Ibérica assumiu ao instrumentar-se para a Reconquista. Assim estruturada, a Ibéria capacitou-se para absorver e generalizar a tecnologia da Revolução Mercantil e para se fazer, desse modo, uma das matrizes do capitalismo. Mas não conseguiu configurar-se, ela própria, como uma formação capitalista-mercantil. Em conseqüência, passou a perder substância quando entrou em intercâmbio com formações maduramente capitalistas, em virtude do caráter arcaico e defasado de sua estrutura sócio-econômica.

A Rússia moscovita amadureceu seu perfil étnico-nacional a partir do estágio de estado rural artesanal, sob a pressão do domínio tártaro-mongólico. Sua própria classe dominante cresceu e enriqueceu no exercício da função de coletora de tributos para a Horda do Ouro. Quando conseguiu finalmente emancipar-se, depois de décadas de luta que ali também exigiram a mobilização de todas as energias nacionais, configurou se como uma formação defasada, igualmente incapaz de promover um desenvolvimento capitalista pleno.

A configuração cultural nos dois impérios mercantis salvacionistas surgiu, assim, profundamente impregnada por elementos tomados das tradições despóticas salvacionistas que haviam dominado seus povos ao longo de séculos e por inovações surgidas em razão da oposição àquele domínio. No plano ideológico, fazem-se movimentos messiânicos de extensão da cristandade, como cruzados extemporâneos. A Ibéria, com um fanatismo religioso só comparável ao dos primeiros impulsos muçulmanos, conforma os capitães da conquista como híbridos de traficantes e de cruzados, e se lança, com igual furor, à erradicação das heresias do seio de suas próprias populações, através da flagelação dos suspeitos de impiedade, das festas públicas de cremação de hereges e da expulsão de centenas de milhares de mouros e judeus que haviam podido viver na península ao longo de séculos sob o domínio sarraceno.

Esse êxodo, concebido pela classe dominante como uma extraordinária oportunidade de enriquecimento pelo confisco e rateio dos bens de judeus e muçulmanos, resultou também num retrocesso econômico da maior gravidade. Efetivamente, o que se conseguiu foi erradicar da Ibéria, junto com as heresias, quase todos os setores intermédios de artesãos, pequenos granjeiros e comerciantes, compostos principalmente por "castas infiéis". A destruição desse estrato social fez cair imediatamente o nível técnico das atividades agrícolas e manufatureiras e desmontou o sistema nacional de intercâmbio mercantil que relacionava e integrava as diversas esferas produtivas, contribuindo decisivamente para tornar a Espanha e depois Portugal inaptos para a Revolução Industrial.

A Rússia, ao expandir-se, assume uma feição mais despótica que salvacionista. Mas é movida, igualmente, pelo elã cristalizador, expresso na assunção do papel de terceira Roma, na integração do patriciado de Moscou no czarismo, no esforço secular de cristianização das populações do seu território, no caráter místico da religiosidade russa, na expansão numérica do seu clero — só comparável ao da Ibéria —, na intolerância religiosa que explodiria, mais tarde, nos *pogroms*.

Na ordenação sócio-econômica dos dois impérios prevaleceram os princípios do mercantilismo de inspiração despótica oriental sobre os princípios do capitalismo nascente. Assim é que, nas duas áreas, acima de um empresariado burguês capitalista, disposto a enfrentar a nobreza e o clero, se implantou uma vasta burocracia cartorial controladora do poder político-militar e arrecadadora de tributos. A expansão dos monopólios estatais sobre diversos setores produtivos se generaliza e preponderа em relação às empresas privadas, sujeitas continuamente à interferência governamental. Em ambos os casos, o Estado-empresário explora minas e fábricas, estancos de sal, de fumo, de diamantes, o comércio externo e muitos outros setores; arrecada tributos e distribui regalias e títulos nobiliárquicos. Com os recursos apresados em todas essas fontes, mantém vastíssimos corpos sacerdotais, subvenciona a construção de inumeráveis templos, custeia as máquinas militar e administrativa que atuam como vastas agências de clientelismo, absorve os prejuízos operacionais da economia e sustenta uma enorme camada parasitária.

Os impérios coloniais ibero-americanos, estruturados como contraparte dessa formação mercantil salvacionista, por via da atualização histórica, conformar-se-iam nos moldes de um novo *colonialismo escravista*, inserido dentro de um sistema econômico unificado e interativo. Não se configuram, portanto, como etapas pretéritas da evolução humana, mas como partes complementares de um mesmo complexo que tinha como centro dinâmico as potências ibéricas e, como áreas periféricas e como "proletariados externos", as populações concentradas nas colônias. As semelhanças flagrantes entre o colonialismo escravista ibérico e o greco-romano ou cartaginês explicam-se melhor por serem todos oriundos de processos de atualização histórica, gerados por diferentes civilizações, do que como restaurações de etapas necessárias da evolução humana.

Os procedimentos fundamentais de dominação das colônias escravistas das Américas foram: a erradicação da antiga classe dominante local, a concessão de terras como propriedade latifundiária aos conquistadores, a adoção de formas escravistas de conscrição da mão-de-obra e a implantação de patriciados burocráticos, representantes do poder real, como exatores de impostos. Nas áreas dos impérios teocráticos de regadio da Meso-América e do Altiplano Andino, onde se concentravam grandes contingentes de mão-de-obra, condicionados já à disciplina do trabalho, a escravização se institucionaliza sob a forma de *mita* e de *encomienda* de serviços. Nessa forma de conscrição, os índios eram entregues em usufruto à exploração mais desumana. Justificava-se e disfarçava-se o sistema, porém, em nome do zelo pela salvação eterna do gentio, pela atribuição da função de catequistas aos *encomenderos*. Mais tarde, a *encomienda* progride para uma forma de tributo pagável em dinheiro que os indígenas só podiam obter trabalhando nas minas e nas terras, sob as mais penosas condições. Para que esse regime de escravização, ainda mais opressivo e insidioso, pudesse funcionar, os caciques foram transformados em aliciadores da força de trabalho válida das comunidades indígenas para entregá-la à exploração dos *encomenderos*, como condição para que os velhos sobreviventes e as crianças pudessem continuar nas aldeias (Sergio Bagu, 1949 e 1952).

Sob esse sistema as populações dos antigos impérios teocráticos de regadio foram tão drasticamente reduzidas que a depopulação das colônias chegou a preocupar seriamente a Coroa. Temia-se, agora, o desastre econômico que poderia representar a perda daquela escravaria barata, porque custara apenas o preço da conquista, e aparentemente inesgotável, porque montara a milhões. Flagelada pelas pestes com que o europeu a contaminou e desgastada sob o peso do trabalho, a população indígena minguava em proporções tão alarmantes que ameaçava desaparecer (H. F. Dobyns e P. Thompson, 1966) e era sucedida por uma nova casta de mestiços resistentes à escravização, tendentes à rebeldia e sem lugar na estratificação societária de estamentos raciais. Além de desgastada numericamente, aquela população se via degradada pela contingência de servir como mera força de trabalho que não existia para si própria, mas como produtora dos poucos artigos que interessavam à economia colonial e, sobretudo, como extratora de metais preciosos. Perde, assim, os altos níveis de qualificação tecnológica e de saber erudito que havia alcançado, para mergulhar numa cultura espúria.

Nas outras áreas americanas restaurou-se o escravismo greco-romano em sua forma mais crua. Primeiro, pela escravização dos indígenas locais e, mais tarde, desgastados estes, pela transladação de enormes massas de negros da África para as *plantations* e para as minas, onde seria também consumida a maior parte deles.

Criou-se, desse modo, uma enorme força de trabalho escravo, de cuja capacidade de produção, nas condições mais espoliativas, passavam a viver espanhóis e portugueses (Eric Williams, 1944).

Esse foi o maior movimento de atualização histórica de povos jamais levado a efeito, mediante a destribalização e deculturação de milhões de índios e negros e seu engajamento em novos sistemas econômicos, na qualidade de camadas subalternas. Atuando através da colonização escravista e do despotismo salvacionista, criaram-se condições superopressivas de compulsão aculturativa que, com a destruição de milhares de etnias, o desgaste de milhões de trabalhadores e a desqualificaçao dos setores técnicos e profissionais especializados dos povos conquistados, incorporaram os neo-americanos às macroetnias hispânica e lusitana, como um vasto "proletariado externo" de simples trabalhadores braçais, para sobre essa massa indiferenciada e degradada infundir as características essenciais dos seus futuros perfis étnico-nacionais. O poder deculturador e aculturador desse processo de atualização histórica foi ainda maior que o dos processos equivalentes de romanização e de islamização, como se constata pela uniformidade lingüística e cultural dos povos americanos, muito mais homogêneos, embora numérica e espacialmente maiores, do que as populações da própria península Ibérica e de qualquer outra área do mundo.

Em toda a Ibero-América, a Igreja revivia o papel e a função que exercera no medievo europeu, tornando-se a maior monopolizadora de terras, de índios *encomendados* e de capitais financeiros aplicados em hipotecas. As fontes desse enriquecimento eram as contribuições diretas da Coroa a título de dízimo, as doações, os legados, as reservas de direitos — *capelania*, *mão-morta* — e também a extorsão inquisitorial que recaía como um flagelo sobre os suspeitos de heresia, confiscando-lhes todos os bens familiares e fazendo saldar de imediato todos os futuros direitos de herança e todos os créditos que tivessem em mãos de quaisquer devedores (H. C. Lea, 1908; B. Lewin, 1962; S. Bagu, 1949 e 1952).

A expansão russa processa-se com vigor muito menor e conforma-se aos padrões da formação despótica de que emerge. Assim é que a concessão das terras conquistadas e dos antigos latifúndios convertidos em *orpichnina* e redistribuídos pelo czar não se faz como propriedade privada, mas como *pronoia*, que representava, essencialmente, a atribuição à nobreza e ao clero do privilégio de cobrar tributos ao campesinato servil. Quando essas concessões se transformaram em propriedade territorial hereditariamente transmissível, as imposições mais duras da servidão haviam sido substituídas por novas formas de contingenciamento, de modo a manter sempre o campesinato sob a dependência de senhorios privados. A pobreza muito maior da área de exploração russa, bem como o atraso cultural também maior de suas populações e a menor magnitude numérica destas, tornou imperativa a manutenção desse sistema e não ensejou o aparecimento de uma estrutura rural granjeira nas áreas conquistadas, nem uma prosperidade econômica equivalente à das empresas coloniais ibéricas.

Nessas circunstâncias, em lugar de progredir tecnológica e institucionalmente para formas maduramente capitalistas de produção e de ordenação da sociedade, acentuaram-se, nas áreas coloniais dos dois impérios mercantis salvacionistas, as tendências despóticas e, em suas áreas metropolitanas, a propensão a submergir, episodicamente, em regressões feudais, quando a autoridade imperial se via suplantada pela nobreza latifundiária e pelo clero.

O CAPITALISMO MERCANTIL E OS COLONIALISMOS MODERNOS

Enquanto se processava a expansão salvacionista, as forças renovadoras da Revolução Mercantil avançavam através de um outro processo civilizatório: o *capitalismo mercantil*. Mais pobre, naquele momento, mas dotado de maiores potencialidades de tecnificação, de reordenação social e de progresso, tal era o esforço de restabelecimento do sistema mercantil europeu, primeiro no continente, depois em todo o mundo, que voltaria a ativar as economias regionais estagnadas durante o milênio de feudalização.

Seus desencadeadores foram um complexo de eventos e a adoção de novos procedimentos técnicos e institucionais que, ensejando o restabelecimento do comércio exterior, permitiram reimplantar manufaturas nas cidades italianas, francesas, flamengas e holandesas e, mais tarde, na Inglaterra e na Espanha, primeiro para o mercado interno e, posteriormente, para os de ultramar. À medida que cresciam os mercados, essas manufaturas se transformavam. Assim é que foram ascendendo, progressivamente, de simples ajuntamentos de artesãos possuidores de seus instrumentos de trabalho e financiados por um capitalista a unidades maiores, com divisão interna do trabalho, em que o empresário já era proprietário dos meios de produção e pagava salários aos trabalhadores, lucrando com o acréscimo de produtividade de todos eles.

Inicialmente, essas manufaturas centralizadas instalaram-se no campo, para fugir ao controle dos grêmios artesanais urbanos. Ocupavam camponeses em fiações e tecelagens, depois em serrarias, refinarias de açúcar, fábricas de sabão, de tintas, de cerveja etc. e, mais tarde, em estaleiros, metalurgias e fábricas de papel. Riquezas monetárias acumuladas no comércio, na usura, na exploração das finanças públicas e nos monopólios estatais passaram a aplicar-se produtivamente nessas manufaturas, transladando-as progressivamente para as cidades, que voltaram a crescer. A necessidade de alimentar e vestir os trabalhadores urbanizados gerou uma procura crescente de bens, criando um mercado interno cada vez mais amplo para a produção agrícola e manufatureira. Os proprietários rurais, interessados em produzir para esse mercado, passaram a forçar o campesinato a uma produção maior e a expulsar de suas terras a antiga clientela patriarcal que consumia a maior parte das safras. Culmina esse processo, em diversas áreas, com a conversão das terras de cultivo em criatórios de ovelhas para produzir lã.

Os governos passam, então, a fomentar essas atividades, que se vão tornando a fonte principal de rendas públicas. Emprestam-lhe todo o apoio, através de medidas alfandegárias protecionistas e de reformas das instituições cerceadoras da liberdade de aliciamento de mão-de-obra ou da expansão do mercado interno. Derrogam-se, assim, as antigas normas que dificultavam a comercialização da produção agrícola, criando-se os mercados nacionais. Decreta-se o direito de cercar as propriedades fundiárias, acabando com os campos comunais. Liberam-se os cultivos e anulam-se os tradicionais direitos de pasto.

Por todos esses procedimentos desagregam-se as estruturas comunitárias em que primavam as atividades de subsistência e as relações de mutualidade, para se imporem relações contratuais de trabalho definidas como legais e livres. Contingentes rurais cada vez maiores se desvinculam da economia natural ou são compelidos a fazê-lo para se converterem em mão-de-obra aliciável para o trabalho assalariado por haverem perdido as bases de provimento de sua subsistência.*

A reação dos camponeses a essa reforma estrutural espoca em guerras na defesa do antigo *modus vivendi*, ou na reivindicação da propriedade das terras para as trabalharem por conta própria como produtores para o mercado. Essas guerras assumem, quase sempre, formas milenaristas como lutas de classes subalternas que, ao se lançarem contra a ordem constituída, têm apenas como modelo reordenador a idealização de eras passadas em que teria prevalecido o bem e a justiça. Freqüentemente, assumem postura anticlerical pela oposição irredutível entre os seus interesses e os da principal instituição monopolizadora da terra, a Igreja.

Nesse ambiente de renovação social tudo é posto em causa. A ordem social deixa de ser concebida como sagrada ou passa a ser definida em termos de reavaliação do conteúdo do sagrado. Traumatizam-se, assim, os mecanismos de preservação do regime, ensejando o alastramento de insurreições cam-

(*) Karl Marx descreveu admiravelmente esse processo: "[...] Quando os grandes latifundiários ingleses eliminaram seus *retainers* (agregados) que consumiam parcelas da produção excedente de suas terras; quando seus arrendatários expulsaram os pequenos camponeses etc., uma massa duplamente livre de mão-de-obra foi lançada ao *mercado de trabalho*: livre das antigas relações de clientela, de servidão ou de prestação de serviços; mas livre, também, de todos os bens e de toda forma de existência prática objetiva, *livre de toda propriedade*. Tal massa ficara reduzida à alternativa de vender sua capacidade de trabalho, à mendicância, à vagabundagem ou ao roubo como única fonte de renda. A história registra que ela primeiro tentou a mendicidade, a vagabundagem e a delinqüência, mas que se viu afastada desse caminho e foi empurrada, a seguir, à estreita senda que levava ao mercado de trabalho, por meio do patíbulo, do cepo e do chicote" (Marx, 1966:38).

ponesas à medida que a estruturação capitalista marcha de região a região.

A partir do século XIII, ondas sucessivas de levantes dessa natureza convulsionaram a Europa, como a dos Pastores (1251) e a dos Plebeus (1320), nos Países Baixos e na França; a de Dolcino (1305), na Itália; as de Marcel e La Jacquerie (1357), na França; a de Wat Tylor (1381), na Inglaterra. Já no século XV estala a rebelião dos hussitas na Boêmia e diversos levantes camponeses na Alemanha. Quando o processo de reestruturação alcança outras regiões, ali também explodem guerras camponesas, como as russas do século XVII (Razin), XVIII (Pugashov) e XIX, até a extinção da servidão em 1861, e as da China dos séculos XIX e XX. Como insurreições de classes subalternas, estavam historicamente condenadas ao malogro pela impossibilidade de reordenar a sociedade inteira de acordo com seus interesses. Sua eclosão teve, no entanto, um papel decisivo na implantação de uma nova ordem capitalista mercantil, uma estrutura de poder liderada pelo empresariado capitalista, e no triunfo dos movimentos de Reforma.

Um processo simultâneo de desenraizamento e relocação de trabalhadores ocorria nas cidades, desligando os artesãos dos vínculos corporativos dos grêmios para torná-los assalariados dos novos empreendimentos. Como mão-de-obra mais qualificada, esses artesãos emprestaram à revolução tecnológica o concurso de sua destreza acumulada secularmente e acrescentaram à força de trabalho um estrato diferenciado de técnicos e especialistas. Em cada país, à medida que progredia a conversão da economia aos padrões capitalistas, foram sendo abolidas as corporações de ofício, os regulamentos de aprendizagem, as juntas de salário. Todas essas ordenações protetoras foram substituídas progressivamente pelo ideário liberal da igualdade perante a lei e do livre direito de contrato.

A combinação da disponibilidade de capital acumulado

com a oferta de mão-de-obra livremente aliciável e de bens de subsistência oferecidos à venda tornou possível montar estruturas urbanas de produção e de comércio que se fariam cada vez mais amplas até dominarem todo o sistema econômico, convertendo-o em formações socioculturais capitalistas mercantis. Esse processo civilizatório experimentou uma aceleração prodigiosa quando a ele se somaram os resultados da expansão oceânica conduzida pelos povos ibéricos. Carreando para a Europa o produto do saque de dezenas de povos e, depois, os excedentes arrancados a milhões de escravos que tinham seu consumo supercomprimido nas minas e nas plantações tropicais, o capitalismo mercantil pôde saltar alguns séculos no seu processo de amadurecimento. Este não se cristalizaria, porém, em nenhuma das duas áreas onde atuara pioneiramente a Revolução Mercantil. Tendo-se configurado como impérios mercantis salvacionistas, ambas se haviam atrasado na história, passando a interagir com as novas formações como estruturas defasadas e, por isso mesmo, condenadas a perder substância em todo o intercâmbio econômico posterior.

A formação capitalista mercantil implanta-se, primeiro, na Holanda (1609), onde assume a forma de república moderna de perfil oligárquico, governada por comerciantes e banqueiros, após a vitória na sua guerra de emancipação contra o domínio salvacionista ibérico. No curso dessas lutas, a Holanda apossa-se de diversos domínios coloniais portugueses e espanhóis na África (Cabo), nas Américas (Antilhas), no Oriente (Ceilão, Indonésia) e torna-se a principal potência européia. Cria a primeira organização bancária moderna (1609), que passa a atuar como financiadora e seguradora da expansão mercantil holandesa, alçada à condição de empório distribuidor da produção mundial nos mercados europeus.

Segue-se a Inglaterra, com a revolução de Cromwell (1652-79), que lhe permite estruturar-se também como uma formação capitalista mercantil revestida dos atributos institucionais de uma monarquia parlamentar. A Inglaterra alça-se também através da guerra contra os salvacionistas ibéricos e contra os holandeses, graças à apropriação de alguns dos seus antigos domínios coloniais na América do Norte, na Índia, na China e na África. Uma das fontes de sua modernização foi o ingresso de uma centena de milhares de perseguidos religiosos, que elevaram substancialmente a qualificação de sua força de trabalho e suas disponibilidades de capital financeiro. Mas seu enriquecimento se fez, nessa primeira etapa, principalmente através do saque pelo corso sustentado pelo Estado e, mais tarde, mediante o contrabando com as colônias americanas, principalmente com a exploração do tráfico negreiro por meio de contratos monopolísticos com as nações ibéricas, operados por companhias oficiais cujos principais acionistas eram as casas reais espanhola e inglesa. A eficiência capitalista aplicada ao tráfico negreiro permitiu organizar racionalmente as operações de caça de escravos no interior, de amontoamento de reservas na costa africana, de transporte marítimo, de depósito, distribuição e venda através de todas as Américas. Nesse processo, as nações européias, pioneiras do desenvolvimento capitalista mercantil, aliciaram, no curso de quase três séculos, mais de 100 milhões de africanos, uma terça parte dos quais deve ter chegado a seu destino para aí serem consumidos, em sua grande maioria, no trabalho escravo (F. Tannenbaum, 1947; J. Arnault, 1960; E. Williams, 1944).

A integração da França à nova formação amadurece lentamente no nível econômico, com a instalação, a partir do século XVI, de manufaturas de artigos de luxo em Lyon, Reims e Paris e, mais tarde, de tipografias e de metalúrgicas. Eclodiu, por fim, no plano político, com a revolução social de 1789, comandada, inicialmente, por lideranças antiaristocráticas e completada, mais tarde, por um regime militar que impõe as ordenações napoleônicas. Implanta-se, assim, o primeiro sistema estatal de instrução pública; derroga-se o regime legal anterior e delineia-se o modelo básico de instituições liberais capitalistas que seriam prontamente adotadas em todo o mundo. Esta última formação capitalista também se apropria de antigas áreas coloniais ibéricas, pela anexação, ao seu domínio colonial, de vastas áreas da América do Norte, do Canadá, da Indochina e do Senegal.

Para assumir essa posição pioneira, aquelas nações haviam reativado sua vida econômica interna, rompendo com as barreiras feudais que continham suas forças produtivas, e confiscado os bens eclesiásticos, os latifúndios das abadias e mosteiros, para integrá-los no sistema produtivo. Seus empresários aplicaram capitais nas manufaturas, que passaram a produzir para todo o mercado nacional e, depois, para exportação. Criaram-se, assim, grandes empresas de investimento nos setores mercantis, fabris, agrícolas e de obras públicas que, excedendo a capacidade financeira de um só capitalista, apelavam para vários processos de captação de recursos. E incentivaram a constituição de uma força de trabalho altamente qualificada, a partir do artesanato medieval.

Como efeito maior de todas essas mudanças, refez-se própria estratificação social, presidida por uma polarização que opunha uma camada de proprietários aliciadores de mão-de-obra assalariada ou escrava e uma camada de despossuídos, conscritos como a força de trabalho do sistema, na posição de dois proletariados, um interno, outro externo. As condições de existência e de reprodução desses estratos divergentes, mas mutuamente complementares, e seu antagonismo intrínseco passariam a constituir a força motriz de toda a dinâmica social.

Em sua expansão ultramarina, todas as formações capitalistas mercantis apelaram também para o colonialismo escravista, criando novas áreas de plantações tropicais. Mas, simultaneamente, inovaram o antigo modelo, complementando-o, primeiro com as colonizações mercantis, na forma de entrepostos comerciais implantados em países longínquos, com os quais não se pretendia transfigurar os povos autóctones, mas tão-somente traficar com eles, e, mais tarde, com colônias de povoamento, estabelecidas através da transladação de populações européias para além-mar. Estas últimas se destinavam, essencialmente, a aliviar a Europa dos excedentes populacionais gerados no próprio processo de integração da economia agrícola em padrões capitalistas. Em conseqüência, os pequenos núcleos de colônias de povoamento — que eram as menos prósperas das colônias na formação anterior — entram a crescer, tendo por objetivo menos prover lucros do que ocupar gente desenraizada e marginalizada, cuja presença começava a representar um risco permanente de insurreição.

Uma dessas colônias de povoamento, que crescera como economia ancilar dos ricos empreendimentos escravistas coloniais das Antilhas, amadureceria, pouco mais tarde, para o capitalismo mercantil. Era a América do Norte, onde uma ordenação capitalista incipiente, fundada nos próprios princípios que regeram a colonização, se fortificaria no cursos da guerra de emancipação. Essas características se acentuariam ali de forma mais radical que em qualquer outra área colonial, em virtude do caráter singular de sua implantação como uma extensão ultramarina da sociedade inglesa. Assim é que, na América do Norte, se erige o modelo básico de República federativa moderna, estruturada como uma formação capitalista mercantil, tendente à industrialização. Contando com enormes áreas desertas para a autocolonização, a América do Norte só tardiamente se lança à expansão colonialista, mas o faz, também, pela apropriação de antigas áreas de domínio ibérico, como as Antilhas e as Filipinas, além de algumas ilhas do Pacífico.

Como se vê, a formação capitalista mercantil também

nasce bipartida em dois complexos complementares. Primeiro, o *complexo metropolitano* das nações as estrutura por aceleração evolutiva como centros de poder e de comércio ultramarino. Internamente assentam-se em dois pilares: uma economia rural de granjeiros livres, produtores para o mercado (principalmente França e Estados Unidos da América), e de grandes explorações agrícolas e pastoris, de tipo capitalista, que começam a atuar à base do trabalho assalariado (principalmente Alemanha e Inglaterra); e uma economia urbana de manufaturas mercantis, de comerciantes importadores e exportadores e de agências financeiras, que tanto operam no mercado europeu como no mundial. Segundo, o *complexo colonial*, implantado através de movimentos de atualização histórica, que gera as *colônias mercantis* das feitorias asiáticas de comércio e africanas de suprimento de mão-de-obra escrava e as *colônias escravistas* das áreas americanas de exploração de minas e de plantações comerciais, operadas, tanto direta como indiretamente, através de outros agentes coloniais, como os portugueses e os espanhóis; e, finalmente, as *colônias de povoamento* das Américas, da Austrália e da Nova Zelândia.

Por meio dessas duas faces complementares — a metropolitana e a colonial — o sistema passa a atuar gerando, numa delas, o capital e os capitalistas contrapostos a massas crescentes de assalariados, e, na outra, camadas gerenciais subalternas e massas escravizadas e avassaladas. Estas últimas não representavam para o sistema mais do que uma espécie de combustível humano explorado localmente ou importado da África para produzir artigos de exportação, metais preciosos e minérios. Não eram "propriamente trabalhadores, mas apenas trabalho", tal como aquele que seria oferecido amanhã pelas fontes inanimadas de energia (K. Marx, 1966:41). Nessa qualidade, propiciavam uma acumulação de capital muito maior do que a obtida pela exploração de assalariados e ensejavam a reversão para as economias metropolitanas, amadurecidas como estruturas capitalistas, de recursos cada vez mais vultosos.

A expansão oceânica européia, iniciada pelos ibéricos, torna-se, nesse passo, uma empresa coletiva que multiplica colônias escravistas, mercantis e de povoamento por todo o mundo, acelerando a ação do processo civilizatório capitalista mercantil, já agora como o mais vasto dos movimentos de atualização histórica. Com o seu desencadeamento, milhões de homens foram transladados de um continente a outro. As matrizes raciais mais díspares foram caldeadas e os patrimônios culturais mais divergentes foram afetados e remodelados. As conquistas culturais, principalmente tecnológicas, de todos esses povos começaram a confluir, lançando as primeiras bases de uma reordenação unificadora do patrimônio cultural humano. Nesse processo, milhares de povos atados a formações tribais, aldeãs, pastoris, rural-artesanais, bem como antigas civilizações, tanto as vigorosas como as já estagnadas em regressões feudais, foram integrados num sistema econômico de base mundial, como sociedades subalternas e culturas espúrias. Sua razão de existência deixara de constituir a natural reprodução do seu modo de ser, para se converter no fator de existência e no instrumento de prosperidade dos centros metropolitanos que geriam os seus destinos.

A espoliação desse povos possibilitou às cidades européias retomar e superar amplamente o brilho que haviam alcançado no esplendor do Império Romano, implantando-se como metrópoles suntuosas e opulentas. Deu, também, aos europeus nórdicos, até então marginais aos processos civilizatórios, um sentimento de superioridade e de destinação civilizadora que passou a justificar todas as formas de opressão colonial como o exercício necessário do papel de agentes civilizadores, convictos de que representavam uma ordem moral superior e o motor do progresso humano.

As riquezas que se acumularam com as novas atividades produtivas e com o saques de tesouros alheios elevaram a níveis jamais alcançados a economia de dinheiro metálico, tornando disponíveis capitais cada vez maiores para financiar novos empreendimentos.* Essa abrupta disponibilidade de metais preciosos provoca uma elevação constante de preços, que contribui fortemente para desorganizar as economias camponesas ainda sobreviventes. Dessa forma, novas massas são lançadas ao mercado de trabalho ou obrigadas a emigrar, ao mesmo tempo que sobrevém uma violenta substituição das antigas camadas patronais conservadoras pelo empresariado de mentalidade capitalista.

Simultaneamente, a Europa se transfigura ideologicamente, aprofundando o movimento de renovação inaugurado com o Renascimento e intensificado pela Reforma. Nas áreas em que mais amadurecera o capitalismo mercantil, quebram-se as velhas hierarquias religiosas e enseja-se um amplo movimento de secularização. A alfabetização em massa nas línguas vernáculas, levada a efeito para ler a Bíblia, permitiria, de então por diante, recrutar a intelectualidade em bases muito mais amplas e assegurar-lhe maior liberdade de indagação e de pesquisa. Desse modo, a Europa pós-medieval, que redescobrira o mundo grego assumindo sua postura mercantil e sua atitude especulativa, pôde levar à frente o saber e as artes a partir do ponto em que haviam estagnado e pôde retomar também os modelos mercantis escravistas de estruturação política em seus conteúdos democráticos.

(*) Só no período que vai de 1591 a 1660, a Espanha retira da América 4537,6 toneladas de ouro. Portugal retira do Brasil no século XVIII cerca de 1400 toneladas de ouro e 3 milhões de quilates de diamantes. Com a contribuição mexicana, a produção mundial de prata salta de 335 toneladas, em 1701-20, para 879 toneladas, em 1781-1800. O saque britânico de Bengala, efetuado mais tarde, e a exploração posterior da Índia também contribuem, ponderavelmente, para custear a industrialização européia. (Ver F. Mauro, 1964; A. Pierre, 1962; J. Arnault, 1960; W. Prescott Webb e J. F. Murphy, 1951).

Nas áreas onde mais amadureceu a formação capitalista mercantil, a Igreja Católica, de um poder autônomo ordenador das estruturas sociais e legitimador da autoridade, reduz-se à instituição auxiliar modeladora de consciências individuais. Mas é prontamente chamada a atuar como sustentáculo espiritual da nova classe dominante. Teólogos reformistas dedicam-se, agora, a formular uma ideologia enobrecedora do enriquecimento — conceituado como sinal de benesse divina —, dignificadora do trabalho e condenatória de antigas atitudes senhoriais de ócio e fruição, bem como da sua contraparte popular, a mendicância. Por todas essas formas de ação, a Igreja da Reforma ajuda a burguesia nascente a adotar o perfil ético que lhe corresponde e a destruir as bases morais do antigo sistema, que encarava a propriedade como mais passível de deveres que de direitos e a estamentação social rígida da Europa feudal como uma expressão da vontade divina (M. Weber, 1948; R. H. Tawney, 1959; Th. Veblen, 1951).

Com o capitalismo mercantil estabelecem-se, assim, as bases para a despersonalização das relações de trabalho, transformando a mão-de-obra em um bem livremente negociável; entrona-se uma classe empresarial de novo tipo para a qual se prescrevem direitos mas não deveres; e implanta-se um regime econômico marcadamente racionalista e venal. Nesse ambiente liberto de peias religiosas tudo se põe em causa. As ciências e as artes experimentam um desenvolvimento sem paralelo, lançando-se as bases para uma nova revolução no plano da tecnologia. Uma onda de criatividade renova as velhas ordenações medievais através de uma geração de livres-pensadores que se ocupam da regulamentação racional das relações humanas, com base nos conceitos mais generosos de liberdade e de igualdade e com uma atitude de plena confiança no progresso humano. Opera-se, desse modo, uma primeira transição saint-simoniana do governo das pessoas, que prevalecera no mundo feudal, para um governo das coisas, que regeria o capitalismo. Mas só se consegue efetivar essa renovação coisificando as pessoas, a fim de tratá-las juridicamente como coisas.

Em sua forma plenamente amadurecida, a nova formação sociocultural assenta-se na propriedade privada das empresas, na mais aguda competição destas entre si e em face dos consumidores e na implantação de um regime de espontaneísmo no plano econômico e de completa irresponsabilidade social para com o destino dos trabalhadores. Velhas tendências espoliativas e alienadoras surgidas com as primeiras formas de estratificação social, e que haviam alcançado extremos na formação mercantil escravista e, mais tarde, nas formações despóticas salvacionistas e mercantis salvacionistas, reimplantamse e aprofundam-se mais ainda.

A certa altura, esses concomitantes dilaceradores do processo civilizatório capitalista mercantil entram a atuar com intensidade crescente, fazendo das populações européias mais pacientes do que agentes das forças renovadoras. A riqueza social aumenta até níveis inatingidos antes, mas a pobreza das camadas despossuídas também se agrava como nunca. As populações européias crescem mais aceleradamente do que a capacidade do sistema para absorver os novos contingentes de mão-de-obra, transformando-os em "excedentes" que se devem exportar como emigrantes.

As colônias de povoamento, constituídas nesse processo, cresceram através do engajamento compulsório de *indentured servants* — ingleses, irlandeses, alemães e de outras nacionalidades — aliciados pelos capitães de navios para trabalhar na América, onde eram arrematados em leilões pelos *amos* a quem serviriam por quatro a seis anos, sem outra retribuição que o sustento e a vestimenta. A eles se juntavam os *forçados*, que a justiça inglesa condenava por delinqüência e vagabundagem, e os *raptados*, mediante toda sorte de expedientes, como os *redemptioners*, que enfrentavam condições ainda piores, porque não tinham prazo certo de remissão e, às vezes, não tinham prazo algum, transformados virtualmente em escravos.

Avalia-se que a proporção desses contingentes europeus escravizados (porque produziam mercadorias sob o estrito controle de seus amos) haja alcançado entre duas terças partes e 80% da força de trabalho das colônias do Norte. A mesma forma de recrutamento da mão-de-obra seria aplicada, mais tarde, a outros contingentes europeus, à medida que seus territórios eram alcançados pelas forças reordenadoras do capitalismo mercantil. Atingiria depois a Ásia, carreando para as plantações da Austrália, da África e da América novos contingentes de *coolies* chineses e indianos, como *indentured servants* (S. Bagu, 1949; E. Williams, 1944).

A Revolução Mercantil, que gerara o maior movimento expansionista da história humana, tendente a unificar o mundo inteiro num só sistema de intercâmbio econômico, experimenta, nesse passo, um movimento oposto de segmentação dos povos em entidades étnico-nacionais carregadas de hostilidade umas para com as outras. O mesmo processo civilizatório que alargara o mundo, pondo todos os povos em contato, e que ampliara o âmbito interno de cada sociedade, pelo rompimento de barreiras regionais, encontra seu termo nas fronteiras nacionais.

Por toda a Europa aglutinam-se núcleos étnico-nacionais expansionistas, que vinham evoluindo desde a dissolução do Império Romano. Configuram-se, assim, os espaços nacionais modernos. Cada um deles compreende uma comunidade que, durante gerações, participara das mesmas crenças e costumes. Seus membros passam agora a identificar-se como nações definidas em termos de entidades solidárias excludentes de todas as demais, com direito ao domínio político do território que ocupavam ou pleiteavam.

Após séculos de elaboração de sua forma, como resultante de múltiplas fusões de povos, essas etnias alcançavam, afinal, consciência de sua especificidade em virtude do poder aglutinador do sistema político, empenhado em reservar ao seu empresariado o monopólio do mercado nacional. Incentivada por essas forças aliciadoras, a intelectualidade passa a criar auto-imagens nacionais motivadoras, na forma de obras literárias redigidas em língua vernácula, com o propósito de ressaltar o valor de suas tradições, a qualidade de seus heróis e a superioridade de seu "vínculo de sangue". Por esses processos de organização e de afirmação nacionalista, as entidades étnico-nacionais se conformam como os quadros econômicos e sociais em que suas populações realizarão seu destino, em face das outras. Aquelas que se estruturaram precocemente como Estados e alcançaram maior desenvolvimento como economias capitalistas lançam-se à expansão, tanto assimiladora dos grupos locais e regionais ainda imaturos e indefinidos quanto de conquista e avassalamento das outras. Estalam os conflitos entre essas unidades contrapostas. São as lutas nacionais que através de três séculos de crises, tensões, revoluções e guerras, irão configurando o quadro étnico europeu e correlacionando com ele todo o mundo extra-europeu, transformado em área de saque e de exploração (F. Znaniecki, 1944; A. van Gennep, 1922; H. Kohn, 1951).

7 A REVOLUÇÃO INDUSTRIAL

Os processos civilizatórios fundados na Revolução Mercantil ainda atuavam quando emergiu a Revolução Industrial e, com ela, dois novos processos civilizatórios, que se cristalizaram em distintas formações socioculturais.

Sua capacidade de reordenação das sociedades humanas só seria comparável à da Revolução Agrícola que, desde dez mil anos passados, vinha remodelando os povos.* Afetaria também todas as sociedades, acrescentando às que lograram industrializar-se um poderio antes inimaginável e submetendo as demais a formas de dominação cada vez mais sutis e imperativas. Remodelaria internamente cada sociedade, tanto as diretamente industrializadas quanto as modernizadas reflexamente, alterando sua estratificação social e, com ela, as estruturas de poder e redefinindo profundamente sua visão do mundo e seus corpos de valores.

O efeito crucial da nova revolução tecnológica consisti-

(*) Com a Revolução Agrícola, a população mundial saltara de 20 milhões a cerca de 650 milhões. Com a Revolução Industrial passa a experimentar uma nova explosão demográfica: só a Europa passaria de 160 para 400 milhões de habitantes no curso do século XIX; a população mundial cresce de 600 milhões, em 1750, para 2,4 bilhões em 1950 e caminha para os 6 bilhões previstos para o ano 2000 (G. Childe, 1946; C. M. Cipolla, 1964; ONU, 1965).

ria, porém, no lançamento das primeiras bases de uma futura civilização humana, afinal unificada pelo acesso de todos os povos à mesma tecnologia básica, pela sua incorporação às mesmas formas de ordenação da vida social e pela sua integração aos mesmos corpos de valores. Essa civilização humana unificada não se cristalizaria, contudo, no curso dessa revolução, que apenas conseguiria torná-la uma aspiração generalizada de todos os povos.

Tal como os processos civilizatórios anteriores, a tecnologia da Revolução Industrial não se expande como uma difusão de novos conhecimentos livremente adotáveis, mas como uma reordenação de povos que, situando os pioneiros da industrialização em posição superior de domínio e de riqueza, conduzia todos os demais à subordinação dentro de vastos complexos de nações dependentes e exploradas. O novo processo civilizatório tem de peculiar a circunstância de que, desde os primeiros passos, ainda marcadamente mercantis, estrutura-se como um sistema econômico efetivamente universal, com extraordinário poder de atualização histórica, que progressivamente atingiria todos os povos da Terra, envolvendo cada nação e até mesmo cada indivíduo em suas formas compulsórias de integração. Os povos atrasados na história, que haviam escapado às compulsões da Revolução Mercantil, seriam, assim, atingidos, onde quer que vivessem, e chamados a engajar-se na nova ordem econômica e social, como "proletariados externos" provedores de matérias-primas agrícolas e de minérios e consumidores de produtos industriais.

A Revolução Industrial surge no corpo das formações capitalistas mercantis pela acumulação de inventos mecânicos que permitiriam multiplicar fantasticamente a produtividade do trabalho humano. Por isso mesmo, implanta-se, primeiro, nas áreas em que se atendera mais completamente às exigências de renovação estrutural imposta pela Revolução Mercantil, desobstruindo resistências oligárquicas à alteração do *status quo*. Tais condições encontravam-se quase idealmente amadurecidas na Inglaterra e nos Estados Unidos e, de forma mais rudimentar, na França, na Alemanha e nos países escandinavos. Eram praticamente nulas no restante da Europa, ou constrangidas em algumas áreas, como na península Ibérica, e na Rússia, pelos efeitos inibitórios de suas estruturas oligárquicas fundadas no monopólio da terra, no caráter despótico de suas ordenações sociais e nas sobrevivências salvacionistas de que continuavam impregnadas.

As formações socioculturais geradas pela Revolução Industrial têm como classe dirigente uma burguesia urbana que desde a etapa anterior se vinha fortalecendo e forçando a reordenação da sociedade segundo seus interesses. Tal era o empresariado que crescera tirando proveito das oportunidades de enriquecimento ensejadas pela restauração do sistema mercantil europeu, pela apropriação dos bens eclesiásticos tornada possível pela Reforma, pelo confisco dos baronatos feudais e dos direitos comunitários do campesinato. A essa acumulação de recursos acrescentara-se, depois, a riqueza proveniente do saque colonial, da exploração maciça do escravismo e da monetarização das economias.

Inicialmente, esse empresariado atuava como os antigos mercadores, na exploração da usura, na especulação comercial com a escassez de bens, na monopolização de certas mercadorias e nos riscos marítimos. Com a Revolução Industrial, terá oportunidade de dedicar-se a novos setores, que virão assegurar-lhe taxas de lucro muito maiores e a curto prazo, sem os riscos do capitalismo aventureiro da fase mercantil. Agora se dedica, principalmente, à exploração da nova fonte de riqueza representada pela aplicação de capitais em sistemas fabris de produção em massa, movidos por novas fontes de energia inanimada, cuja expansão demandava uma reordenação mais radical na estrutura da sociedade. Com a nova tecnologia tornara-se possível e vantajosa a conversão de toda mão-de-obra, inclusive a escrava, em força de trabalho assalariado, e fizera-se necessário operar urgentemente essa conversão para liquidar as formas de produção artesanal, ainda sobreviventes em todo o mundo, a fim de atribuir novas funções aos trabalhadores. Impunha-se, também, elevar seu nível de produtividade e de consumo com o objetivo de alargar o mercado dos produtos industriais para dar lugar a uma expansão continuada do sistema fabril. Dessa forma, em seus primeiros impulsos, a nova revolução tecnológica torna obsoletas as formações mercantis salvacionistas, destrói as já combalidas bases do capitalismo mercantil, absorvendo, progressivamente, seu contexto colonial e dele erradicando o escravismo.

Desde princípios do século XVIII, a Inglaterra, que havia ampliado seu poderio naval e o sistema capitalista mercantil de base mundial nele assentado, vinha acumulando aplicações tecnológicas de princípios científicos aos processos produtivos, na forma de fábricas e de explorações minerais. Conseguira, dessa forma, implantar uma economia industrial essencialmente urbana, que passara a produção agrícola para um segundo plano, gerara transformações radicais em sua estrutura social e lançara as bases da Revolução Industrial.

Essa renovação tecnológica enseja o amadurecimento do novo empresariado, que promove o recrutamento maciço de antigos artesãos desempregados e de trabalhadores rurais desalojados do campo, para organizá-los em fábricas, como operadores de engenhos mecânicos movidos por novos conversores de energia. Esse desenvolvimento processou-se em três passos, o primeiro dos quais com a invenção e a difusão das máquinas a vapor que utilizavam o carvão como combustível. Sua aplicação às minas, na forma de bombas de água e elevadores de carga, permitiu ampliar fantasticamente a produção de carvão.

Como mecanismo de conversão do vapor em energia mecânica, pôde ser atrelado a diversos dispositivos industriais para produzir máquinas operatrizes, com as quais se multiplicou a produtividade das tecelagens e metalúrgicas. Como locomotiva, revolucionou os transportes terrestres e, como navio a vapor, os marítimos. A partir de 1820, protótipos cada vez mais aperfeiçoados dessas máquinas multiplicaram-se na Inglaterra, nos Estados Unidos e na França, de onde passam a ser exportados como mercadorias para todo o mundo, alargando as bases de expansão da civilização industrial.

Aos conversores de energia baseados em dispositivos de queima do carvão para produção de vapor acrescentaram-se depois outros conversores cada vez mais eficazes. Esse foi o segundo passo da Revolução Industrial, que se deu na passagem do século XIX ao XX com o surgimento e a generalização do uso de motores elétricos, fundados na energia hidráulica. O terceiro passo corresponde ao desenvolvimento e difusão, depois da Primeira Guerra Mundial, dos motores a explosão que utilizam combustíveis de petróleo.

No correr desse processo a produção industrial cresce aos saltos. Assim é que, de 1860 a 1950, a produção mundial de carvão salta de 132 para 1454 milhões de toneladas; a de petróleo, de zero a 523 milhões de toneladas; a de gás natural, também de zero a 197 milhões de metros cúbicos; e a de energia hidráulica, de 6 para 332 milhões de megawatts-hora. Essa progressão das disponibilidades de energia convertida em megawatts-hora representa um salto de 1079 para 20 556 milhões. A produção de aço passa de 30 para 180 milhões de toneladas, de 1870 a 1930 (C. M. Cipolla, 1964; H. Pasdermadjian, 1960; T. S. Ashton, 1964).

A essas inovações da tecnologia industrial somaram-se aperfeiçoamentos dos processos produtivos agrícolas e pastoris, que tiveram um papel da maior relevância na ampliação das disponibilidades de alimentos, viabilizando o aumento populacional das áreas recém-modernizadas. Tais foram: a generalização das técnicas de cultivo anual de toda a terra arável através da rotação de culturas e do uso de fertilizantes; a melhoria do sistema de aração e da erradicação de pragas; a mecanização das atividades agrícolas; a seleção de sementes; o aprimoramento genético dos rebanhos de gado de corte, de leite e de lã. Esses avanços foram acompanhados da difusão de plantas cultivadas originariamente nas Américas, como um novo tipo de algodão e, sobretudo, a batata, o milho, a mandioca, o amendoim, o cacau, o tomate e muitas outras, que enriqueceram extraordinariamente a dieta humana.

Com base nessa nova tecnologia instalam-se, pela primeira vez na história, sistemas autopropulsores do desenvolvimento econômico que acelerariam, de então por diante, os ritmos de produtividade do trabalho humano e de transformação da ordem social, intensificariam a urbanização das populações e propiciariam aumentos crescentes das disponibilidades de bens de consumo nas sociedades industrializadas e uma elevação continuada do seu poderio militar. Surgem, desse modo, os primeiros países "desenvolvidos" como economias capitalistas industriais, cujo objetivo supremo e cuja condição de existência passam a ser a expansão constante de sua riqueza e poder através da elevação da produtividade do trabalho, da maximização dos lucros e do domínio de mercados de escala mundial.

A característica básica do sistema seria, daí por diante, sua compulsão ao progresso técnico continuado e à acumulação de capitais. Na órbita interna, essa era uma condição de sobrevivência das empresas, em competição umas com as outras e em face da capacidade de luta das camadas assalariadas. Na órbita externa, era uma exigência da autonomia nacional, ante a competição no mercado mundial.

No desdobramento de suas potencialidades, o primeiro processo civilizatório fundado na Revolução Industrial vai impondo tamanhas alterações nos modos de ser das sociedades humanas que acaba por integrá-las todas num só sistema interativo e por configurar uma nova formação sociocultural, também bipartida em dois complexos tecnologicamente defasados e economicamente contrapostos, mas complementares: o superior, constituído pela aceleração evolutiva de algumas nações capitalistas mercantis à condição de centros de dominação imperialista industrial, e o inferior, constituído através de movimentos de atualização histórica que provocam tanto a redistribuição de áreas coloniais entre as novas potências como o surgimento de uma nova forma de dependência: o *neocolonialismo*.

No curso desse processo civilizatório, superam-se algumas das formas mais despóticas de subjugação colonial, como a escravidão, mas permanecem e até se aprofundam os vínculos econômicos de subalternidade. O caráter espoliativo das relações simbióticas entre as estruturas cêntricas e as periféricas assenta-se, agora, principalmente, na exploração das vantagens que usufruem os sistemas grandemente evoluídos no intercâmbio comercial com áreas atrasadas. O alto grau de tecnificação e de utilização de energia inanimada dessas economias industriais lhes assegura vantagens de toda ordem nas trocas de sua produção com a de economias atrasadas, cujo sistema produtivo é movido principalmente pelo trabalho humano. Seu enorme poder de compulsão obriga as sociedades que caem em dependência colonial e neocolonial a sofrer toda sorte de transformações reflexas e as configura segundo linhas em que sirvam mais eficazmente a seus espoliadores. Desse modo, o sistema global cresce como uma constelação simbiótica em que cada componente tem seu papel prescrito e em que todos se reproduzem guardando as relações recíprocas de núcleos colonialistas e áreas de espoliação.

Nos seus primeiros passos, o processo de industrialização é principalmente dissociativo e extremamente conflitivo. Internamente, agrava ainda mais os efeitos deletérios da reordenação capitalista, aprofundando a diferenciação social, destruindo os remanescentes dos antigos sistemas ocupacionais de base agrário-artesanal e incrementando o ascenso demográfico sem ser capaz de absorver nas fábricas e nos serviços os contingentes de mão-de-obra que produz e libera. Provoca uma intensificação do êxodo rural-urbano, acumulando nas cidades enormes massas marginalizadas. Quando estas ameaçam desencadear uma pressão irresistível de reordenação do sistema, intensificam-se os movimentos migratórios induzidos pelas autoridades governamentais, a fim de se livrarem dos "excedentes" populacionais que, não podendo ser incorporados ao sistema produtivo, ameaçam entrar na anomia ou engrossar as camadas virtualmente insurgentes. Essas transladações humanas e o consumo de gente em guerras sucessivas devem ter retirado do quadro europeu cerca de 100 milhões de pessoas no último século e meio, propiciando a indispensável distensão consolidadora do sistema capitalista industrial.* Se a essa redução se acrescentassem os efeitos constritores da restrição da natalidade, que então se generalizara nas nações industrializadas, o montante duplicaria.

A Inglaterra e a França são as nações que primeiro ama-

(*) A proporção do incremento demográfico europeu entre 1800 e 1950 pode ser avaliada pelos seguintes números: a população inglesa cresce de 16,2 para 50,6 milhões; a francesa de 28,2 para 41,7; a alemã de 25 para 64; a italiana de 18,3 para 46,3. E crescem nesse ritmo, apesar de exportar suas populações em enormes proporções: da Inglaterra migram 21 milhões de pessoas entre 1836 e 1935; da Holanda 4,5 milhões no mesmo período; da Alemanha 5,3 milhões de 1833 a 1935; da França 2 milhões de 1821 a 1935; e da Itália 9,6 milhões entre 1876 e 1940 (A. Sireau, 1966; A. Sauvy, 1954-6 e 1961; A. Landry, 1949).

durecem como formações socioculturais imperialistas industriais. A mesma façanha é cumprida, logo a seguir, pelos Estados Unidos. Este país, contando com imensas disponibilidades de terras virgens e de recursos naturais, consegue mesmo industrializar-se, incorporando à força de trabalho toda a sua população e, ainda, enormes contingentes europeus.

Graças ao constante crescimento da produtividade do trabalho e ao desgaste de seus excedentes populacionais, as nações precocemente industrializadas conseguem, a certa altura, elevar substancialmente o padrão de vida de suas populações; organizar regimes democrático-parlamentares que ensejam uma participação crescente do povo na formação dos órgãos do poder político; escolarizar toda a população em escolas públicas de nível elementar, e, mais tarde, levar parcelas crescentes à educação de nível médio e superior. Simultaneamente, melhoram os seus níveis de sanidade, alarga-se a expectativa de vida e formulam-se novos ideais de liberdade, de justiça e de igualdade.

Na ordem externa, o processo de industrialização, atuando como um movimento de atualização histórica, promove uma modernização meramente reflexa e impõe condições de extrema penúria aos povos já submetidos ao estatuto colonial e àqueles que converte, de domínios dos impérios mercantis salvacionistas, em áreas neocoloniais das grandes potências. Suas populações são duplamente conscritas ao novo sistema produtivo, as classes dominantes na qualidade de estamentos gerenciais de interesses exógenos e a massa da população na condição de "proletariado externo" engajado na produção de matérias-primas. Os últimos focos de escravismo progridem para novos padrões de conscrição da força de trabalho. Esse salto se processa sem a queda em regressões feudais porque, em lugar de se interromperem, as atividades mercantis se ativam, e porque a transição se dá no curso de um processo de intensa modernização reflexa. Só episodicamente e em áreas restritas se registra o mergulho, por parte de populações ex-escravas, em economias de subsistência. De modo geral, são prontamente absorvidas pelos novos modos de organização do trabalho, todos eles grandemente espoliativos, incipientemente capitalistas, mas capitalistas.

Sob o domínio do imperialismo industrial, o papel dos povos atrasados na história já não será o de prover tesouros pelo saque ou de abastecer o mercado mundial de ouro e prata e especiarias, e nem mesmo dos produtos tropicais clássicos, como o açúcar e outros. Sua função passa a ser o fornecimento de matérias-primas para a elaboração industrial, como os minérios, o petróleo, a borracha, o algodão, os couros, as lãs e diversas outras produzidas, predominantemente, por trabalhadores assalariados que são também consumidores. A esses produtos acrescentam-se novos gêneros de exportação, como o café, o cacau, a carne bovina, as frutas tropicais etc., requeridos em proporções crescentes pelos mercados das sociedades industrializadas. Assim, o mesmo progresso da industrialização, que multiplica fábricas nos países cêntricos do sistema, alarga, simultaneamente, as áreas de plantação e de pastoreio comerciais, de extrativismo florestal ou de exploração de minérios nos países periféricos.

A implantação imperialista se dá em três etapas, na medida em que os sistemas de exploração externa que desenvolve alteram suas formas de ação e alargam seus interesses. Na primeira etapa, atua pela exportação de manufaturas e pela conquista de fontes privatistas de matérias-primas ou de mercados cativos, sucedendo nessa função às antigas formações mercantis, seja mediante a imposição do estatuto colonial, seja através de procedimentos neocoloniais. Na segunda, correspondente à fusão das empresas em grandes monopólios controlados por agências financeiras, passa a atuar principalmente pela exportação de capitais na forma de equipamento modernizador da infra-estrutura produtiva das nações atrasadas e de capitais de empréstimo a governos.

Com esse procedimento, intensifica-se a exploração dos povos situados em posição subalterna dentro do sistema, porque esta passa a ser fomentada pelo próprio instrumental de industrialização, que provê ferrovias, portos, sistemas modernos de comunicação e maquinaria especializada para suas atividades produtivas. Sua subordinação à órbita da potência-líder também se acentua porque, paradoxalmente, cumpre às nações dependentes pagar esse instrumental, que as torna mais eficazes como provedoras de matérias-primas às nações industrializadas.

Na terceira etapa, os procedimentos financeiros são suplantados em favor da instalação, nos países dependentes, de subsidiárias das grandes corporações monopolistas, como dispositivos de exploração de riquezas minerais e de produção industrial para o mercado interno, com o fim de drenar os capitais gerados nas nações pobres para enriquecer ainda mais as nações opulentas. Aparentemente, nessa última etapa, trata-se de uma aceleração evolutiva que atua através da difusão da tecnologia industrial. Processando-se, porém, como uma atualização histórica, essa implantação de indústrias, em lugar de gerar os efeitos de progresso que produzira nas nações autonomamente industrializadas, dá lugar a uma crescente dependência das nações periféricas e a um processo de modernização reflexa gerador de deformações tão profundas que, na realidade, representam sua condenação ao atraso e à penúria. Nessas condições de industrialização recolonizadora, as populações crescem para marginalizar-se, porque não se lhes oferecem perspectivas de integrar-se no sistema produtivo modernizado. Tampouco surge uma cultura erudita capaz de dominar os princípios científicos da nova tecnologia produtiva e muito menos uma elite dominante autonomista, empenhada em estancar a espoliação externa e em reformar a ordenação social arcaica.

Iniciado há mais de dois séculos, o processo civilizatório fundado na Revolução Industrial prossegue sem haver alcançado seu termo, mesmo nas áreas pioneiras. Examinado a longo alcance, representa, por isso, tanto um avanço do progresso quanto uma irrupção dissociativa. Contém suficiente energia para destruir ou tornar obsoletos os antigos modos de vida. Condicionado, entretanto, pelo caráter lucrativo das empresas que o geram, e convulsionado por um acelerado ritmo de renovação, não encerra dentro de si uma capacidade de promover a industrialização autônoma de novas áreas, nem de assegurar paz, estabilidade, bem-estar e liberdade aos povos que integra num sistema econômico único.

Nas áreas cêntricas, a industrialização, atuando como um acelerador da evolução social, cria sociedades de novo tipo, qualitativamente distintas de todas as anteriores. Nas áreas periféricas, onde age reflexamente ou pelos mecanismos de atualização histórica, impõe transformações igualmente profundas, mas desencadeia processos dissociativos de intensidade ainda maior, que as condenam ao atraso, enquanto permanecem inseridas no sistema. Como as revoluções tecnológicas anteriores, a industrialização se instaura como uma reordenação das relações entre povos, privilegiadora dos mais avançados, e não estabelece mecanismos de transição entre as formas de vida tradicional, tornadas arcaicas, e as novas. Em lugar disso, cria uma configuração internacional polarizada pelas nações pioneiras da industrialização, extremamente hostil ao desenvolvimento dos outros povos.

Assim é que, uma vez implantado o *modelo precoce de desenvolvimento industrial*, integrado pela Inglaterra (1750-1800), pela França (1800-50), pelos Países Baixos (1850-90) e pelos Estados Unidos da América do Norte (1840-90), esses países repartiram entre si o mundo inteiro como um contexto destinado à espoliação ou como áreas subalternizadas às quais só se possibilitou um desenvolvimento limitado e dependente. As outras metrópoles coloniais que se atrasam na industrialização, como as ibéricas e as eslavas, passam a perder substância para os novos centros de dominação.

O primeiro modelo de ruptura desse círculo de domínio foi configurado pela Alemanha (1850-1914), pelo Japão (1890-1920) e, mais tarde, pela Itália (1920-40), que conformam o *padrão tardio de desenvolvimento*. Todas elas o alcançam mediante a formulação e a execução de projetos de desenvolvimento autônomo, conduzidos principalmente pelo Estado e movidos por motivos de segurança nacional e de poderio militar. Nesse esforço, apelam para procedimentos heterodoxos, como a garantia de pleno emprego e o dirigismo econômico, que contrastam frontalmente com os princípios reitores das nações pioneiramente industrializadas, como o livre-cambismo e o livre comércio.

A condução desses esforços de desenvolvimento tardio, cabendo a lideranças político-militares em associação com plutocracias empresariais, as conduz fatalmente a oposições irredutíveis em relação às nações precocemente industrializadas. Desencadeiam-se, assim, sucessivas guerras locais e mundiais com o propósito de impor uma redistribuição de áreas de dominação e o reconhecimento da supremacia de Estados que se fizeram novas potências industriais. Os alemães implantam possessões coloniais na África (1884) e depois na Ásia. Os japoneses conquistam antigas áreas de dominação russa e se instalam na Manchúria. Os italianos se apoderam de vastas regiões na África.

Esses conflitos ensejaram a emergência de dois novos padrões de desenvolvimento industrial autônomo, o *socialismo revolucionário*, que já se configuraria em outra formação, e o modelo de *desenvolvimento capitalista recente*. Este último surgiu em áreas marginais, como a Escandinávia (1890-1930), ou dependentes, como o Canadá (1900-20) e a Austrália (1930-50). Torna-se viável, nos dois casos, pela alteração das relações de intercâmbio dessas nações com os países grandemente industrializados, nos períodos de guerra ou de crise. Em condições normais, essas relações não ensejavam possibilidades de progresso autônomo em virtude do caráter intrinsecamente espoliativo da interação entre economias tecnologicamente defasadas. Com a emergência de conjunturas de guerra, aquelas nações puderam exportar mais do que importavam, acumulando divisas. E, sobretudo, foram estimuladas a explorar autonomamente suas próprias fontes de riqueza, realizando potencialidades de progresso até então anuladas. Findos os conflitos, achavam-se fortalecidas economicamente e haviam criado condições para negociar novas formas de interação econômica, capazes de preservar os interesses econômicos nacionais e de viabilizar um desenvolvimento autônomo.

Como se vê, o impacto da Revolução Industrial se imprime diferencialmente, conforme se exerça direta ou reflexamente sobre os povos. No primeiro caso, configura as sociedades modernas; no segundo, o contexto de nações subdesenvolvidas. Ambos são produtos das mesmas forças renovadoras que, no primeiro caso, realizaram suas potencialidades pela aceleração evolutiva, e, no outro caso, vendo-se limitadas externamente pela espoliação imperialista e, internamente, pela constrição oligárquica, configuram-se como um processo de atualização histórica incapaz de conduzir ao desenvolvimento autônomo.

A condição de subdesenvolvimento não representa, por isso, simplesmente, o atraso diante do progresso ou um modelo arcaico de sociedade em face de um modelo progressista. Representa, isto sim, uma seqüela necessária das próprias forças renovadoras da Revolução Industrial que geram, simultaneamente, dois produtos: os núcleos industriais como economias de alto padrão tecnológico e a periferia neocolonial de nações estruturadas menos para atender às suas próprias necessidades do que para prover aqueles núcleos de bens e serviços em condições subalternas. Suas populações são degradadas pela deculturação ou pela deterioração de sua economia tradicional, perdendo os níveis de desenvolvimento tecnológico que haviam alcançado para se transformarem principalmente em força de trabalho utilizada nas formas mais primitivas, como combustível humano do processo produtivo.

O subdesenvolvimento não corresponde, pois, a uma crise de crescimento, mas a um trauma em que submergem sociedades subordinadas a centros industriais, que se vêem ativadas por intensos processos de modernização reflexa e de degradação cultural. Somam-se a isso a explosão demográfica e a urbanização acelerada e caótica, agravando ao extremo as tensões sociais, que essas sociedades não têm meios de superar ou mesmo de abrandar, porque não poderão exportar seus excedentes populacionais, como o fez a Europa no mesmo passo. Nessas circunstâncias, os efeitos reflexos do processo de industrialização, atuando, principalmente, no sentido da dissociação, o tornam incapaz de gerar as forças autocorretivas que permitiriam enfrentar aqueles percalços, porque seus comandos se encontram fora da sociedade que sofre seus efeitos, e também porque as potencialidades da tecnologia industrial, sendo aplicadas nos campos e nos limites necessários para tornar as economias periféricas mais eficazes no exercício de seu papel tradicional, aprofundam sua dependência, só ensejando uma modernização parcial e deformada. Geram, por isso, sociedades que jamais chegam a criar uma economia autônoma e autofecundante, capacitada a explorar suas próprias potencialidades de crescimento, porque se conformam funcionalmente como partes complementares de outras economias dentro de um sistema interativo autoperpetuante.

Acresce, ainda, que as nações subdesenvolvidas não são apenas atrasadas, são também as nações espoliadas da história, empobrecidas pelo saque que sofreram originalmente das suas riquezas entesouradas e pela sucção secular dos produtos do trabalho de seus povos, através de sistemas inigualitários de intercâmbio. Soma-se a tudo isso a deformação de sua classe dirigente que, posta a serviço da espoliação estrangeira, não se torna capaz de amadurecer como um empresariado renovador e competitivo. Em lugar disso, configura um patronato deformado no exercício de funções gerenciais, uma oligarquia retrógrada apegada a privilégios, como o monopólio da terra, e um patriciado civil e militar parasitário, que absorve grande parte dos excedentes do trabalho comum. Nessas circunstâncias, seu atraso relativo não é um estágio de transição entre o arcaico e o moderno, mas uma condição estrutural impeditiva do progresso.

As nações subindustrializadas do mundo moderno não são, como se vê, sobrevivência de si mesmas ou retratos contemporâneos das condições pretéritas das nações desenvolvidas. São, isto sim, o resultado de um processo de atualização histórica que sobre elas atua espoliativamente para tornar possível o desenvolvimento acelerado de outras áreas. As tensões entre essas sociedades imersas no subdesenvolvimento e os centros imperialistas que lucram com seu atraso vão se configurando como a oposição fundamental dos tempos modernos. E se tornam cada vez mais agudas, à medida que se generalizam as aspirações de consumo de tipo industrial, que se aprofunda em suas lideranças a conscientização de que o sistema, por seu próprio funcionamento espontaneísta, é incapaz de conduzir ao desenvolvimento autônomo, e que seus povos se reintegrem como uma nova etnia nacional armada de um *ethos* que a capacite a empreender sua guerra de emancipação.

Um movimento histórico novo se alça, então, polarizando, de um lado, os povos prósperos e poderosos e, do outro, os povos subdesenvolvidos. Nestes últimos, polarizam-se também as camadas sociais segundo se identifiquem com o sistema vigente, porque sabem fazê-lo lucrativo para si próprios, ou a ele se oponham, porque se apercebem do caráter estrutural e desnecessário da penúria que suportam. Explodem, assim, no âmbito das sociedades subdesenvolvidas, lutas de emancipação do jugo colonial e conflitos internos pela reordenação estrutural. Como a contribuição dessas sociedades ao fornecimento de matérias-primas, à absorção de mercadorias e serviços e à produção de lucros transferíveis para o exterior é indispensável ao funcionamento e à perpetuação da ordem capitalista, suas aspirações autonomistas e suas tensões internas de caráter revolucionário põem em causa o próprio sistema. Em conseqüência, forçam uma reordenação não apenas societária, mas de toda a civilização, porquanto atinge seus próprios fundamentos econômicos, assentados na divisão de funções entre povos prósperos e povos miseráveis.

Nessa altura, torna-se necessário estabelecer uma distinção clara entre os povos atrasados na história e os povos subdesenvolvidos. Os primeiros correspondem aos contingentes marginais não atingidos por algumas (ou todas as) revoluções tecnológicas que conformaram o mundo moderno. Tais são, por exemplo, as tribos que sobrevivem em certas áreas, como grupos pré-agrícolas ou como formações de aldeias agrícolas indiferenciadas. Em oposição a essa condição arcaica e isolada, consideramos povos subdesenvolvidos aqueles que foram integrados no sistema econômico mundial através de processos de atualização histórica e que, ao amadurecerem etnicamente para o comando de si mesmos, vão tomando consciência do caráter espoliativo de suas vinculações externas e da natureza retrógrada de suas classes dominantes tradicionais. Esses últimos podem ser classificados em quatro grandes configurações histórico-culturais, correspondentes a seus processos específicos de formação étnica e responsáveis pelos problemas de desenvolvimento com que se defrontam seus povos.

Tais são, primeiro, os *povos emergentes*, que ascendem, em nossos dias, da condição tribal à nacional, por força de processos de atualização histórica tendentes a situá-los na categoria de áreas neocoloniais. Encontram-se, principalmente, na África Tropical e são representados pelos povos que experimentaram, até há pouco tempo, ou sofrem ainda, a dominação colonialista de ingleses, franceses, belgas, portugueses e outros. Suas economias são, no melhor dos casos, enclaves estrangeiros implantados como quistos dentro de seus territórios na forma de empresas mineradoras (Congo, Rodésia, Nigéria, Catanga, Camarões), de grandes plantações tropicais de exportação (Libéria, Gana, Nigéria, Guiné, Somália, Quênia, Sudão, Tanganica, Angola e Moçambique) e de algumas áreas de exploração pastoril ou florestal, também de exportação.

Vêm, em segundo lugar, os *povos novos*, surgidos todos na América Latina como subprodutos exógenos de projetos europeus de colonização escravista. Reunindo no mesmo espaço físico matrizes étnicas profundamente diversificadas — indígenas, negros e europeus —, aqueles empreendimentos ensejaram sua fusão mediante a miscigenação racial e a aculturação, dando lugar a figuras étnicas inteiramente novas. Essas populações, remodeladas através da destribalização e deculturação compulsória, sob pressão escravista, perderam a maior parte dos seus patrimônios culturais de origem e só puderam plasmar novos traços culturais quando estes não colidiam com sua função produtiva dentro do sistema colonial. Não estão presas, por isso, a qualquer conservantismo e, de certa forma, encontram-se abertas à renovação, porque só têm futuro com sua integração nos modos de ser das sociedades industriais modernas. Esse é o caso do Brasil, da Venezuela, da Colômbia e das Antilhas, em que predominou o cruzamento de europeus com negros na configuração da matriz étnica. É o caso, ainda, do Chile, do Paraguai, de alguns países da América Central e dos povos rio-platenses, nos quais prevaleceu o mestiço indígena-europeu. Os rio-platenses se transfiguraram, posteriormente, sob o peso do alude de imigrantes europeus que se encaminharam a seus territórios depois da independência. Nenhum dos povos dessa configuração alcançou o desenvolvimento pleno através da industrialização. Todos são classificáveis como áreas dependentes de caráter neocolonial.

A terceira configuração é representada pelos *povos-testemunho*, resultantes do impacto da expansão européia movida pelas revoluções Mercantil e Industrial sobre antigas civilizações, como a muçulmana, a indiana, a chinesa, a coreana, a indochinesa, a incaica e a mexicana. Todos eles sofreram profundas traumatizações de que só estão alcançando recuperar-se através da sua própria integração na civilização industrial, o Japão pela via capitalista e, mais recentemente, a China e a Coréia do Norte pela via socialista. Os demais encontram-se marginalizados no subdesenvolvimento e são também classificáveis como economias neocoloniais, com exceção do México, do Egito e da Argélia, que se estruturam numa nova formação, o *nacionalismo modernizador*, e do Vietnã, integrado na formação socialista.

A quarta configuração, correspondente aos *povos transplantados*, é constituída pelos povos formados nas colônias de povoamento através da transladação, para novos espaços no além-mar, de europeus desalojados principalmente de áreas rurais por efeito dos processos civilizatórios que plasmaram as formações capitalistas mercantis e as imperialistas industriais. Como extensões ultramarinas de nações européias, esses povos prosseguiram, nas áreas onde se implantaram, os processos de renovação tecnológica e reordenação institucional em curso nas suas matrizes. Encontram, por isso, e pelo caráter menos espoliativo da dominação que experimentaram, maiores facilidades de integrar-se na civilização industrial moderna. Pertencem a essa categoria os norte-americanos, os canadenses, os australianos e os neozelandeses. Integraram-se nela ao transfigurar sua etnia original por um processo de sucessão ecológica, provocado por um alude imigratório intencionalmente conduzido, os argentinos e os uruguaios. De todo o grupo, esses últimos são os menos desenvolvidos. Tal se deve, principalmente, à sobrevivência em ambos de uma ordenação institucional oligárquica fundada no monopólio da terra, que é um dos últimos traços da herança salvacionista ibérica que neles ainda prevalece. São também povos transplantados, embora de caráter singular, os núcleos caucasóides da África do Sul, da Rodésia, do Quênia e de Israel. Todos eles serão levados, provavelmente, a experimentar profundas transformações étnicas, dada a sua natureza artificiosa. São, na verdade, intrusões européias implantadas em áreas de populações majoritariamente estranhas que, não tendo sido dizimadas ou absorvidas pela miscigenação, amadurecem como novas etnias nacionais que, mais cedo ou mais tarde, tenderão a repelir os intrusos inassimiláveis.

A EXPANSÃO SOCIALISTA

Com base nas forças renovadoras da Revolução Industrial, desencadeia-se, depois da Primeira Guerra Mundial, um processo civilizatório novo, responsável pela estruturação das formações socialistas. Estas surgem em conseqüência da atuação de três ordens de tensões geradas ou intensificadas pelos próprios progressos da industrialização, todas irredutíveis no âmbito das formações imperialistas industriais e do seu contexto neocolonialista.

Tais foram, primeiro, as tensões entre as próprias potências imperialistas, que as conduziram a sucessivas guerras de repartição do bolo colonial, acabando por envolver o mundo inteiro em conflagrações que debilitaram ao extremo os mecanismos de preservação da ordem capitalista. Segundo, as tensões entre as nações industrializadas e suas áreas de exploração, condenadas ao atraso em virtude da natureza espoliativa dos vínculos recíprocos e conducentes, por isso, a guerras de emancipação nacional, nas quais toda ordem social era posta em causa, ensejando profundas reformas estruturais. Em terceiro lugar, as tensões internas decorrentes da polarização nas sociedades capitalistas, tanto as industrializadas quanto as dependentes, de duas forças contrapostas: de um lado, os estratos patronais e as camadas a eles associadas, esforçando-se por manter o sistema e por apropriar-se da máxima parcela possível dos resultados das atividades produtivas; de outro lado, as classes subalternas, empenhadas na elevação constante de seus níveis de consumo e na melhoria de suas condições de vida e de trabalho.

Combinações diversas dessas três ordens de tensões conduziram a dois movimentos básicos de restruturação social. Um de natureza evolutiva, resultante da acumulação de mudanças institucionais que descaracterizam o regime capitalista, a ponto de configurar algumas sociedades industriais como uma nova formação, o *socialismo evolutivo*. O outro, de natureza revolucionária, conduzido intencionalmente como um esforço político de ruptura com os fatores inibitórios do desenvolvimento industrial autônomo, que configurou algumas sociedades em duas novas formações: o *socialismo revolucionário* e o *nacionalismo modernizador*.

Na construção do modelo teórico das formações socialistas evolutivas tivemos em mente algumas nações de alto desenvolvimento industrial que se encaminham para uma via divergente tanto das estruturas imperialistas industriais quanto das socialistas revolucionárias. O paradigma mais amadurecido é representado pelos países escandinavos, que se vêm estruturando como uma nova formação sociocultural graças à combinação de certos procedimentos coletivistas de produção e de consumo e à atribuição de maiores responsabilidades sociais ao Estado pelo destino de suas populações, com a preservação, em certos setores, da empresa privada regida pela busca do lucro e em associação com instituições políticas liberais.

Mais larvar é a forma encontrada na Inglaterra, que, empobrecida nas últimas guerras, despossuída de suas principais colônias e tornada caudatária da economia norte-americana, se viu na contingência de encontrar em si mesma os elementos de sua própria sobrevivência, mediante reformas estruturais democratizadoras e procedimentos coletivistas de reordenação da economia nacional. Alguns movimentos revolucionários da França e da Itália propugnam também uma evolução progressiva ao socialismo, negando a imperatividade da passagem por uma "ditadura do proletariado" e a necessidade do apelo ao unipartidarismo; duvidam até mesmo da conveniência da nacionalização prévia de todos os meios de produção. Também a Áustria, entre muitos outros países capitalistas industriais, parece tendente a configurar-se nessa nova formação, pela combinação de mudanças estruturais espontâneas com procedimentos intencionais de reordenação política.

Alguns dos teóricos que mais enaltecem as qualidades da economia livre-empresarial de mercado tentam provar a sua capacidade de autoperpetuação precisamente por essas formas evolutivas de renovação. Assim procuram demonstrar que o desenvolvimento histórico das sociedades capitalistas se está processando no sentido de uma socialização progressiva. A seus olhos, uma socialização espontânea se vem cumprindo pela crescente participação popular na co-propriedade das empresas e pela distribuição cada vez mais igualitária dos produtos do trabalho humano, em consonância com a democratização das instituições sociais e políticas. Sua oposição ao socialismo consiste, essencialmente, em negar a conveniência de uma intervenção racional na estrutura econômica, política e social. Confiam em que as forças sociais e econômicas, interagindo espontaneamente sob o controle informal do sistema de lucro e sob os imperativos do mercado aberto, conduzirão o processo aos melhores resultados, pelo amadurecimento progressivo das potencialidades de fartura e de liberdade que a tecnologia moderna enseja (especialmente A. A. Berle e G. C. Means, 1951; J. K. Galbraith, 1952).

Ainda que os teóricos do neocapitalismo pareçam estar certos no que respeita ao reconhecimento de uma tendência à socialização espontânea, as razões pelas quais esta se processará não serão certamente as que eles indicam. É mais provável que o desenvolvimento das tendências presentes conduza ao socialismo, segundo a expectativa de J. Schumpeter (1963 e 1965), não pelo amadurecimento do capitalismo, mas por sua deterioração provocada pela generalização dos procedimentos que minam as condições institucionais indispensáveis para sua preservação.

A característica fundamental do socialismo evolutivo está para Schumpter no fato de que não emerge em conseqüência do amadurecimento do sistema capitalista, mas da atenuação de suas características cruciais que, a certa altura, podem chegar a desnaturá-lo para produzir uma configuração capitalista inautêntica, tendente ao socialismo. Efetivamente, o sistema capitalista industrial, depois de implantar o reino da racionalização contratualista, do espontaneísmo, do privatismo e do liberalismo econômico, entrou a restaurar velhas regulamentações protetoras e a criar novas, cuja generalização o vai tornando obsoleto como sistema. Não o fez, porém, como uma concessão gratuita à massa assalariada, mas pagando o preço de sua sobrevida diante da onda de insurreições, de greves e de lutas de classe que convulsionaram as sociedades capitalistas desde o último quartel do século passado. Em face desses movimentos, os Estados se viram na contingência de coibir os abusos mais escandalosos, regulamentando o trabalho do menor e da mulher, admitindo a liberdade de organização sindical e o direito de greve, limitando a jornada de trabalho, fixando salários mínimos e estabelecendo serviços assistenciais de previdência e de prevenção do desemprego.

Por essa via, os governos capitalistas foram assumindo responsabilidades sociais cada vez maiores para com a força de trabalho, elevando o custo de seus serviços assistenciais e, em conseqüência, absorvendo parcelas crescentes da renda nacional. Todos esses procedimentos forçaram a instauração de novos sistemas de repartição da renda nacional, através da política fiscal e orçamentária, que desembocaram numa intensificação do intervencionismo estatal, acabando por fazer da política econômica governamental a principal responsável pelo destino das empresas. Nessas circunstâncias, as próprias empresas passaram a aspirar também à proteção do Estado, através de subsídios e regalias fiscais à indústria e de estipêndios à agricultura. Nas nações capitalistas industriais em que esse processo atuou mais intensamente, implantou-se uma dimensão nova no sistema econômico, dentro da qual a sobrevivência do regime passou a depender fundamentalmente do aprofundamento de sua decomposição. Nessas nações, o Estado, de força subordinada aos interesses privatistas, começa a converter-se em um poder reordenador do regime, condicionado pelo imperativo de fazer funcionar a economia, já inviável nas antigas bases, para assegurar a estabilidade política e elevadas taxas de ocupação da mão-de-obra e para manipular a inflação e a deflação como fatores fundamentais de controle da recessão econômica.

Essa política econômica nova, surgida como um protecionismo compulsório, tornado indispensável para reduzir as tensões perigosamente revolucionárias entre o patronato e os assalariados, amadureceu com o dirigismo econômico, também tornado imperativo para fazer face às crises setoriais e gerais e para mobilizar a economia nas conjunturas de guerra. A marcha desse intervencionismo estatal, indesejado mas inevitável, acabou por afetar as próprias condições de funcionamento do sistema capitalista, sobretudo quando, ao reformismo interno, se somaram reestruturações da economia externa, impostas pela independência dos domínios coloniais e pela competição com estruturas capitalistas e socialistas mais poderosas. A certa altura do processo, o sistema econômico altera-se tão profundamente que tende a aproximar-se mais do modelo teórico socialista que do capitalista original. Nessas condições, a economia global passa a ser regida principalmente pelo Estado, através de planejamentos que estabelecem metas para os setores públicos e para os privados, e a orientar-se antes por critérios sociais do que pela livre interação das empresas na busca da maximização dos seus lucros.

Nas sociedades capitalistas altamente industrializadas atuam outras forças reordenadoras, assentadas não tanto em fatores político-institucionais, mas em processos mais profundos de renovação estrutural, que parecem conducentes ao fortalecimento das tendências socializadoras. Entre outras, ressalta a drástica redução do contingente humano dedicado a tarefas agrícolas, acompanhada de uma propensão a anular as diferenças milenarmente estabelecidas entre os homens, segundo sejam compelidos a acomodar-se a uma condição urbana ou a uma condição rural. A Inglaterra já conta com menos de 5% de sua população ativa ocupada na agricultura; nos Estados Unidos, essa percentagem é inferior a 10%. Esse último caso é ainda mais significativo, porque corresponde à economia agrária mais produtiva do mundo. Nas demais nações industrializadas que alcançaram altos índices de tecnificação na agricultura observa-se a mesma tendência minimizadora e uma igual aproximação entre o estilo de vida rural e o urbano, correspondente a uma fusão, em marcha, da indústria com a agricultura. É até mesmo possível avaliar o grau de amadurecimento estrutural de uma sociedade, nos quadros da Revolução Industrial, segundo o índice alcançado nessa fusão e em seu indicador básico, que é a redução da mão-de-obra agrícola dentro da população ativa. Assim se começa a superar, após 10 mil anos de Revolução Agrícola, a própria condição humana que ela instaurou maciçamente, transformando coletores e caçadores em agricultores e pastores.

Uma outra renovação estrutural é a que encaminha o principal contingente da força de trabalho liberada da agricultura, já não para a indústria, mas para novas e múltiplas categorias de serviços (assistenciais, educacionais, de comércio, burocrático, recreativos e inúmeros outros), que revelaram uma capacidade insuspeitada de absorção de mão-de-obra.* A categoria ocupacional predominante nas sociedades mais industrializadas tende, por isso, a ser menos a do operário fabril que a de assalariados da categoria de empregados de escritório e profissionais universitários, chamados a representar o papel de principal contingente da força de trabalho (Colin Clark, 1957; J. Fourastié, 1952). Esse crescimento do setor terciário não significa que se esteja generalizando uma situação de independência econômica. Isso porque, nessas mesmas sociedades

(*) Entre 1850 e 1950, a proporção de trabalhadores na indústria eleva-se, na França, de cerca de 30% para 40%, enquanto o setor terciário cresce de 16% para 30%. Nos EUA, entre 1870 e 1950, os respectivos incrementos foram de 22,4% para o setor secundário e de 19% para 44,4% para o terciário, que passa, assim, a englobar maior parcela de mão-de-obra que a própria indústria. Somente a camada dos *white collar* cresceu nos EUA em 10,6 milhões de assalariados, entre 1948 e 1963, enquanto o assalariado rural crescia em apenas 1,6 milhão (C. Clark, 1957; J. Fourastié, 1950 e 1952).

capitalistas mais avançadas, as empresas tendem a aglutinar-se em unidades cada vez maiores e se eleva, constantemente, a proporção de assalariados em relação à de proprietários e trabalhadores autônomos (granjeiros, profissionais liberais etc.).*

Essas tendências entraram a acentuar-se cada vez mais na última década, com o desenvolvimento da tecnologia de base eletrônica e com os primeiros passos da automação do sistema produtivo. É de supor que essa reordenação venha a operar, no plano social, como um fator de fortalecimento das tendências socializantes, porque permitirá produzir quantidades de bens tão extraordinariamente grandes que poderá desobrigar o homem do próprio dever de trabalhar para fazer jus a um salário, tornando obsoleta a condenação bíblica. Norbert Wiener (1948:38), examinando as conseqüências prováveis da automação dos processos produtivos, exprime sua preocupação pelos efeitos dissociativos que deverá provocar, mas assinala que a resposta a esse repto "será, evidentemente, o surgimento de uma sociedade que se baseie em outros valores humanos que não a compra e a venda". Tal deverá ocorrer, porém, já no curso de um novo processo civilizatório.

Outra via alternativa da evolução pós-capitalista é o *socialismo revolucionário*, tal como se configura na União Soviética, nas Repúblicas socialistas da Europa Oriental, na China, na Coréia do Norte, no Vietnã do Norte e em Cuba. A principal característica dessa formação sociocultural é sua racionalidade, enquanto concretização planejada de um projeto de reforma intencional das sociedades humanas, levada à prática através de movimentos revolucionários.

Com a formulação das doutrinas socialistas, especialmen-

(*) Nos Estados Unidos, a percentagem de assalariados sobre a população ativa cresceu, entre 1940 e 1950, de 75% a 82%; a de granjeiros sobre a população ativa se reduziu de 17% para 6%, entre 1910 e 1956. Na França, as mesmas percentagens passaram de 48,8%, em 1906, para 60,2% em 1950. No Canadá, de 77% para 91% entre 1940 e 1954 (A. Rumiantsev [ed.], 1963).

te do marxismo, prefigurou-se para as camadas assalariadas, sobretudo para o proletariado fabril, um modelo teórico de transformação intencional das sociedades e se definiu uma estratégia de combate que, pela primeira vez na história, prometia abrir às camadas subalternas perspectivas de concretizar velhas aspirações de reestruturação completa das bases da vida social. De acordo com essa teoria, a classe operária está destinada, historicamente, a atuar como força motriz de uma revolução social que promoverá a suplantação de todas as formas de espoliação e de alienação dos homens, mediante a eliminação da propriedade privada dos meios de produção e a conseqüente erradicação da estrutura classista das sociedades e, com ela, dos mecanismos de opressão do Estado.

O modelo teórico do socialismo marxista tem de peculiar seu duplo caráter de previsão de uma nova etapa da evolução humana e de projeto intencional de reordenação das sociedades segundo os interesses das categorias majoritárias da população. A primeira característica decorre de que seus ideólogos o conceberam como uma nova formação sociocultural, ou seja, como a etapa natural e necessária do processo de evolução das sociedades capitalistas, que trariam implícito, em si mesmas, esse modelo reordenador, como um desdobramento inexorável. A segunda característica assenta-se na presunção de que essa transformação não se cumpriria por si só, como uma fatalidade, exigindo por isso a fixação de uma estratégia na conduçao das lutas sociais, tanto na etapa preliminar de conquista do poder como no esforço, posterior, de implantação do novo sistema. A combinação doutrinária dessas duas proposições conduziu à suposição de que as formações socialistas emergiriam, necessariamente, de profundas convulsões de caráter revolucionário, conducentes a regimes de transição definidos como a "ditadura do proletariado".

A expectativa, porém, não se cumpriu, como seria de esperar, nas sociedades maduramente industrializadas, onde se concentrava um proletariado mais numeroso e consciente. Nem se concretizou, segundo supuseram os teóricos marxistas, pelo esgotamento das potencialidades do regime capitalista ou em virtude de crises cíclicas ou da pauperização crescente da massa trabalhadora. Efetivou-se como resultado de um projeto intencional de reordenação social, em uma área marginal, incipientemente capitalista e industrializada, com a Revolução Socialista russa de 1917, seguida mais tarde por várias outras, todas elas motivadas, principalmente, por tensões de caráter antioligáriquico e antiimperialista e todas, exceto Cuba, desencadeadas no curso de guerras mundiais.

Assim como as formações capitalistas mercantis e industriais assumiram diversas formas históricas concretas, não só diferenciadas mas até contrapostas transitoriamente umas às outras, também as socialistas se configuram segundo modelos distintos, marcadamente nacionais e suscetíveis de experimentar oposições, como a sino-soviética. Todavia, os diversos padrões de organização socialista revolucionária são variantes do modelo cristalizado na URSS a partir de 1917, mediante regimes autoritários de intervenção racional em toda a vida social através do planejamento global e da mobilização de todas as energias para erradicar estruturas sociais arcaicas e instaurar novos modos de vida e de trabalho. Mesmo os padrões mais diferenciados de socialismo, como o iugoslavo, o cubano e o chinês, não discrepam essencialmente do modelo. Acresce, ainda, que nenhum deles — nem mesmo o mais antigo — se apresenta a si próprio como expressão da forma definitiva que busca. Todos se autodefinem como vias de transição, aceleradoras do progresso tecnológico-industrial e da reestruturação social e ideológica, que criarão as bases para a implantação de futuras sociedades comunistas.

Todas essas variantes cabem, por isso, dentro de uma

mesma formação sociocultural, que é o *socialismo revolucionário*. Ela se define pelo apelo à "ditadura do proletariado" como instrumento de mobilização de recursos e energias para promover aceleradamente a socialização compulsória de todos os meios de produção, com o objetivo de criar uma economia industrial de novo tipo, em que se vá tornando cada vez mais impraticável a opressão econômica, a desigualdade social ou a oposição entre cidade e campo e entre o trabalho físico e o intelectual.

Esse modelo foi inaugurado na Rússia, a partir de um projeto teórico de reordenação da sociedade. Sua elaboração constituiu um sério desafio, porque pela primeira vez se conseguia reestruturar racionalmente, por um ato de vontade, toda uma sociedade, a começar das suas bases. Tratava-se de atender objetivamente a antigas aspirações humanísticas dentro do enquadramento rígido dos fatores econômicos que fazem a prosperidade depender da capacidade de produção e o bem-estar depender de um difícil equilíbrio entre a necessidade de investimentos crescentes no parque produtivo e o desejo de alargar as facilidades de consumo popular. Para tanto impunham-se três ordens de requisitos. Primeiro, a criação de uma nova estrutura de poder, pela erradicação da antiga classe dominante e o recrutamento e a preparação de um aparelho tecnocrático novo. Segundo, a instauração de um novo sistema econômico-social capacitado a mobilizar o acervo de bens de produção desapropriados e a totalidade da força de trabalho nacional para um esforço continuado de edificação da indústria pesada, só alcançável através de um controle rigoroso sobre todos os fatores capazes de afetar o projeto e da adoção do planejamento global como norma de governo. Terceiro, a capacidade de fazer face à hostilidade externa e interna para com o experimento que ali se realizava, mediante a conclamação das energias nacionais para a autodefesa e a destinação de uma parcela ponderável de recursos para fins militares. Esse enquadramento desfavorável estabeleceu os limites dentro dos quais o projeto socialista soviético pôde alcançar seus objetivos de redução das diferenças de classe e de implantação de uma democracia popular.

Apesar de todos os esforços e dos progressos alcançados nessa direção, subsistem ainda, em todas as sociedades socialistas, estratificações de classe que diferenciam os assalariados urbanos do campesinato e distinções societárias que privilegiam a intelectualidade burocrática incumbida da organização econômica, política e cultural. Além dessas distinções, subsistiu e se fortaleceu o estatismo — ao arrepio da expectativa dos teóricos do socialismo —, gerando várias formas de despotismo burocrático partidário.

Tais percalços só são compensados, aparentemente, pela amplitude do sistema educacional, estendido a toda a população, para selecionar novos talentos, e pela expectativa de que a combinação dessa educação democrática e do sistema impessoal de promoção por mérito seja capaz de igualar as oportunidades de ascensão social de cada nova geração. As sociedades socialistas revolucionárias confiam, presumivelmente, nesses procedimentos como forma de evitar os riscos de estagnação e despotismo em que caíram as formações teocráticas de regadio fundadas na propriedade estatal dos meios de produção e também conduzidas por tecnocracias, mas tendentes a se tornarem hereditárias, esclerosadas e despóticas. Confia-se, por igual, em que os mesmos procedimentos possam obviar duas sérias ameaças com que se defrontam, a primeira delas representada pela herança russa e chinesa de tradições de despotismo dos períodos de dominação mongólica e manchu que ambas experimentaram, a segunda pela carência de tradições liberal-democráticas na história daquelas duas sociedades, o que as obriga a processar, juntamente com a industrialização e a reestruturação social correspondente, a mobilização política e o amadurecimento ideológico das suas populações para as tarefas do autogoverno. No modelo chinês de socialismo revolucionário, o enfrentar desses riscos parece estar-se fazendo de forma mais ousada, pelo abandono dos estímulos econômicos e dos critérios tradicionais de valorização das hierarquias militares e das direções tecnocráticas, pela reestruturação das populações não metropolitanas em comunas rural-urbanas e, sobretudo, pela mobilização ideológica da totalidade da população para as tarefas de renovação da civilização chinesa, através da "Revolução Cultural".

O malogro dos movimentos socialistas revolucionários nas sociedades mais industrializadas explica-se, principalmente, pela própria capacidade das estruturas imperialistas industriais de propiciar o atendimento das aspirações materiais básicas de suas populações metropolitanas. Isso se tornou possível em virtude do ritmo acelerado de progresso tecnológico da Revolução Industrial, que assegurou às empresas capitalistas condições de manter suas taxas de lucros, apesar do constante aumento do custo da mão-de-obra. Mas explica-se, também, pela compressão que exercem os Estados imperialistas contra os impulsos reordenadores das suas classes subalternas. Essa compressão se efetiva de muitos modos, dentre outros, pela promoção de migrações maciças e pelas dizimações nas guerras, que atuaram como formas de atenuação das tensões sociais nas áreas precocemente industrializadas: pelo enriquecimento suplementar alcançado pelas nações pioneiras da industrialização através da espoliação colonial; pelos mecanismos de institucionalização dos conflitos de classes — sobretudo o sindicalismo — que, em lugar de amadureceram a consciência operária para o papel histórico que lhe fora vaticinado, permitiram desviar para a conciliação e o reivindicacionismo econômico grande parte do ímpeto revolucionário; pela doutrinação ideológica associada à propaganda religiosa de caráter antisocialista; pelo desenvolvimento de legislações sociais protecionistas e pela multiplicação de serviços assistenciais que melhoraram as condições de vida das camadas populares; pela repressão policial e militar aos movimentos operários de caráter socialista-revolucionário; e, finalmente, pela criação de regimes de terrorismo político que alcançaram sua expressão extrema no fascismo e no nazismo, ambos dedicados, essencialmente, a frustar a irrupção de insurreições que ameaçavam conduzir a Itália e a Alemanha ao socialismo.

Paradoxalmente, exerceram também um papel no refrear os movimentos socialistas de inspiração mais utópica a própria experiência soviética e, particularmente, a imagem deformada que dela se difundiu. Essa experiência veio demonstrar que a transição revolucionária ao socialismo não se alcança automaticamente, com a simples decretação da propriedade coletiva dos meios de produção; que, ao contrário, exige um esforço político continuado, um grande fortalecimento do poder do Estado e enormes sacrifícios da população; e, ainda, que o socialismo não elimina a divisão do trabalho com a correspondente hierarquização de funções, nem o regime assalariado e a economia monetária.

A contingência de enfrentar o cerco hostil das nações capitalistas no período crucial do esforço de industrialização acrescentou outros argumentos dissuasivos, ao compelir a URSS a adotar procedimentos rígidos de mobilização popular e de compulsão moral, com base em valores patrióticos e personalistas que também crestaram os entusiasmos do movimento comunista internacional. Por fim, os próprios partidos socialistas e comunistas dos países capitalistas, a partir de 1935, se foram orientando antes para alvos de co-participação nos órgãos governamentais, através de táticas parlamentares e de frente única, do que para a conquista direta do poder. Essa nova orientação das organizações políticas socialistas, associada à tendência de institucionalizar as tensões de classe, através dos sindicatos, conduziu à crescente burocratização dessas duas frentes de luta do movimento revolucionário. Ambas se transformaram, assim, nos países avançados em que se conservam fortes, em engrenagens do sistema institucional que atuam no plano político e no sindical com a função de regular e disciplinar a ação das massas trabalhadoras e, por essa via, de consolidar o próprio capitalismo. Nessa conjuntura, os partidos de esquerda acabaram por se transformar em propugnadores de um socialismo evolutivo como a alternativa desejável ao sistema capitalista e, finalmente, por conduzir suas forças antes para campanhas reivindicatórias, pela redistribuição dos resultados do processo tecnológico, do que pela reordenação intencional da sociedade.

Nada indica que os padrões atuais de socialismo revolucionário e evolutivo esgotem os modos de configuração do socialismo, mesmo porque inovações tecnológicas, reordenações estruturais e renovações institucionais desenvolvidas nas últimas décadas — tanto nas sociedades capitalistas mais avançadas quanto nas áreas subdesenvolvidas — parecem ensejar novas possibilidades de ordenação social, dentro de princípios socialistas.

A primeira dessas alternativas está surgindo em algumas nações atrasadas que, lutando por sua autonomia econômica e política num mundo bipartido entre os campos capitalistas e socialistas, procuram encaminhar-se para um novo modelo estrutural que lhes enseje a industrialização e o desenvolvimento. Tal é o *nacionalismo modernizador*, fundado em princípios estruturais de inspiração principalmente socialista, como a mobilização popular para o esforço desenvolvimentista, o intervencionismo estatal e o planejamento econômico parcial, tendente a privilegiar as empresas públicas nos setores básicos da economia, preservando embora o sistema de lucro como princípio ordenador da economia nos demais setores; fundado, também, num vigoroso reformismo antioligárquico consubstanciado em programas de reforma agrária destinados a integrar as massas marginais no sistema econômico nacional e a criar amplos setores médios de pequenos proprietários; fundado, ainda, no nacionalismo, como postura ideológica lucidamente antiimperialista de mobilização dos seus povos para as guerras de emancipação, como uma diretriz na condução do desenvolvimento econômico em linhas autonomistas e como expressão de etnias nacionais afinal amadurecidas para assumir sua imagem — orgulhosas dela — e para exercer o comando do seu destino.

São exemplo dessa formação o México de Cárdenas, a Turquia de Mustafá Kemal e, atualmente, o Egito e a Argélia, entre outras nações do chamado Terceiro Mundo. Todas elas tendem a romper com o subdesenvolvimento através de procedimentos da mesma natureza que os dos países socialistas, ainda que muito menos radicais e muito menos eficazes na condução do processo de industrialização autônoma. A circunstância de que as formações nacionalistas modernizadoras surgissem, em sua totalidade, de movimentos revolucionários, revela o grau de resistência dos interesses coloniais e oligárquicos a qualquer reforma estrutural, como revela, também, o peso das dificuldades que se opõem à desmistificação dos *ethos* desses povos, impregnados de valores espúrios por eles adotados como explicações causais do seu atraso: o eurocentrismo, o racismo, o antitropicalismo etc. A posição de transigência das formações nacionalistas modernizadoras entre as soluções radicalmente socialistas e as capitalistas reflete, em certos casos, a postura ideológica das suas lideranças revolucionárias; exprime, também, as próprias condições de atraso econômico e de deformação estrutural de que tiveram de partir, em virtude das constrições oligárquicas internas e da espoliação externa de que foram vítimas seculares, e revela, por fim, o poder de manutenção do *status quo* das formações imperialistas industriais que fizeram algumas sociedades recuar nesse caminho, como a Turquia e o México, e impediram muitas outras e optar por ele.

A quantificação das diferenças de eficácia da ação renovadora do socialismo revolucionário em relação aos nacionalismos modernizadores demonstra que o primeiro tem uma capacidade muito maior de promover uma industrialização acelerada. Efetivamente, a URSS implantou as bases do seu sistema industrial entre 1930 e 1940 e a China entre 1955 e 1965, através de ritmos de crescimento do Produto Interno Bruto que não têm paralelo em quaisquer outros países ou épocas. Essa capacidade de aceleração evolutiva torna o caminho socialista revolucionário especialmente atraente para nações subdesenvolvidas que enfrentam problemas paralelos e que devem partir de condições sócio-econômicas similares, se não inferiores, dado o vulto de suas populações marginalizadas e o atraso tecnológico de seus sistemas produtivos. Perpetuar sua integração no sistema imperialista internacional representaria, para essas nações, aceitar uma condenação ao atraso sem perspectivas de superá-lo em tempos previsíveis, por ser muito mais intenso o ritmo de progresso das economias capitalistas industriais maduras que os ritmos de auto-superação dos países subdesenvolvidos.

Um exemplo concreto dessa situação nos dá o Brasil, que conta, hoje, com uma população de 85 milhões e com enormes disponibilidades de recursos naturais, mas se defronta com graves problemas de desenvolvimento. O Brasil experimentou, até recentemente, um dos mais altos ritmos de incremento econômico entre as nações subdesenvolvidas: 2,8% de aumento do PIB per capita, de 1955 a 1960. Entretanto, nesse ritmo, precisaria de 132 anos para alcançar o nível de produtividade e de renda per capita dos Estados Unidos de 1966, enquanto que, no ritmo de incremento da URSS (6,4% per capita ao ano, na década de 1950-60), poderia alcançar o mesmo alvo em apenas quarenta anos.*

O socialismo revolucionário e o socialismo evolutivo contrastam flagrantemente por seus perfis ideológicos. O primeiro, impregnado de ideais igualitaristas e de mística "utópica"; o segundo, imbuído de valores liberais e de uma antimística pessimista. Cada um deles, pouco ou nada sensível ao corpo de valores que o outro cultua. O socialismo evolutivo, emergindo de estruturas capitalistas industriais avançadas, surge impregnado das atitudes espontaneístas do velho sistema que lhe dificultam ao extremo definir-se como um projeto de reordenação racional da sociedade. Por esse motivo é que ao perfil ideológico do socialismo revolucionário, que procura explicitar-se como uma mística libertária e como o caminho do progresso para as sociedades atrasadas, não corresponde uma formulação equivalente do socialismo evolutivo. Pode-se mesmo dizer que este se caracteriza por uma atitude adversa a toda formulação ideológica, expressa na afirmação desalentada de que "as velhas paixões estão exaustas"(D. Bell, 1960). Essa antimística, porém, não significa uma ausência de ideologia, porque ela própria é a ideologia que não quer explicitar sua verdadeira função aliciadora em defesa de perpetuação da ordem social. Nesse ambiente, os pensadores se vêem compelidos ao papel passivo de observadores da "ação espontânea das forças naturais" ou de doutrinadores dedicados à tarefa de persuadir a sociedade de que a interação

(*) Observe-se que utilizamos os cálculos norte-americanos (Kuznets, 1965) de incremento anual per capita da URSS, porque os dados oficiais soviéticos e chineses indicam ritmos muito mais acelerados, a saber, de 11% para os primeiros e de 16,5% para os últimos. A taxa do PIB per capita do Brasil caiu posteriormente a 0,7% de 1960 a 1964 (ONU-CEPAL, 1966).

"livre" dos fatores de mudança conduzirá aos melhores resultados. No passado, a ideologia calvinista provia uma fundamentação religiosa para essa suposição; hoje, ela se reduz a um *wishful thinking*.

Essa aridez teórica contrasta gritantemente com a criatividade e a ousadia dos ideólogos dos albores do capitalismo. Então, uma multiplicidade de pensadores, dedicados a repensar prospectivamente suas sociedades e o humano, criou as bases teóricas da ideologia política moderna. Hoje, naquelas mesmas nações, buscar-se-iam em vão os êmulos dos velhos humanistas. Será o modelo socialista-evolutivo tão inviável e frágil em seus fundamentos que não incite entusiasmo? Será ele, efetivamente, uma formação sociocultural ou uma mera transição entre o capitalismo que se desgasta e novas formas que ainda não se anunciam claramente?

Essas indagações têm uma importância capital, porque as civilizações só se desenvolvem enquanto são capazes de infundir um sentido de missão às populações que polarizam, emprestando um significado superior de destinação à simples existência humana (R. Linton, 1936). Essa capacidade de aliciamento ideológico é que permitiu às grandes civilizações do passado mobilizar suas populações para a expansão imperial, para a edificação de macroetnias integradas ou para engajá-las em sistemas produtivos destinados a enriquecer as minorias dominantes. Quando falta essa característica, a função integrativa tende a exercer-se à custa de puro despotismo ou se dilui, como ocorre com as sociedades feudalizadas, em que toda a cultura se mediocriza, muito embora os seus povos possam viver mais tranqüilamente e, provavelmente, comer mais e melhor.

IV A CIVILIZAÇÃO DA HUMANIDADE

8 A REVOLUÇÃO TERMONUCLEAR E AS "SOCIEDADES FUTURAS"

No curso de todas as revoluções tecnológicas registraram-se diversos impulsos acelerativos, responsáveis por mudanças substanciais no processo produtivo e nos modos de vida das sociedades humanas, sem se configurarem como revoluções porque não deram lugar ao surgimento de novas formações socioculturais. Esse foi o caso dos ciclos de progresso ocorridos no curso da Revolução Industrial com a introdução da turbina a vapor, dos motores elétricos e dos motores de combustão interna; com a substituição do ferro pelo aço nos usos industriais; com a aparição das máquinas operatrizes (torno-revólver, torno automático, retífica, fresa etc.); com o desenvolvimento da indústria química (ácido sulfúrico, soda cáustica, borracha, anilinas etc.), e com a generalização do uso de dispositivos e aparelhos elétricos, e de uma miríade de bens industriais novos (H. Pasdermadjian, 1960; O. Lange, 1966; F. Stenberg, 1959).

Estaremos, agora — com a implantação da tecnologia científica moderna de base termonuclear e eletrônica —, diante de uma aceleração cíclica da mesma natureza ou diante de transformações tão prodigiosas das forças produtivas e tão prenhes de conseqüências que devamos classificá-las como uma nova revolução tecnológica? A relevância dos progressos alcançados e o próprio caráter irruptivo da nova onda de inovações parecem indicar que se trata de uma revolução. Efetivamente, após um período de relativo descenso no ritmo de processo tecnológico, entre a última década do século passado e as três primeiras deste, a criatividade científico-tecnológica voltou a crescer de forma extraordinária (S. Lilley, 1957) e desde a última guerra acumulou tal soma de inovações na capacidade humana de ação, de pensamento, de organização e de planejamento que já parece configurar-se como uma revolução tecnológica nova.

Se assim é, porém, estaremos no limiar dessa nova revolução porque, em nossos dias, apenas se podem medir seus impactos renovadores, ainda confundidos que estão com os efeitos de sucessivas alterações impostas pela Revolução Industrial. Nosso tempo pode ser comparado, portanto, à Inglaterra do primeiro quartel do século XIX, quando aquela revolução já atuava como o modelador de uma formação nova, mas seu perfil ainda era nebuloso. Comparando os frutos maduros da Revolução Industrial com aqueles renovos, sobressaem a sua rudeza e primitivismo. Neles estavam contidos, porém, como virtualidades, os desdobramentos posteriores.

Nesse sentido, são meros prenúncios do que virá nas próximas décadas a acumulação de desenvolvimentos no campo das ciências básicas e suas aplicações tecnológicas na forma de armas termonucleares, de aviões a retropulsão, de baterias solares e, sobretudo, de dispositivos eletrônicos ultra-rápidos fundados na tecnologia dos transístores, que permitiram produzir o radar e os novos computadores, os reatores nucleares, a luz corrente, o radiotelescópio, os projéteis espaciais, e, ainda, os complexos industriais automatizados, os sistemas automáticos de produção química de sintéticos, os meios modernos de telecomunicação em massa, os sistemas cibernéticos de coordenação de informações e de simulação de situações para fixação de estratégias militares e econômicas.

O impacto dessas inovações faz-se sentir na vida diária do homem comum do nosso tempo, principalmente através de uma torrente de novos materiais, de novos tipos de máquinas operatrizes automatizadas e de formas revolucionárias de comunicação em massa e de difusão. Já se faz sentir, também, como efeito da multiplicação da acuidade dos sentidos humanos através de instrumentos ultra-sensíveis e da duplicação da capacidade de ação humana, através da contração do espaço e da extensão do tempo em graus antes inimagináveis. Seus efeitos cruciais estão concentrados, porém, na tecnologia militar, que lida com potencialidades absolutas de destruição da vida na Terra. As promessas da nova tecnologia, de proporcionar prodigiosas fontes de energia e uma abundância teoricamente limitada de bens e de serviços, são ainda meras expectativas. Entretanto, à medida que essas promessas entrem a cumprir-se, terá início um novo movimento do processo evolutivo pela morte da economia da escassez e o advento da economia da abundância, no bojo da qual deverão transmudar-se todas as formas atuais de estratificação social.

Em face desses desenvolvimentos futuros, que propiciarão a generalização da prosperidade, a divisão da sociedade em classes econômicas (surgida como fruto dos primeiros acréscimos revolucionários da produtividade do trabalho humano e que só permitia o progresso pela escravização de extensas camadas) tenderá a reduzir-se cada vez mais, até se extinguir completamente. Contra essa tendência, porém, ergue-se-ão com o vigor desesperado da luta pela sobrevivência todos os interesses privatistas, cujos privilégios se assentam na desigualdade social. Supunha-se que esse embate se desse de forma catastrófica, em certo nível do amadurecimento da nova economia. Na verdade, desencadeou-se diante da mera possibilidade teórica de implantar a igualdade e a abundância, através do processo civilizatório que se cristalizou nas formações socialistas revolucionárias como uma antecipação histórica. Sua universalização é que está em causa, neste momento, bem como as vias pelas quais se efetivará e os modelos de sociedade que deverão configurar os povos.

Nesse sentido, marcha, cada vez mais aceleradamente, um novo processo civilizatório de âmbito universal. Marcha, porém, condicionado pela característica básica da evolução sociocultural, que atua, essencialmente, por saltos nos processos produtivos e não se cumpre pela enunciação teórica de novos princípios, mas pela multiplicação dos frutos concretos de sua aplicação. Uma coisa é o protótipo viável de um machado de pedra polida, de um arado, de um veleiro, de um automóvel ou de um aparelho de televisão; outra coisa é a entrada em uso de milhões dessas inovações. A Revolução Termonuclear só se fará sentir, efetivamente, como a nova força conformadora da história, quando fizer suceder à tralha industrial moderna toda a prodigiosa parafernália que hoje se encontra no nível de projetos ou de potencialidades ou de objetos, instrumentos, máquinas e motores de uso limitado.

A designação de *Revolução Termonuclear* para essa onda emergente de inovações tecnológicas e de seus concomitantes socioculturais justifica-se tanto pelo caráter crucial do fator energético na evolução humana a que se refere como pelo impacto que a competição atômica entre a América do Norte e a União Soviética desencadeou sobre a humanidade, desde o fim da última guerra mundial. Essa competição conduziu a uma recolocação de recursos financeiros e humanos sem paralelo na história (M. H. Halperin, 1967).

Hoje, a América do Norte aplica cerca de 75% do seu orçamento em atividades de defesa (84 mil milhões de dólares em 1966). Nelas já gastou mais de 897 mil milhões de dólares desde 1946 e ocupa um exército de 6 milhões de combatentes (NATO, SEATO etc.) espalhados pelo mundo, além de 350 mil cientistas e tecnólogos que representam cerca de novecentas diferentes especialidades (Ch. R. de Carlo, 1965). Como as inversões militares soviéticas e chinesas devem ser equivalentes, verifica-se que estamos diante de um fato novo e decisivo por sua magnitude e pela sua capacidade de afetar as sociedades humanas. Somente uma parcela dessa fantástica mobilização de recursos se aplica na tecnologia nuclear. A própria guerra que se prevê não se designa mais como atômica, mas como químico-bacteriológica-radiológica ou pela sigla sinistra QBR. Todavia, foi a competição termonuclear e o pavor à destruição total que acarretou que pôs em marcha o processo da revolução tecnológica em curso e lhe deu a extraordinária aceleração que experimenta em nossos dias (H. Kahn, 1962; M. N. Halperin, 1965).

A Revolução Termonuclear, mesmo nesses seus primeiros passos, colocou nas mãos das sociedades mais avançadas somas tão fantásticas de poder destrutivo, construtivo e constritivo que tanto pode conduzir o homem ao reino da fartura e da eqüidade como pode desencadear um processo de deterioração sociocultural e até biológica mais profundo que qualquer das regressões anteriores. Nesse poder de modelar o futuro está sua característica distintiva de revolução tecnológica. Qualquer que seja o seu porvir, o homem terá transitado por essa etapa e será marcado indelevelmente por ela.

É mesmo admissível que venha a subverter o caráter do processo evolutivo, que, nesse passo, deixará de ser um movimento histórico acionado de modo espontaneísta pela acumulação de progressos dos meios de ação sobre a natureza e de seus efeitos "naturais" sobre as sociedades humanas, para converter-se num processo racional de condução internacional da evolução sociocultural. Ao menos, o repto com que se defrontam hoje as sociedades mais avançadas é, essencialmente, o de reger o processo de mudança provocado pelo desenvolvimento científico-tecnológico, a fim de determinar o seu ritmo e estabelecer a direção em que se exercerá sobre os povos.

Desde seus primeiros passos, a Revolução Termonuclear provocou a mobilização de todos os quadros científicos das respectivas áreas de influência para tarefas de investigação de natureza militar. As universidades e os centos de pesquisa assim conscritos perderam grande parte da autonomia e até mesmo a capacidade de exercer suas funções decisivas de núcleos de pensamento independente e de criatividade cultural livre. Naqueles primeiros momentos, os cientistas, tratados como um misto de sábios e de magos detentores dos segredos da bomba, experimentaram a ilusão de que assumiriam, afinal, as alavancas do poder. Foram, porém, reduzidos, progressivamente, a uma função meramente assessorial das altas hierarquias civis, militares e empresariais, nada predispostas a abdicar do poder que detinham. E, mais do que isso, viram-se submetidos aos sistemas mais vexatórios e opressivos de vigilância policial, ao mesmo tempo em que se defrontavam — já de mãos atadas — com os problemas éticos de agentes humanos do desencadear de forças naturais capazes de dar fim a todas as formas de vida (D. M. Whitaker, 1951; C. P. Snow, 1963; Don K. Price, 1965).

A própria ciência, como fator cultural, se translada do plano ideológico para o adaptativo, convertendo-se, de uma expressão abstrata do esforço humano de compreensão da experiência, no mais eficaz dos agentes de ação sobre a natureza, de reordenação das sociedades e de configuração das personalidades humanas.

Para isso contribuem três fatores fundamentais.

Primeiro, o desenvolvimento exponencial experimentado pelos conhecimentos científicos no século XX, acompanhado de uma redução drástica do intervalo entre os progressos teóricos e suas aplicações práticas, de modo a fundir a ciência e a tecnologia numa entidade única no plano operativo. Entre as experiências de Faraday (1821) e a integração dos motores elétricos no sistema produtivo (1886), mediaram 65 anos. Entre os estudos de Maxwell e Hertz e a comercialização dos aparelhos de rádio passaram-se 35 anos (1887-1922). Mas entre as formulações teóricas e a comercialização tecnológica do radar (1935-40), da bomba atômica (1938-45), do transístor (1948-51) e da bateria solar (1953-55) mediaram períodos muito inferiores, como o revelam as datas (W. O. Baker, 1965).

Segundo, a profissionalização da ciência e da tecnologia avançada, que, de atividade lúdica ou inusitada nos princípios do século, se vai convertendo em ocupação ordinária de um contingente humano que deve estar alcançando 1 milhão de pessoas em nossos dias. Seu ritmo de incremento é tão intenso quanto o dos operários fabris dos primeiros passos da Revolução Industrial. Tal como aquele caso, tenderia a absorver, nas próximas décadas, toda a população ativa e, finalmente, a humanidade inteira, se esta não fosse uma inflexão ocasional, destinada a corrigir-se. Nos dois casos, entretanto, a correção posterior da curva não impedirá a transfiguração total das sociedades que experimentarem esse impacto.

Em terceiro lugar, a expansão fantástica da aplicação de recursos nas atividades de pesquisa científica e de desenvolvimento tecnológico de projetos. As despesas de tais programas por parte do governo norte-americano, que vinham crescendo na proporção de um dólar, em 1920, para quatro, em 1940, saltaram a 35, em 1950, e a 175, em 1960. Em números absolutos, essa progressão foi de 80 milhões de dólares, em 1920, para cerca de 16 mil milhões, em 1963 (D. Bell, 1965). Tudo indica que os investimentos russos em pesquisa científica e tecnológica sejam ainda mais altos e que os chineses estejam se aproximando cada vez mais dessas magnitudes. Uma indicação do incremento exponencial dessas atividades científicas e tecnológicas dá-nos, indiretamente, a expansão impetuosa do número de publicações científicas. Estas tendem, já, a reproduzir a totalidade da matéria publicada a cada quinze anos. E já se eleva à soma extraordinária de 50 mil o número de periódicos técnico-científicos do mundo, que publicam, anualmente, cerca de um milhão de artigos.

Essas três ordens de incrementos se revestem do caráter de inflexões extraordinárias a que nos referimos e tendem, por isso mesmo, a experimentar reduções de ritmo. Todavia, não serão reduções de ampliação do saber e da sua aplicação, mas dos agentes humanos e materiais através dos quais a ciência se constrói hoje, evidentemente inadequados como forma de criação, de registro e de acumulação do saber humano. Tal como a redução progressiva da percentagem de operários fabris não importou no decréscimo da produção, é de prever que também essas correções de ritmo se façam simultaneamente com o florescimento ainda maior do saber e da técnica e com uma integração crescente de conteúdos científicos na cultura. A ciência torna-se, desse modo, o agente fundamental da ação humana sobre a natureza externa, sobre a ordem social e sobre a própria natureza humana.

A revolução tecnológica em curso põe em causa a observação de Marx sobre as relações necessárias entre a ampliação das forças produtivas e o caráter das relações de produção. Ou, em outros termos, sobre as quantidades de mudanças tecnológico-produtivas que podem suportar as sociedades modernas sem romper sua estrutura institucional. Os efeitos dos novos processos produtivos sobre as relações de trabalho apenas começam a tornar-se mensuráveis. Estão-se acumulando, porém, pelo somatório de pequenas rupturas e de traumas que, amanhã, serão conflitos abertos ao longo de toda a vida social, conducentes a configurá-la em novas formações.

Suas conseqüências mais singelas são as desconexões de caráter mecânico entre fontes de energia e máquinas, ou entre máquinas e matérias-primas, ou, ainda, entre máquinas e máquinas que compelem já à substituição periódica de setores inteiros do parque produtivo. Por exemplo, o desuso do equipamento químico-industrial ou dos parques de máquinas têxteis, inadaptáveis aos fios sintéticos. Mais graves são as desconexões humanas, representadas pelo desuso de especializações profissionais que se tornam arcaicas — como os antigos foguistas das locomotivas, substituídos por motores diesel e elétricos e que, em conseqüência, se vêem deslocados e obrigados a reajustamentos sucessivos, em muitos casos impossíveis.

Essa ordem de desajustamento tende a crescer cada vez mais, atingindo, primeiro, alguns setores da força de trabalho, produzindo, depois, massas de deslocados, e gerando, por último, multidões de marginalizados social e ocupacionalmente e, assim, condenados a viver como pensionistas do Estado. O controle das tendências dessas massas desajustadas à insubordinação consistirá num repto muito mais agudo que aquele com que defrontaram as primeiras sociedades industriais, atenuado, então, pela exportação maciça dessas populações para áreas coloniais e pelos desgastes humanos em guerras. Os novos problemas sociais não admitem, porém, soluções tão singelas, porque põem em causa, de forma ainda mais dramática, a incompatibilidade da ordenação social com a tecnologia produtiva que opera e porque os impulsos de reordenação social já se exercem sobre as sociedades de um novo tipo, cujas populações são, provavelmente, mais capazes de autodefesa contra a opressão. A combatividade do novo negro norte-americano em sua luta contra a discriminação racial dá-nos uma medida dessa capacidade de autodefesa das camadas marginais das sociedades avançadas.

A fonte principal dessas tensões é a promoção dos trabalhadores, da condição de manuseadores de ferramentas à de operadores de máquinas e, finalmente, à de supervisores de sistemas produtivos ultracomplexos. Estes, além de exigir muito menor número de trabalhadores, não carecem de energia muscular nenhuma e não requerem qualquer adestramento profissional. Em compensação, exigem, de seus supervisores, uma qualificação educacional cada vez mais alta. Sua implantação na indústria importa, em primeiro lugar, na eliminação maciça de trabalhadores, e, a seguir, na proscrição progressiva da "aristocracia operária", constituída pelos trabalhadores grandemente especializados, para dar lugar a um contingente novo de operadores cada vez mais intelectualizados e mais parecidos com as velhas camadas de empregados burocráticos e com os engenheiros modernos.

Esse complexo de desconexões mecânicas e humanas requer, além de reajustamentos no parque fabril, na força de trabalho e nas instituições de previdência e amparo, uma revisão completa do sistema educacional. Transformando a escolaridade num drástico setor social, que exclua da vida produtiva os não-instruídos, torna-se imperativa a abertura do sistema escolar de todos os níveis à totalidade da população; impõe-se a revisão de todo o seu conteúdo curricular para ajustá-lo aos graus de integração das ciências na cultura, e torna-se indispensável o acesso de toda a força de trabalho a uma reeducação continuada e de alto padrão ao longo de toda a vida produtiva.

O efeito desses impactos sobre as sociedades socialistas, ainda que enorme, deve ser tido como irrelevante no plano estrutural, porque, provavelmente, virão a atuar como aceleradores de mudanças já em curso. Isso se deve, essencialmente, ao seu caráter de economias coletivistas e planificadas, capazes, portanto, de absorver a tecnologia nova, beneficiando a sociedade inteira com o acréscimo de produtividade que propicia. Para os regimes privatistas, porém, essas inovações representam um sério desafio, em virtude de precedência dos interesses particulares sobre os públicos e, conseqüentemente, do caráter incipiente da programação econômico-social que podem pôr em execução.

Ante esses desafios, essas sociedades tendem a reagir com esforços obstinados a fim de evitar que a revolução tecnológica ponha em risco os interesses investidos e ameace as estruturas tradicionais de poder. Para isso, condicionam a aplicação das potencialidades de multiplicação da produtividade à consolidação do regime vigente e procuram utilizar exaustivamente os novos e prodigiosos sistemas de comunicação em massa para conformar uma opinião pública submissa e disciplinada mediante uma doutrinação que a torne incapaz de qualquer opção radical.

Aspirações semelhantes foram sustentadas, no passado, por todas as camadas privilegiadas tornadas obsoletas. Em verdade, todas malograram, mas no seu afã de perpetuar-se como classes dirigentes, conduziram seus povos, muitas vezes, a processos de degradação extrema, com apelo ao despotismo e ao militarismo. Esses riscos são, hoje, muito mais graves, porque o próprio desenvolvimento tecnológico acarretou uma concentração e uma fusão extremas dos núcleos do poder econômico, político e militar e uma expansão fantástica dos meios de informação e de modelamento da opinião pública. Nessas circunstâncias, um pequeno grupo de elite pode apropriar-se da máquina do Estado para conduzir os assuntos nacionais segundo seus interesses e até contar com o apoio caloroso de enormes parcelas da população, suscetíveis de serem ganhas para as teses mais irracionais, como o recorda a experiência hitlerista.

O paradoxal, porém, é que essas formações imperialistas aderidas à ordem social vigente se vão tornando cada vez mais conservadoras no plano estrutural e ideológico e crescentemente ousadas no plano tecnológico e econômico. O motor dessa ousadia é o clima criado pela disputa armamentista que arrasta a América do Norte e a União Soviética a uma competição sem limites pela sua própria segurança, fundada no máximo de capacidade de represália em face de um ataque. Em ambas as estruturas, a competição conduz a uma acentuação sem paralelo da criatividade científica e tecnológica. Na América do Norte, no entanto, a expansão se vê constringida pelo imperativo de dirigir a criatividade para o plano técnico-científico — sobretudo espacial e eletrônico-militar — ao mesmo tempo em que se comprimem ao máximo as necessidades de programação racional da transformação social e ideológica. Cria-se, desse modo, uma verdadeira síndrome espontaneísta e anárquica, que procura conciliar o máximo de transformações no plano produtivo com a manutenção das relações de trabalho, com um mínimo de interferência no plano estrutural e institucional.

Acionados pelo pavor atômico, os setores militares e empresariais passaram a promover a ciência e a tecnologia de guerra. Os primeiros porque não tinham outra opção, os últimos porque foram subsidiados para isso. Nessas condições, as altas hierarquias nacionais configuram-se como cidadelas de anti-radicalismo em que se combinam uma confiança desmedida na capacidade de utilização do progresso técnico-científico e uma aversão suprema às formas estatais centralizadas de administração e de controle. Como estas são inevitáveis — em virtude da correlação entre o grau de tecnificação das atividades produtivas e a necessidade de criar corpos cada vez mais ampliados de tecnocratas e de implantar uma centralização crescente dos órgãos de direção —, o processo de transformação evolutiva torna-se extremamente conflitivo. Faz-se intencional e lúcido em todos os conteúdos científico-tecnológicos, mas residual e irracional nos conteúdos institucionais e sociais.

Exemplos flagrantes dessa contradição são-nos oferecidos pela integração das empresas privadas nos programas de investigação científico-militar em que, ao invés de tratar com questões de produtividade, de custos e de mercados, lidam com aptidões e idéias transformadas em mercadorias. O menor problema criado por essa integração foi o da corrupção. Ela é inerente a situações em que recursos públicos são destinados ao subsídio de atividades de pesquisa, de desenvolvimento ou de produção de protótipos, em que o custo da própria implantação empresarial está incluído nas encomendas.

Um observador autorizado revela ser impossível distinguir, nos livros de contabilidade de uma empresa particular, os gastos investidos no seu próprio desenvolvimento e aqueles que emprega na execução dos contratos públicos (E. D. Johnson, 1965).

Só uma dedicação extrema ao espírito de livre empresa e uma preferência de caráter ideológico pela gerência privada de bens explica a doação de parcelas astronômicas de recursos públicos, nessas condições, a grupos privados. A situação é tão dúbia que algumas empresas norte-americanas se negaram mesmo a participar de concorrências públicas, ao verificar a incompatibilidade dos critérios de eficácia e de honestidade usuais na produção para o mercado com os vigentes nos contratos com o governo. Outras trataram de desdobrar-se em associadas, a fim de não envolverem seus patrimônios nos negócios com o Tesouro. As mais importantes foram instituídas especialmente para explorar essa nova mina que são os contratos de encomendas militares.

Problemas ainda mais graves surgiram com a administração empresarial de cientistas, selecionados segundo rigorosos procedimentos de mensuração de sua capacidade virtual de produzir inventos. Um deles é o da propalada queda do nível de criatividade do cientista com a idade madura, o que leva algumas empresas a se preocuparem com seus corpos de sábios, que têm de ser dispensados quando se aproximam dos quarenta anos. Outro problema é o do rendimento científico minguante das aplicações adicionais de recursos em pesquisas conduzidas como negócios. Outra fonte de traumas decorre da disparidade entre as pautas mais liberais dos cientistas e as correntes nos setores tradicionais da sociedade. Estes, agindo segundo critérios estritamente econômicos — dentro da sagrada primazia dos lucros empresariais ou segundo normas rígidas de segurança militar e de vigilância policial —, criam um ambiente carregado de tensões em que o trabalho criador se torna impraticável (E. Ginzberg, 1965).

Todos esses problemas estão a indicar as dificuldades de integração, no mundo empresarial privado, dos conteúdos dinâmicos da nova tecnologia produtiva. A integração é, todavia, inevitável, porque constitui a única forma de garantir a sobrevida do próprio sistema capitalista. Efetivamente, os setores públicos, absorvendo e aplicando, anualmente, desde há mais de uma década, duas terças partes a três quintas partes do Produto Nacional Bruto da América do Norte, já teriam implantado um vastíssimo sistema de empresas estatais, caso não existisse a orientação taxativa de utilizar as forças da renovação tecnológica dentro do enquadramento obrigatório da preservação dos interesses investidos. Nessas condições, o pré-requisito básico para a perpetuação do sistema empresarial passa a ser sua degradação pelos descaminhos da apropriação privada de recursos públicos, do uso abusivo da corrida armamentista como estimulante da vida econômica, da ingerência burocrática governamental e militar da vida das empresas e, por fim, da acumulação de tensões entre as camadas assalariadas e o patronato. A solução parece ser, por isso mesmo, meramente paliativa, uma vez que só consegue acumular tensões destinadas a romper, finalmente, a própria estrutura.

Além da relocação do papel das ciências na cultura, a Revolução Termonuclear parece destinada a operar uma verdadeira reversão do próprio processo evolutivo. Este, em lugar de atuar como um processo de atualização histórica espoliador das nações atrasadas — tal como atuavam todas as revoluções anteriores, privilegiadoras das estruturas macroétnicas que primeiro absorveram as inovações tecnológicas —, tende a pôr em movimento novas formas de difusão e de generalização dos progressos tecnológico-culturais. Em conseqüência, estes não implicarão o estabelecimento de relações de subordinação entre os povos avançados e os atrasados.

Para isso contribuem três fatores decisivos. Primeiro, a competição entre os campos socialista e capitalista, impeditiva do surgimento de uma *entente* neo-imperial reacionária. Segundo, o amadurecimento do *ethos* dos povos atrasados, como resultante residual da expansão da Revolução Industrial. Esse amadurecimento é claramente perceptível, em nossos dias, pela comparação da impotência de alguns desses mesmos povos, há um século, quando foram avassalados pela expansão imperialista, com a capacidade extraordinária de enfrentar e de autodefesa que revelam hoje. (Considere-se a combatividade dos insuretos da Argélia contra a França e do Vietnã contra os Estados Unidos.) Terceiro, a magnitude da Revolução Chinesa, que detonou um processo de aceleração evolutiva sobre uma parcela enorme da humanidade dentro da área mais povoada, mais miserável e mais espoliada do mundo. Seu vulto pode ser medido pela expectativa dos demógrafos da ONU, segundo os quais os chineses constituirão 1,8 dos 6 bilhões de habitantes da Terra no ano 2000.

Também contribuirão decisivamente para essa reversão os movimentos de emancipação política, econômica e cultural em que estão empenhadas as nações subdesenvolvidas. Espocando, simultaneamente, em todo o mundo, ameaçam liquidar as bases neocoloniais do sistema imperialista, compelindo à criação de novas constelações internacionais. Desse modo, caberá aos povos atrasados na história uma função civilizadora do povos mais evoluídos, tal como, no paradoxo de Hegel, cabia historicamente ao escravo o papel de combatente da liberdade.

Assim é que a Revolução Termonuclear, exercendo-se sobre uma humanidade previamente integrada num sistema interativo único, formado de partes interdependentes, e atuando sobre povos deliberados a defender suas oportunidades de desenvolvimento autônomo, deverá desencadear-se como um processo de aceleração evolutiva que a todos irá integrando, progressivamente, na mesma tecnologia e em formas de vida idênticas. As vantagens alcançadas pelas sociedades mais avançadas poderiam induzi-las a se fecharem sobre si mesmas para fruir seus progressos. Sua dependência do sistema mundial de intercâmbio obrigá-las-á, porém, a interagir com os povos mais atrasados. E esses, à medida que se tornem capazes de defender seus próprios interesses, imporão novas formas de interação cada vez menos espoliativas às relações internacionais.

As profundas defasagens de tempos evolutivos que hoje medeiam entre os povos poderão ser, assim, paulatinamente reduzidas. Para isso conta-se com a unidade psíquica essencial da espécie humana, que a toda ela torna suscetível de progresso, e com a natureza mesma da evolução cultural que, ao contrário da biológica, processando-se por transmissão simbólica, se faz rapidamente difundível sobre todos os contextos humanos. Para tanto, ter-se-ão de criar sistemas adequados de difusão e de educação de base mundial, capacitados a socializar cada nova geração de acordo com os mesmos conteúdos e as mesmas diretrizes.

Por todos esses caminhos, o que está em marcha é uma

etapa evolutiva nova, que transmudará, mais uma vez, a condição humana — agora de forma ainda mais radical, porque colocará, finalmente, a ação modeladora de uma revolução tecnológica sob o controle de uma política intencional de base científica. Assim, na medida em que a ciência se translada do plano ideológico para o adaptativo, confundida com a tecnologia, a intervenção racional humana é que passará a gerir a história (R. Arzumaniam, 1965).

Até essas atitudes, porém, muitos obstáculos terão de ser superados. Em primeiro lugar, o das carências elementares — como a fome, a falta de vestimenta, de moradia, de facilidades sanitárias mínimas contra enfermidades curáveis e o acesso a um mínimo de escolaridade — que afligem a quase-totalidade da espécie humana. Esse problema capital está intimamente relacionado com a orientação do esforço científico e tecnológico, voltado, hoje, predominantemente, para tarefas de destruição. Apenas uma percentagem irrelevante dos recursos investidos em pesquisa se dirige à busca de melhores soluções para os problemas representados por aquelas carências fundamentais de bens e de serviços. Temos um exemplo deles na composição do corpo de tecnólogos e cientistas norte-americanos: 140 mil se ocupam em pesquisas aeronáuticas, espaciais e de eletrônica militar, mas apenas 1200 se dedicam a problemas da indústria têxtil, 4 mil estudam cimento e problemas de edificação e 5 mil investigam metalurgia básica (E. Ginzberg, 1965).

Outros obstáculos a vencer são a superação do caráter intrinsecamente espoliativo da interação entre estruturas sociais tecnologicamente defasadas e, especialmente, a liquidação da exploração imperialista que pesa sobre os povos subdesenvolvidos e os condena a empenhar-se em guerras de emancipação e em revoluções sangrentas para alcançar condições mínimas de autonomia na condução dos seus destinos. Ligado a esse problema está o da superação da rigidez estrutural das nações imperialistas, cujo apego ao *statos quo* permite o domínio político interno por grupos minoritários deliberados a manter o sistema a qualquer preço. Sua façanha já representa um ônus tão alto em despesas militares com guerras e subvenções a regimes títeres que ultrapassa de muito o que podem arrancar de outros povos. Assim, o sistema só subsiste em virtude da contradição entre o poderio dos interesses privatistas, que continuam obtendo altos lucros dessa exploração e a debilidade política dos interesses nacionais majoritários que o subsidiam através de impostos.

Soma-se a esse problema o peso das diferenças de classe e da discriminação racial, que continuam impondo condições desumanizadoras à maioria da espécie humana. A superação desses percalços, hoje aparentemente intransponíveis, pode fazer-se pela aceleração evolutiva acionada pela própria Revolução Termonuclear no curso do processo de modelação das *sociedades futuras*. Não será alcançada, porém, de forma espontaneísta, porque importará num esforço extraordinário, só praticável através de um planejamento rigoroso e da mais completa cooperação internacional.

As características dessas sociedades futuras são, hoje, tão pouco previsíveis quanto o eram as das formações contidas em potencial na Revolução Industrial, nas primeiras décadas do seu desencadeamento. Entretanto, algumas delas já são visíveis em nossos dias. Assim é que se pode afirmar que o sentido do desenvolvimento humano aponta para a configuração das sociedades futuras como formações socialistas de um novo tipo. Estas serão, com toda a probabilidade, sociedades não estratificadas em classes econômicas, embora de caráter infinitamente superior ao das comunidades tribais indiferenciadas de que a humanidade partiu há dez milênios e em que prevaleciam relações pessoais e igualitárias. Também serão de tipo muito mais alto que o "socialismo" dos impérios teocráticos de regadio, igualmente fundados na propriedade estatal, que conformaram, em sua primeira etapa, regimes de alta responsabilidade social para com a pessoa humana e de alto nível de integração societária, mas que decaíram, por fim, num estatismo militarista marcadamente despótico. Serão, por igual, superiores às formas socialistas modernas de tipo revolucionário ou evolutivo.

Nesse rumo impreciso parecem progredir, convergentemente, tanto as formações socialistas revolucionárias quanto as evolutivas. Por esse rumo progredirão, provavelmente, as formações imperialistas atuais, à medida que seus contextos neocoloniais se emancipem e que elas próprias se desvencilhem das imposições dos interesses privatistas sobre os Estados, para se configurarem como socialismos evolutivos. No mesmo rumo avançarão, também, as nações neocoloniais modernas, pelas vias do nacionalismo modernizador ou do socialismo revolucionário que, sofreando a espoliação imperialista e reduzindo as constrições oligárquicas internas, as amadurecerão para a industrialização e, finalmente, para a sua configuração como sociedades futuras.

Uma característica já visível das sociedades futuras será a superação da diferença entre cidade e campo, pela industrialização das atividades agrícolas em curso e pela expansão das cidades sobre as áreas adjacentes. Outra característica será a superação da distância entre o trabalho braçal — praticamente proscrito — e o trabalho intelectual. A composição da força de trabalho será, majoritariamente, de pessoas com preparo de nível universitário, dedicadas a toda sorte de tarefas, principalmente as educacionais, assistenciais, culturais e recreativas, que experimentarão enorme expansão. Esses níveis mais altos de preparo educacional terão igualmente o efeito de fazer, da maioria dos homens, herdeiros do patrimônio cultural humano, tornado comum, e uma proporção ponderável deles capaz de criatividade artística e intelectual.

A ruptura entre o produtor e o produto do seu trabalho — provocada pela mercantilização do artesanato e acelerada, mais tarde, pela industrialização — será, dessa forma, superada, permitindo a cada pessoa exprimir-se no que faz. O desejo de beleza, que amanheceu tão cedo nas sociedades humanas — expresso em toda sorte de artefatos mais perfeitos e trabalhosos do que o necessário para serem operativos — e foi tão cedo soterrado pela mecanização e pela especialização, voltará a florescer. Quebrar-se-ão, assim, os círculos fechados de artistas herméticos e de apreciadores eruditos para devolver a arte e a criatividade artística ao homem comum.

Uma terceira característica das sociedades futuras será sua capacitação para atuar num mundo de possibilidades quase absolutas no plano do conhecimento e da ação, tanto destrutiva quanto construtiva e constritiva. O controle mínimo indispensável dessas capacidades, para que não se voltem contra o homem, importará no imperativo de proscrever as guerras e de criar um sistema mundial de poder estruturado segundo princípios supranacionais que permitam dar representatividade às populações humanas segundo sua magnitude. Exigirá, também, o desenvolvimento de órgãos internacionais de controle dos meios de comunicação de massa e de modelação da opinião pública.

Uma vez superados os problemas da carência e da regulação social da abundância, bem como os da igualização das oportunidades de formação educacional e de assistência sanitária, os desafios com que se defrontarão as sociedades futuras deixarão de ser os da utilização das suas fontes prodigiosas de energia, de bens e de serviços. Serão, desde então, os do emprego apropriado do seu poder de compulsão sobre as personalidades humanas e de condução racional do processo de socialização. Efetivamente, é provável que as sociedades futuras enfrentem seus maiores problemas no esforço por capacitar-se a utilizar seus poderes quase absolutos de programação da reprodução biológica do homem, de ordenação intencional da vida social, de condução do processo de conformação e regulamentação da personalidade humana e de intervenção sistemática nos corpos de valores que orientam a conduta pessoal. Todos esses poderes importarão, naturalmente, em enormes riscos de despotismo, mas criarão possibilidades, maiores do que nunca, de libertar o homem de todas as formas de medo e de opressão.

Tocqueville, ideólogo do liberalismo, apreensivo com o amadurecimento dessas tendências despersonalizadoras e despóticas, perceptíveis em seu tempo, registrou, em 1835, a seguinte antevisão das sociedades futuras:

> Vejo uma multidão inenarrável de homens, iguais e semelhantes, que giram sem descanso sobre si mesmos com o único fim de satisfazer os pequenos e vulgares prazeres com que enchem suas almas. Cada um deles vive à parte, alheio ao destino de todos os demais. Seus filhos e seus amigos constituem para ele toda a espécie humana. Enquanto concidadãos, está junto deles sem vê-los; toca-os sem o sentir; só existe em si e para si mesmo. Se lhe resta uma família, pode-se dizer que já não lhe resta uma pátria. Acima de todos eles eleva-se um poder imenso e tutelar que se encarrega, sozinho, de garantir seus prazeres e de velar por eles. Este poder é absoluto, minucioso, regular, previdente e apacível. Pareceria um poder paternal se, como este, tivesse por objetivo preparar os homens para a idade viril; ao contrário, porém, busca apenas fixá-los irrevogavelmente na infância. Não lhe desgosta que os cidadãos gozem, sempre e quando só pensem em gozar. Trabalha com gosto para fazê-los felizes, mas quer ser o único agente, o único árbitro. Supre sua segurança, provê suas necessidades, facilita seus gozos, gestiona seus assuntos importantes, dirige sua indústria, regula suas sucessões, divide sua herança. Ah, se pudesse livrá-los inteiramente do incômodo de pensar e da dor de viver! [1957:37]

Um dos principais imperativos que as sociedades futuras terão de enfrentar será o de pôr sob controle essas tendências ao despotismo que preocupavam Tocqueville. Para tanto, terão de situar no centro das preocupações coletivas, como o valor mais alto, o cultivo e o estímulo ao livre desenvolvimento da personalidade humana, o incentivo a todas as formas de expressão da criatividade e a exploração de todas as potencialidades humanas de desenvolver formas de conduta solidária e socialmente responsável.

Em 1859, Marx, o ideólogo do socialismo, também procurou prefigurar as sociedades futuras, mas o fez a partir de uma posição otimista, que não via a prosperidade ordenada como uma condenação, mas como uma liberação de todas as potencialidades humanas:

> De fato, diz Marx, uma vez abandonada a estreita forma burguesa, que será a riqueza senão a universalidade de necessidades, capacidades, gozos, poderes de produção etc. dos indivíduos, produzida no intercâmbio universal? Que será, senão o desenvolvimento pleno do domínio humano sobre as forças da natureza, as de sua própria natureza, assim como da chamada "natureza"? Que será, senão a explicitação absoluta de suas faculdades criadoras, sem outro requisito prévio que a evolução histórica precedente, que tornará a totalidade dessa evolução — isto é, a evolução de todos os poderes humanos como tais, sem os medir com nenhuma vara previamente estabelecida — um fim em si mesmo? Que será isto, senão uma situação na qual o homem não se reproduza a si mesmo de uma forma determinada, senão que produz sua totalidade; em que não procura perdurar como algo formado pelo passado, mas se coloca no movimento absoluto do devenir? [1966:17].

O futuro imediato das sociedades mais avançadas será o de Tocqueville ou de Marx, conforme se desenvolvam as virtualidades de despotismo ou de liberdade de que estão prenhes.

O futuro mais longínquo, o do homem, será, certamente, o da antevisão de Marx. Este se cristalizará no curso de uma civilização que amadurecerá com o novo homem produzido pela Revolução Termonuclear, já não adjetivável étnica, racial ou regionalmente. Essa será a civilização da humanidade.

SUMÁRIO

Recapitulando os caminhos da evolução sociocultural, vemos que as sociedades humanas emergiram, com a *Revolução Agrícola*, da condição de *tribos de caçadores e coletores* para a vida em *aldeias agrícolas indiferenciadas* ou em *hordas pastoris nômades*, através de dois processos civilizatórios sucessivos. Essas transições tiveram lugar, pela primeira vez, há cerca de 10 mil anos no caso das formações agrícolas e um tanto mais tarde no das pastoris, entrando ambas a expandir-se, desde então, até abranger todo o mundo. No curso do seu desenvolvimento, acabaram por dinamizar a vida de todos os povos, integrando a maioria dêles nas novas tecnologias e a outros marginalizando como sociedades atrasadas na história, algumas das quais ainda hoje se encontram nessa condição. Seu efeito crucial foi a cristalização de dois modos de enquadramento da vida humana que, uma vez plasmados, persistiriam durante milênios como modeladores da existência dos povos.

Essas formações socioculturais, engendradas pela criação de novos sistemas de produção, passaram a atuar e a propagar-se de acordo com imperativos a elas inerentes, só podendo ser suplantadas por novas transformações revolucionárias na tecnologia produtiva ou militar. Com a Revolução Agrícola e respectivos processos civilizatórios tem início um movimento de aceleração evolutiva que faria suceder uns aos outros toda uma série de modeladores. Estes se escalonariam geneticamente e se diferenciariam uns dos outros pelo caráter mais progressista de cada nova formação, em termos do grau de eficácia de sua ação produtiva, da magnitude dos contingentes humanos que poderiam integrar em unidades operativas e da ampliação e acuidade de seus corpos de saber.

À Revolução Agrícola sucede a *Revolução Urbana*, por uma acumulação de progressos tecnológicos e de mudanças correlatas operadas na estruturação social e nas esferas ideológicas da cultura. Com essa segunda revolução tecnológica e seus dois processos civilizatórios, algumas sociedades passaram à condição de *estados rurais artesanais*, de modelo *coletivista* ou *privatista*, que já encontrariam no território em que se assentavam a base de sua unidade étnico-política e se bipartiriam em contingentes urbanos e rurais, ambos estratificados em classes econômicas. Outro processo civilizatório movido pela mesma revolução tecnológica conduziu algumas hordas à condição de *chefias pastoris nômades*, socialmente menos diferenciadas e culturalmente mais atrasadas que os estados rurais artesanais, mas, em compensação, muito mais aguerridas. Os choques entre lavradores e pastores representaram, desde então, um papel dinamizador do processo histórico, que contribuiu tanto para a aceleração evolutiva de alguns povos como para a quebra da autonomia de muitos outros, através de movimentos de atualização histórica e da criação de entidades multiétnicas tendentes ao expansionismo. Onde os povos pastoris estiveram ausentes, como nas Américas, pela inexistência de espécies domesticáveis para a montaria e tração, a evolução processou-se mais lenta e menos tumultuadamente.

Com o desencadear da *Revolução do Regadio*, surgem, passados cerda e 7 mil anos, as primeiras *civilizações regio-*

nais, na forma de *impérios teocráticos de regadio* impulsionados por uma tecnologia fundada principalmente na irrigação.

A aplicação, a outras áreas, da tecnologia desenvolvida no corpo das formações teocráticas de regadio e seu aprimoramento posterior dariam lugar a um surto de prodigiosas inovações tecnológicas. Com o seu amadurecimento como *Revolução Metalúrgica*, há 3 mil anos passados, surgem os *impérios mercantis escravistas*. As duas formações socioculturais, após sucessivo esplendor e decadência como civilizações distintas, acabaram por mergulhar em largos períodos de *regressão feudal*, conduzidas tanto pela exaustão do seu potencial civilizatório quanto por ataques de povos marginais, principalmente por chefias pastoris nômades que também se haviam feito herdeiras da tecnologia metalúrgica e de outras conquistas daquelas civilizações.

Uma nova revolução tecnológica, a *Pastoril*, desencadeia-se nos primeiros séculos de nossa era, provocando as primeiras rupturas com o feudalismo, de caráter não meramente restaurador das velhas formações. Emerge com o amadurecimento de algumas chefias pastoris nômades integradas na tecnologia do ferro e motivadas por religiões messiânicas de conquista, que se lançam sobre áreas feudalizadas. Armados com uma tecnologia nova e com uma ideologia legitimadora de sua fúria sagrada, esses grupos pastoris capacitaram-se a conquistar grandes populações e estruturá-las na forma de *impérios despóticos salvacionistas*.

Segue-se a *Revolução Mercantil*, que amadurece no século XV, baseada fundamentalmente nos progressos da navegação oceânica e das armas de fogo, ensejando uma segunda superação do feudalismo, agora pela dinamização das forças reordenadoras internas. Tal se dá, originalmente, com a explosão da Europa sobre o mundo, processada, simultaneamente, a partir da península Ibérica e da Rússia moscovita, nos albores do século XVI. Ambas encontram energias para a expansão reorientando os esforços mobilizados para a reconquista de seus territórios dominados, no primeiro caso por muçulmanos, no segundo por tártaro-mongóis. Configuram-se como *impérios mercantis salvacionistas*, só incipientemente capitalistas, profundamente influenciados por motivações religiosas e por tradições despóticas. Como povos peninsulares, os ibéricos lançam-se ao mar e estruturam o primeiro império mundial fundado no colonialismo escravista. Os russos, como área continental, lançam-se à colonização mercantil dos povos do seu contexto, integrando no mesmo sistema sócio-político toda a Eurásia.

A mesma revolução tecnológica vinha propiciando, simultaneamente, a restauração do sistema mercantil europeu e, por essa via, o amadurecimento de uma nova formação sociocultural, o *capitalismo mercantil*, que, rompendo a estagnação em que havia caído a Europa feudalizada, acionou um novo processo civilizatório que se expandiria, a seguir, sobre todo o mundo. A formação capitalista mercantil, tal como os impérios mercantis salvacionistas, biparte-se em complexos contrapostos, porém mutuamente complementares: os núcleos metropolitanos de economia principalmente capitalista e o contexto externo, objeto de sua exploração, que se configura como *colonialismo* de caráter escravista, mercantil ou de povoamento.

Um novo salto evolutivo sobrevém, trezentos anos depois, com a *Revolução Industrial*, fundada na tecnologia de conversores de energia inanimada, ativando algumas das sociedades capitalistas mais avançadas para configurá-las como uma nova formação sociocultural, a *imperialista industrial*. Também esta se divide em dois complexos: os núcleos reitores, já agora situados em vários continentes, e as formações *neocoloniais*, para as quais tanto progridem as antigas áreas de dominação colonial quanto regridem as nações independentes que, não havendo integrado seus sistemas produtivos na tecnologia industrial, caíram em situação de dependência e de modernização reflexa através da atualização histórica.

As tensões geradas pela Revolução Industrial fazem surgir, no curso da Primeira Guerra Mundial, uma nova formação sociocultural, o *socialismo revolucionário*, que entra a expandir-se sobre áreas periféricas do sistema capitalista como um processo de aceleração evolutiva capaz de conduzir sociedades atrasadas na história à condição de sociedades industriais modernas. Mais tarde, algumas formações capitalistas industriais, despojadas de contextos coloniais e dinamizadas por processos internos de reestruturação social, entram a transformar-se, configurando uma outra formação, o *socialismo evolutivo*. Por fim, alçam-se alguns povos coloniais ou neocoloniais, através de movimentos revolucionários de emancipação nacional, contra a espoliação imperialista e contra as estruturas oligárquicas internas que se opõem a seu desenvolvimento, configurando-se como *nacionalismos modernizadores*.

Os movimentos cruciais dessa evolução sociocultural foram provocados pelas duas últimas revoluções tecnológicas — a Mercantil e a Industrial —, que desencadearam os primeiros processos civilizatórios de âmbito mundial. Elas é que colocaram em interação todos os povos do mundo, acordando alguns adormecidos em idades tribais, ativando outros ainda estruturados em economias rurais artesanais ou pastoris nômades e subjugando os dois impérios teocráticos de regadio das Américas, bem como povos-testemunho de antigas civilizações estancadas no feudalismo. Engajaram-se todos num mesmo sistema produtivo e mercantil, mediante a atualização histórica, como seu contexto colonial ou neocolonial. Desse modo, unificaram a humanidade inteira como o quadro sobre o qual deverão atuar as forças renovadoras de uma nova revolução tecnológica, a *Termonuclear*, tendente a cristalizar uma *civi-*

lização da humanidade, estendida por todo o mundo, movida pela mesma tecnologia básica, ordenada segundo as mesmas linhas estruturais e motivada por idênticos corpos de valores.

No presente esquema da evolução sociocultural, reconhecem-se oito revoluções tecnológicas (Agrícola, Urbana, do Regadio, Metalúrgica, Pastoril, Mercantil, Industrial e Termonuclear), que se desdobram em doze processos civilizatórios, responsáveis pela cristalização de dezoito formações socioculturais, algumas das quais se dividem em dois ou mais complexos complementares. Conceitua-se o feudalismo não como uma etapa evolutiva ou um processo civilizatório gerador de uma formação sociocultural específica, mas como uma regressão cultural seguida do mergulho no estancamento sócio-econômico em que pode tombar qualquer sociedade que se encontre no nível de civilização urbana. Dessa condição regressiva as civilizações só podem ressurgir para restaurar-se nas mesmas bases, até que a emergência de nova revolução tecnológica enseje a superação desses movimentos cíclicos. Isso foi o que ocorreu na Europa, onde se desencadeou, pioneiramente, a Revolução Mercantil, fazendo de alguns de seus povos o centro reitor de novos processos civilizatórios que se expandiram por todo o mundo. O rompimento se deu, primeiro, através de duas áreas marginais, a Ibéria e a Rússia, configuradas pela Revolução Mercantil como formações incipientemente capitalistas e suscetíveis de cair em feudalização; em seguida, pelo amadurecimento das primeiras formações capitalistas mercantis, algumas das quais dinamizadas mais tarde pela Revolução Industrial, que daria às nações do Centro e do Norte da Europa, até então atrasadas no conjunto da evolução sociocultural, alguns séculos de domínio hegemônico sobre todos os povos.

A circunstância de terem esses passos necessários da evolução humana ocorrido pioneiramente na Europa coloriu de conteúdos ideológicos singulares os processos civilizatórios através dos quais se difundiu a tecnologia da Revolução Mercantil e da Revolução Industrial. Assim é que o desenvolvimento capitalista mercantil e o imperialista industrial ganharam um perfil "europeu ocidental e cristão", como se esses atributos étnico-culturais religiosos fossem o conteúdo fundamental da tecnologia da navegação, das armas de fogo, dos motores a explosão ou da gasolina. Em conseqüência, essas conquistas tecnológicas e o poderio nelas assentado foram tidos como "façanhas do homem branco" e como provas de uma suposta superioridade inata sobre todos os povos do mundo. Na verdade, trata-se de etapas naturais e necessárias do progresso humano que, a não terem amadurecido no contexto europeu, teriam fatalmente florescido em outra área, como a muçulmana, a chinesa ou a indiana.

Florescendo na Europa, permitiram a alguns de seus povos europeizar uma larga parcela da humanidade. O processo prosseguiu atuando, até cristalizar-se no século XX como uma civilização policêntrica em que os antigos centros de civilização da Europa se foram convertendo em núcleos secundários em face do desabrochar das potencialidades de progresso de diversos povos extra-europeus. Desmascararam-se, dessa forma, as mistificações ideológicas que faziam interpretar um avanço precoce e circunstancial como prova da superioridade intrínseca de uma matriz cultural e religiosa.

Às forças renovadoras da Revolução Industrial somam-se, em nossos dias, dois efeitos cruciais. Primeiro, os da *Revolução Termonuclear*, da qual se deve esperar uma função homogeneizadora das formações mais avançadas, que culminará por configurá-las no mesmo tipo de formação sociocultural. Segundo, uma função aceleradora do progresso, que possibilitará a recuperação do atraso histórico dos demais povos. Essas duas forças atuam convergentemente no sentido de integrar todos os povos numa mesma "civilização humana", afinal unificada e insuscetível de qualificar-se como correspondente a qualquer raça ou a qualquer tradição cultural particular.

Algumas das características básicas da Revolução Termonuclear, enquanto processo civilizatório — como a redução progressiva das diferenças de classe, a integração da ciência no sistema adaptativo e a compulsão antes aceleradora do que atualizadora —, inovam o próprio processo de evolução, colocando a humanidade diante de um novo limiar de desenvolvimento autoconduzido e de regência intencional da história que acabará por integrar todos os povos numa mesma formação sociocultural.

Encarado em conjunto, esse esquema da evolução sociocultural é caracteristicamente multilinear, porque admite várias formas de transição da condição tribal à agropastoril, desta às civilizações regionais e, finalmente, às sociedades modernas. Considera, ainda, que cada revolução tecnológica segue seu curso através de processos civilizatórios que, ao se expandirem em ondas consecutivas, vão alargando cada vez mais as áreas de difusão das novas tecnologias e remodelando os povos, mesmo depois da emergência de novas revoluções. Estas, por sua vez, envolvem povos atingidos ou não pelas anteriores, remodelando-os e afetando diferencialmente seus modos de vida e suas perspectivas de desenvolvimento, conforme se difundam como movimentos exógenos de atualização histórica ou como esforços endógenos de aceleração evolutiva.

A concatenação das revoluções tecnológicas e dos processos civilizatórios com as respectivas formações socioculturais permite falar de um processo civilizatório global, diversificado em etapas sucessivas, que, mesmo cumprindo-se em povos separados uns dos outros no tempo e no espaço, promoveu reordenações da vida humana em áreas cada vez mais amplas e sua integração em entidades étnicas e políticas cada vez maiores, até unificar toda a humanidade num só contexto interativo. Através desse processo, a espécie humana, que era originalmente pouco numerosa e largamente diferenciada em etnias, se foi multiplicando demograficamente e reduzindo o número de complexos étnicos, tanto no plano racial quanto no cultural e lingüístico. Esse movimento parece se conduzir, em termos milenares, à unificação de todo o humano em uma só ou muito poucas variantes raciais, culturais e lingüísticas, até que um dia, em futuro remoto, a redução do patrimônio genético torne qualquer casal capaz de reproduzir qualquer fenótipo e cada pessoa capaz de entender-se com as outras, à base de um amplo patrimônio cultural co-participado.

O esquema evolutivo proposto registra, por último, que os intervalos entre as sucessivas revoluções tecnológicas se vêm reduzindo progressivamente e que, simultaneamente, aumenta seu poder condicionador, tanto em capacidade compulsória como em amplitude de ação. Assim, a humanidade necessitou de meio milhão de anos para edificar as bases da conduta cultural sobre as quais se tornou possível a Revolução Agrícola, deflagrada há 10 mil anos passados por uns poucos povos (8000 a. C.). Seguiu-se lhe a Revolução Urbana, que amadureceu originalmente há 7 mil anos passados, e a que sucedeu a Revolução do Regadio, que se exprimira nas primeiras civilizações regionais (2000 a. C.), cerca de 3 mil anos mais tarde. Da Revolução Metalúrgica (1000 a. C.), desencadeada dois milênios depois, passa-se à Revolução Pastoril (600 E. C.), que emerge passados 1600 anos. Vêm em continuação a Revolução Mercantil (1500), que tem lugar setecentos anos mais tarde, a Revolução Industrial (1800), que se distancia em apenas trezentos anos da anterior, e, por fim, a Revolução Termonuclear, que floresce em nosso dias com um intervalo ainda menor.

Essa intensidade crescente no ritmo de mudança nos modos de vida humana faz com que a experiência e a visão do mundo de duas gerações contemporâneas se distanciem mais que as predominantes entre dez ou cem gerações no passado. O caráter acumulativo do progresso tecnológico e a aceleração do seu ritmo permitem supor que, nas próximas décadas, ainda neste século, conheçamos transformações ainda mais radicais. Nesse caminho, o homem, que venceu a competição com outras espécies na luta pela sobrevivência, desenvolvendo uma conduta cultural que lhe permitiu disciplinar a natureza e colocá-la a seu serviço, acabou por ver-se submergido num ambiente cultural hoje muito mais opressivo sobre ele do que o meio físico ou qualquer outro fator.

Nada autoriza a supor que tenha limites a flexibilidade até agora revelada pelo homem para ajustar-se às condições mais diversas. É de perguntar-se, porém, se o condicionamento cada vez mais opressivo a ambientes culturais não pode pôr em risco a própria sobrevivência humana. As ameaças que já hoje pesam sobre a humanidade levam a temer que estejamos alcançando esses limites, arriscando ultrapassar a linha fatal, se não forem desenvolvidas formas racionais de controle da vida social, econômica e política que habilitem os povos ao comando científico de todos os fatores capazes de afetar seu equilíbrio emocional e sua sobrevivência sobre a Terra. Também esse imperativo de racionalização da vida social e de intervenção no mundo dos valores que motivam a conduta aponta para o socialismo como a mais capaz das formas de prover os sistemas impessoais de controle tornados indispensáveis para fazer os homens mais livres e mais responsáveis no mundo da abundância, estimulando sua capacidade criadora e fazendo da pessoa humana a norma e o fim do processo de humanização.

EPÍLOGO À EDIÇÃO ALEMÃ

Pretender uma nova teoria acerca da origem, do desenvolvimento e do futuro da evolução da humanidade provoca, em todo caso, uma forte oposição. Opinam alguns, e dizem, que tem havido demasiados sistemas construídos especulativamente. Isto é, filosofias da história, teorias da evolução, esquemas de desenvolvimento, e que todos foram superados. Haviam todos revelado a sua incompatibilidade com o que realmente aconteceu na história; por conseguinte, não valeria a pena pensar sobre tais problemas. Seria muito mais importante avaliar e calcular as forças em jogo hoje em dia e empreender a realização do que está atualmente acontecendo. Segundo essa opinião, acabou-se a reflexão teórica sobre a evolução, ou a filosófica sobre a história, pois são atividades abstratas e obscuras e, portanto, não científicas. Essa opinião encerra uma noção de ciência que se baseia somente aqui e agora e não deseja ocupar-se senão do "concebível" que, por ser "concebível", não necessita o "esforço do conceito" (Hegel). Os conceitos e noções são, segundo essa opinião, unicamente categorias "operacionais" cujo significado se fundamenta na manipulabilidade analítica em sua relação com a "realidade" encontrada.

Os outros se sentem bem com a filosofia da história, a teoria da evolução ou o esquema de desenvolvimento de que dispõem. Negam-se a que seus sistemas teóricos sejam questionados, porque sua justeza e adequação já teriam sido suficientemente demonstradas. Em conseqüência, crêem que um novo esforço para repensar a evolução da humanidade é, na melhor das hipóteses, um jogo intelectual supérfluo e, na pior, uma má e perigosa heresia. Essa opinião encerra, também, a sua noção de ciência que, se bem seja entendida como histórica, quer dizer, pretenda incluir a história, vê-se reduzida ao hoje precisamente porque se nega que sua historicidade seja posta em julgamento.

As duas opiniões, ainda que *pareçam* totalmente incompatíveis, têm de fato muito em comum. Deixemos de lado, por um momento, o jogo das abstrações e consideremos a primeira opinião a das "ciências sociais acadêmicas" e a segunda a do "marxismo ortodoxo". Veremos então que ambas as posições estão de acordo no que diz respeito à "realização do presente", ou seja, que as duas posições se encontram no concreto. Para ambas, o estado de coisas atual é a grande tarefa que se articula, no primeiro caso, como "desenvolvimento da sociedade industrial" e, no segundo, como "revolução socialista", e onde esta se tenha realizado real ou presumivelmente, as duas articulações coincidem em definitivo. Os que pregam o "fim das ideologias" e o praticam "cientificamente" chegam subrepticiamente à "coexistência pacífica" com os que possuem uma ideologia definitiva, apesar de todas as diferenças teóricas e verbalizadas.

Isso não pode ser casual. Os que se colocam na primeira posição, insistindo sobre a falta de teoria e renunciando à grande perspectiva histórica, têm, de certa forma, uma lógica. Essa atitude corresponde a um momento em que não somente as ciências naturais como também as ciências sociais chegaram a ser, dia após dia (e cada vez mais evidentemente), forças produtivas sociais sem cuja intervenção permanente o sistema não poderia se manter em sua totalidade. E ainda, dentro da segunda opinião, a rotina no trato do sistema teórico, quer dizer, filosófico-histórico, uma vez alcançada, não parece menos lógica. Corresponde a um momento em que a redução pragmática da revolução e a perversão burocrática da "impaciência revolucionária" (Wolfgang Harich) na calcificação das relações sociais, pressupostamente liberadas, necessitam, por sua vez, da "aproximação da práxis" das "ciências da sociedade" e, não por último, para consolar-se e superar o fato de que persistem realidades que não têm absolutamente nada a ver com o sistema teórico e seus fundamentos.

É essa coincidência suficiente para constatar aquela aproximação de que falamos? Isso depende de que ponto de vista se formula a pergunta. Se for daquele que não existe na realidade, ou seja, o do "teórico puro", a resposta teria que ser negativa e seria preciso assinalar a falta de um elo na cadeia argumentativa (elo que poderia ser incluído, sem embargo, ao se refletir mais detidamente sobre os efeitos positivos ou negativos da função das ciências sociais como forças produtivas sociais). Se se trata, porém, do ponto de vista de um cientista social plenamente integrado no sistema da "sociedade industrial" — não importa de que formação político-econômica ele seja — como socialista responderia "não" e negaria rotundamente na teoria a coincidência e aproximação. Praticaria, porém, em seu trabalho cotidiano como cientista, uma resposta afirmativa, e como capitalista ou ideólogo capitalista responderia "sim" à pergunta ao remetê-la às "convergências dos sistemas" e às "coações de fato" que, presumivelmente, dominam qualquer sociedade industrial, não importa de que formação político-econômica. Se se trata do ponto de vista de um cientista social crítico no mundo "desenvolvido", este trataria de reviver o axioma de Max Horkheimer para a teoria crítica, segundo o qual "o reconhecimento crítico das categorias dominantes na vida social [...] contém ao mesmo tempo o seu ajuizamento" (*Teoria tradicional e teoria crítica*, ed. alemã, 1937), e de romper assim aquela aproximação e coincidência problemática.

O trabalho de Ribeiro adota outro ponto de vista. É o ponto de vista do teórico crítico do mundo *subdesenvolvido*. E esse ponto de vista que é, ao mesmo tempo, uma posição social e a reflexão crítica sobre ela (e ele) o leva a superar e a romper a aproximação precisamente onde ela começa: no contato perigoso das ciências sociais acadêmicas a-históricas com o sistema marxista, que se intumesceu dogmaticamente no trato rotineiro com a sua base teórica. Daí surge a pretensão, daí nasce a necessidade de formular uma nova teoria sobre a origem, o desenvolvimento e o futuro da evolução da humanidade.

Desde logo, a posição social é o decisivo e a ruptura do dilema teórico o secundário, quase uma conseqüência da tentativa de definir aquela com toda a precisão. A posição social do mundo subdesenvolvido tem sido medida e definida até agora com as categorias que puseram à disposição as ciências sociais acadêmicas e o marxismo dogmático. Não se pode neste trabalho demonstrar todas as deformações resultantes. É necessário, porém, pôr em relevo que nem sequer a teoria crítica ou histórico-social do subdesenvolvimento havia preenchido todas as lacunas do conhecimento sobre o subdesenvolvimento e que, portanto, se evidenciava a necessidade de uma nova teoria da evolução. E tampouco se pode deixar de esclarecer em que campo os pensadores pressupostamente radicais, isto é, marxistas e socialistas de diferentes procedências, com algumas exceções, pecavam teoricamente.

Isso se pode evidenciar com um exemplo e se pode resumir com uma censura: aqueles pensadores não se submetiam ao esforço de orientar o seu trabalho teórico concretamente nas relações sociais existentes, conforme lhes haviam mostrado seus grandes mestres: desde Marx e Engels, passando por Lenin e Trotski até Mao Tsé-Tung. Passavam por alto o concreto das relações sociais ao buscar o refúgio que lhes oferecia o seu esquema de desenvolvimento em todo o tipo de sandices teóricas. Segundo a unilinearidade imposta ao esquema de desenvolvimento somente depois de Marx, tudo o que não é capitalismo é feudalismo e outra fase precedente da evolução sócio-econômica. No caso da América Latina, tratava-se em primeiro lugar de feudalismo. Os falatórios sobre feudalismo fecharam os olhos ao fato de que a *totalidade* das relações de produção existentes, ou em processo de desaparição, não mostravam, de forma alguma, as características que marcaram o feudalismo europeu, senão um só de seus elementos — e nem sempre este sequer —, isto é, a organização do trabalho, enquanto outros elementos da estrutura evidenciavam um caráter totalmente diverso. E mais, fixados na segurança de seu enquadramento evolutivo, aqueles pensadores não levavam a sério a pretensão fundamental de suas categorias como materialistas, e não as examinavam sob o aspecto de sua aplicabilidade universal. Posto que os conceitos haviam surgido em um determinado contexto, impregnados por ele e projetados rumo a ele, ter-se-ia imposto a pergunta de, por exemplo, se o feudalismo podia ser aplicado às relações sociais do México pré-colombiano ou da China, isolada durante séculos. Dessa forma, tudo ficou como era, o esquema evolutivo permaneceu intato e não se realizou a transformação intencionada, verbalmente, das relações sócio-econômicas.

A teoria crítica do subdesenvolvimento, por sua vez, tomou demasiado superficialmente a análise em outro campo. Ainda que tenha superado as debilidades das velhas hipóteses radicais sobre a essência do subdesenvolvimento, procedeu, de certo modo, apenas, parcialmente de maneira histórica. Empregava a sua contemplação histórica, em princípio correta, somente no momento em que as civilizações cêntricas intervieram maciçamente nas sociedades atualmente subdesenvolvidas; investigava o processo do "desenvolvimento do subdesenvolvimento"(A. Gunder Frank) e deixava fora da sua visão a história das sociedades intervindas, *antes* da intervenção. O que existia antes desse momento histórico não interessava à teoria crítica nem sequer marginalmente, permanecendo em mãos das ciências "auxiliares", consideradas de pouco valor para a práxis e a prática sociais, quer dizer, a arqueologia, a etnologia, a história antiga etc. Estas, conquanto auxiliares e sem lugar próprio adequado, não foram incluídas no esforço crítico da teoria histórico-cultural. Operavam, portanto, à base da teoria da evolução existente, ou seja, do marxismo dogmatizado. Por conseguinte, avaliava-se a história das sociedades depois de subdesenvolvidas, antes de sua integração ao sistema capitalista mundial, sem refletir sobre as categorias de que dispunha aquele esquema, e se as qualificava de época "feudal" ou "escravista" ou simplesmente "primitiva". São evidentes as conseqüências e se tornam, cada dia, mais claras. Uma das conseqüências mais decisivas consiste em que a teoria da dependência, que resulta ser um ponto essencial e, portanto, um tópico de sumo interesse para a teoria crítica, se veja reduzida economicamente. Isso tem, ainda que à primeira vista, conseqüências fatais para qualquer teoria revolucionária. Ou seja, uma prática social com vistas à mudança estrutural e intencionada. Em resumo, a teoria crítica se contentava também com uma visão pobre da totalidade do processo social do subdesenvolvimento que deveria incluir todo o seu desenvolvimento. Isso está mudando e, em grande parte, por influência do trabalho de Ribeiro.

No que se refere às deformações produzidas pelas ciências sociais acadêmicas, diremos muito pouco. Acreditavam elas poder renunciar, durante muito tempo, a qualquer teoria de grande alcance histórico. Quando, por fim, a tiveram, resultou ser o que é dentro desse conceito: uma falsa ideologia que toma o hoje como marco de interpretação de todo o passado. Essas ciências já haviam forjado antes, na história, seus instrumentos para o trato do mundo subdesenvolvido, quando convinha ao seu senhor: o sistema capitalista. Por exemplo, nos primeiros estudos antropológicos. Conseqüentemente, declaravam o estado de desenvolvimento de suas próprias sociedades como a meta e o fim da história no qual nada havia a interpretar, mas, no melhor dos casos, algo a reformar. O desenvolvimento, filho legítimo das ciências sociais acadêmicas, tudo colocou sob o denominador comum da "modernização das estruturas" e do chapéu unitário da tecnocracia. A imagem resultante do subdesenvolvimento corresponde a essa "ingenuidade" que, todavia, não é infantil, mas que tem como objetivo a manutenção das relações existentes no mundo subdesenvolvido ("em vias de desenvolvimento") e é, portanto, muito perigosa.

Assim se encontrava fixada, teórica e/ou ideologicamente, a posição social a partir, e dentro da qual, iniciou Ribeiro o seu trabalho. Sua estrutura sócio-econômica era, na época, e é atualmente, bastante conhecida: o que significa, em termos concretos, o subdesenvolvimento — sabe-o hoje qualquer criança e até meios de comunicação liberais não se intimidam mais com conceitos como imperialismo, espoliação e dependência, para não falar de revolução. Enfrentar essa realidade e suas interpretações teóricas com plena consciência do que são, hoje em dia, as ciências sociais, significa em si um enorme desafio. No caso de Ribeiro, agregou-se um outro elemento de tipo pessoal: ele havia estado vinculado a um regime reformista-populista como ministro da Educação e Cultura e, depois, como chefe da Casa Civil. O Brasil não havia logrado superar seu subdesenvolvimento sob aquele reformismo e este havia derivado em um regime militar que relacionava, e relaciona, "reformas" tecnocráticas, gratas ao sistema, com uma repressão política sistemática.

O resultado da experiência pessoal, da posição social e da reflexão científica a elas correspondentes não podia ser senão (e sob o risco de não ser nunca escrita) uma obra que rompesse aquela aproximação paralisante das duas formas do *que fazer* científico na atualidade. Somente uma nova teoria acerca da origem, do desenvolvimento e do futuro da evolução da humanidade poderia satisfazer às exigências que teria de fazer-lhe o teórico do subdesenvolvimento e sua teoria, e a prática social transformadora, relacionada com ela.

Tais considerações poderiam soar abstratas aos ouvidos contemporâneos empenhados no concreto porque, superficialmente, não parecem estar relacionadas com a situação de classes no mundo subdesenvolvido e em nível mundial, senão que parecem evitar e fugir, por teórica, à luta revolucionária. Que assim não seja é evidente, mas merece ser mostrado em dois exemplos decisivos.

Não é preciso demonstrar com que ponto de vista classista estão comprometidas as ciências sociais. Ainda que não correspondam à "técnica social", a situação objetiva e também subjetiva de seus protagonistas pode ser determinada univocamente. Sua fórmula é "se", "se, quiçá", "se, porém". Em caso algum implica, entretanto, proposições de reforma realmente transformadoras das estruturas, mesmo quando investiga a "função [sic!] do conflito social para a mudança social" (Lewis Coser).

No caso das teorias dogmatizadas do marxismo, seguro de si mesmo sobre o subdesenvolvimento, a questão não é tão fácil. Não se pode censurar que estejam relacionadas subjetivamente, isto é, através de seus protagonistas e pregadores, com as classes dominantes do sistema capitalista e em geral. Precisamente, porém, porque partem do pressuposto de que uma das características mais decisivas da estrutura do subdesenvolvimento é a sobreviência de restos feudais, sua conclusão estratégica não pode ser outra senão a de uma aliança entre as classes, aliança que poderia eliminar aqueles restos e, ao mesmo tempo, produzir uma estrutura capitalista desenvolvida.

Em outras palavras, confiam no que chamam de "burguesia nacional" e constroem a sua estratégia e tática de tal forma que se estabeleça uma coalizão entre aquela e o proletariado. Essa coalizão deve ser construída de tal modo que o proletariado tenha nela a sua base de partida para a luta pela revolução socialista. Deixando de lado a falha teórica criticada anteriormente, ou seja, o pressuposto de que o problema do subdesenvolvimento estivesse na permanência dos restos feudais na estrutura, vê-se também que a análise da estrutura de classes contém conseqüências fatais. Essa análise se transforma em uma análise abstrata porque não logra captar as verdadeiras relações de classe. A "burguesia nacional", por exemplo, é retirada do seu contexto internacional (que, por outro lado, se pretende ter sido estabelecido através do conceito de "imperialismo") e é definida como um empresariado capitalista que, da mesma forma que os novos empresários burgueses das sociedades capitalistas atualmente desenvolvidas, construirá e aperfeiçoará as relações de produção capitalistas. Tal conclusão se baseia em uma pretensão *verbal* de totalidade, pretensão que não é levada a sério para a prática política. Pretende-se a totalidade do sistema capitalista como sistema mundial mediante a tese do imperialismo, mas, ao mesmo tempo, se elimina essa tese com a análise isolada da burguesia nacional. O proletariado, por outro lado, é um conceito igualmente abstrato. É descrito nos mesmos termos em que Marx e seus sucessores haviam feito em relação ao proletariado das sociedades capitalistas industrializadas. Ao proceder assim, grandes setores da população dos países subdesenvolvidos, como os marginalizados, são desestimulados para a revolução e subestimados sob o rótulo de lumpemproletariado que, como todos sabemos, desempenha, na revolução, um papel sumamente duvidoso. Tal análise da estrutura de classes conduz a que se fale da necessidade de uma "revolução antiimperialista e antifeudal", que poderia levar ao socialismo, sem precisar quando.

Tais vícios de pensamentos e erros táticos e estratégicos não são, naturalmente, suficientes para equiparar a teoria radical "clássica" às ciências sociais acadêmicas no que se refere ao seu ponto de vista classista. Reproduzem, porém, aquela coincidência que constatamos anteriormente a respeito das duas teorias.

A teoria crítica ou histórico-total do subdesenvolvimento, ao contrário, não desenvolveu bastante sua análise das classes. Apresentou estudos fundamentais acerca da estrutura econômica do subdesenvolvimento e demonstrou seu caráter capitalista subalterno. Mostrou, também — e o fez no campo estritamente econômico e no geral —, que o subdesenvolvimento não pode ser superado senão através de uma revolução socialista. Estendeu suas investigações (raras vezes, até agora) ao campo das classes sociais, mas o fez de modo muito superficial.

Em outras palavras, praticou uma economia política parcialmente dessocializada. Isso vale, quando muito, para os grupos protagonistas da revolução, e não tanto com respeito à burguesia. Quanto a ela, se pode provar, na análise econômica, que é tudo menos nacional e que é um apêndice da classe dominante do imperialismo em nível mundial; Andre Gunder Frank a denominou muito acertadamente *lumpemburguesia*. No que se refere à falha da teoria histórico-total com respeito às suas afirmações acerca da estrutura de classes, explica-se parcialmente pelo fato de que aceitava partes das teorias existentes sem submetê-las à crítica que a caracteriza normalmente.

Ribeiro apresenta sua análise de classes das sociedades subdesenvolvidas em seu livro *As Américas e a civilização* e, sobretudo, em *O dilema da América Latina*. O fato de que a sua teoria da evolução preceda essas duas obras não é casual. Considerações acerca da estrutura de classes já se encontram em *O processo civilizatório*. Em primeiro lugar, sua caracterização de *todos* aqueles povos incorporados historicamente como "proletariados externos" indica, no presente, o papel dos povos subdesenvolvidos no esforço de construção das "sociedades futuras". Por isso não se verbaliza somente a pretensão de totalidade, mas ela é definida concretamente. Precisamente porque uma teoria evolutiva universal não eurocêntrica se transforma em base da teoria crítica do subdesenvolvimento, a análise das clases pode libertar-se das armadilhas e coerções nas quais se encontrava, tanto na radicalidade "clássica" como até agora na teoria histórico-total.

Vem, em segundo lugar, a unidade entre os movimentos de emancipação do Terceiro Mundo e os movimentos de resistência nas sociedades altamente desenvolvidas, unidade esta somente passível de produzir-se mediante uma nova teoria evolutiva. Essa unidade é mostrada em *O processo civilizatório* com bastante clareza. Ribeiro a acentua na réplica às diversas críticas ao seu trabalho incluídas neste volume: "Considero os combatentes dos conflitos raciais nos Estados Unidos e os das lutas pela emancipação e o socialismo que se travam pelo mundo afora uma mesma força, oposta a uma força contrária: a primeira, tendente a construir o futuro; a outra, empenhada em perpetuar o existente". Claro, tal unidade, a vêem muitos, a exigem alguns. Entretanto, ela carecia, até agora, de uma fundamentação teórica por estar construída miopemente de maneira voluntarista, ou envolvida em uma rede teórica de malhas tão largas que, na prática, tinha que cair em um dos seus buracos.

Tal análise de classes significa, ao mesmo tempo, que se toma uma posição de classe bem definida e clara. Por não ser cega, essa posição é claramente válida no sentido de Horkheimer: "O intelectual que prega com profunda veneração a força criadora do proletariado e se satisfaz com adaptar-se a ela e transfigurá-la não leva em conta que qualquer ato de eludir o esforço teórico, economizado na passividade do seu pensamento, assim como qualquer ato de evitar uma contradição temporal com as massas a que poderia levar o seu próprio pensamento, tem que debilitar e tornar mais cegas as massas. Seu próprio pensamento pretende, como elemento crítico e de vanguarda, o desenvolvimento das massas" (*Teoria tradicional e teoria crítica*, 1937).

Darcy Ribeiro censurou seus críticos no comentário já citado por não terem discutido os quatro temas essenciais do seu trabalho, isto é: a) a redução do feudalismo de uma fase da evolução sociocultural a uma regressão geral ocorrida muitas vezes na história; b) o conceito de "aceleração evolutiva"; c) o conceito da "incorporação" ou "atualização histórica", e d) a diferenciação entre "atraso" e "subdesenvolvimento".

No que se refere à última omissão, ela não parece tão grave. Se se aceita — ainda que com certas restrições — a teoria da evolução de Ribeiro, aquela diferenciação é completamente lógica. Não se podem comparar sociedades que foram subdesenvolvidas mediante contato com formações tecnológica e sócio-economicamente mais desenvolvidas com configurações que, por uma ou outra razão, foram excluídas de uma ou mais fases da evolução sociocultural. Seu equipamento tecnológico, sua organização social e política e sua constituição política se diferenciam marcadamente da estrutura do subdesenvolvimento. Entretanto, há que supor — e isso Ribeiro também apresenta como hipótese — que o atraso diminui e desaparece à medida que as duas últimas revoluções tecnológicas, a saber, a Industrial e a Termonuclear, se entendem de forma que os povos atrasados se vêem rapidamente incorporados, quer dizer, subdesenvolvidos.

A tese acerca do feudalismo exigiria uma discussão muito mais ampla que aquela que podemos desenvolver nestas breves considerações. É certo que as teorias da evolução até agora existentes, inclusive a original de Karl Marx e a de Friedrich Engels, não podiam explicar muito bem as regressões das altas civilizações. Devido à sua unilinearidade explícita ou implícita, tudo se transformava em progresso, inclusive a passagem da estrutura sócio-econômica sumamente complexa do Império Romano até as "idades obscuras" da Idade Média. E se os sistemas histórico-filosóficos levavam em conta a possibilidade de regressões históricas, tratava-se, na maioria dos casos, de uma arma ideológica contra o respectivo presente em lugar de uma categoria analítica. Até aqui, a tese de Ribeiro é capaz de atacar uma quantidade de problemas. É certo, também, que um feudalismo assim concebido faz sentido até para os povos que não experimentaram o feudalismo europeu na própria carne. A mim, a tese me parece questionável somente no momento em que trata de servir de base ao argumento de que a tecnologia seja o motor da evolução sociocultural; será necessário voltar a esse planejamento da crítica.

Os conceitos de "incorporação histórica" e "aceleração evolutiva", assim como o conceito correspondente de "modernização reflexa", obviamente conceitos-chave da teoria evolutiva de Ribeiro, marcam seu grande valor próprio. Tornam possível a captação e o entendimento da totalidade de processos sócio-econômicos e socioculturais extremamente complexos, e das formações que deles resultam.

Isso se evidencia claramente se se entende o subdesenvolvimento como resultado de um processo de incorporação histórica. As contradições em sua interpretação mostram o que são, ou seja, expressões de contradições inerentes à estrutura. Isso vale não somente para a composição étnica dos povos subdesenvolvidos (que, de todas as formas, tem um significado importante quase que exclusivamente no contexto latino-americano), senão — e muito mais — para a constituição ideológica e até para a identidade sociocultural.

A organização sócio-econômica inclui diferentes relações de produção. A servidão feudal coexistia e coexiste com a organização capitalista do trabalho, a escravidão com certas formas de cooperativismo; Héctor Silva Michelena encontrou, no caso da Venezuela, nada menos que sete formas diferentes de organização do trabalho (manuscrito inédito de 1970). Sociedades historicamente incorporadas, subdesenvolvidas nos dias de hoje, devem ter essa constituição de estrutura sócio-econômica. Porque, à parte os restos das relações de produção existentes antes da incorporação, que sobreviveram de uma ou outra forma, encontram-se tanto as diferentes formas de organização do trabalho como todas as formas possíveis sempre e quando sirvam ao objetivo último da exploração mais eficiente. Nos últimos tempos, e à medida que as sociedades subdesenvolvidas tentam superar essa condição, agregam-se outras formas de organização do trabalho que completam a imagem. O mesmo é igualmente válido para a base tecnológica das relações de produção: nela também coexistem os mais modernos instrumentos de trabalho com os mais antiquados. Essa multiplicidade é uma característica das sociedades incorporadas historicamente, e conforma suas estruturas específicas que, hoje em dia, convergem em uma estrutura global: o Terceiro Mundo.

O mesmo, ainda que mais detidamente, se poderia mostrar em relação aos sistemas ideológicos dos povos subdesenvolvidos e até para a sua identidade sociocultural como tal.

Quer dizer, uma totalidade particular e individual se evidencia sem contradições somente no momento em que se aplica o instrumento analítico da incorporação histórica. Ele possui suas conseqüências teóricas, por exemplo, porque o conceito de dependência adquire somente agora sua dimensão especial. Tem conseqüências estratégicas: a totalidade da estrutura do subdesenvolvimento não pode ser rompida senão através de uma revolução; e, mais, essa revolução, longe de ser um ato voluntarista, tem que superar as contradições em diferentes níveis e criar uma sociedade capaz de acelerar-se evolutivamente e de romper, assim, o círculo vicioso do subdesenvolvimento para incorporar-se autonomamente às "sociedades futuras".

São importantes e não podem, portanto, ser deixadas de lado algumas observações críticas nestas considerações. Elas não diminuem o valor do trabalho de Ribeiro, senão que tendem a esclarecer em que direção temos que continuar trabalhando. Limitar-me-ei a duas observações, uma das quais formula uma crítica, enquanto a outra articula uma característica que, possivelmente, possa prestar-se a outras críticas.

Em uma conversa com Ribeiro (publicada na revista alemã ocidental *Kursbuch*, nº 23, março de 1971), formulei minha crítica mais profunda sem que ele a houvesse refutado claramente. Sua teoria da evolução deixa de mencionar concretamente os grupos sociais protagonistas das revoluções tecnológicas e dos processos civilizatórios por elas provocados. Segundo essa teoria, o motor da evolução da humanidade é a tecnologia. A tecnologia leva consigo as mudanças decisivas na relação do homem com a natureza, na relação com os outros homens baseada na primeira relação, e no sistema de conhecimentos e valores das sociedades.

Agora bem: é uma lapalissada teórica que as transformações tecnológicas estejam sempre condicionadas socialmente, isto é, que correspondam, de uma forma ou de outra, aos interesses de uma classe social. Por exemplo, os fundamentos teóricos e o princípio do funcionamento da máquina a vapor eram conhecidos muito antes de que ela fosse incorporada ao sistema produtivo do capitalismo incipiente. Em um momento histórico determinado, isso não é casual: no momento da incorporação da máquina a vapor ao sistema capitalista incipiente, a classe social que sustentava aquele sistema não somente necessitava o novo aparelho tecnológico como podia utilizá-lo segundo seus princípios de racionalidade. O mesmo é válido para todas as inovações tecnológicas.

Se são privadas dos grupos sociais que as sustentam, cristalizam-se no vazio, onde podem converter-se em estrelas fixas ao redor das quais se move todo o sistema. Privadas de seu conteúdo social, este não se restabelece, tampouco, ao declará-las fatores causais do desenvolvimento social. Porque, nesse caso, se reduziria a causalidade unilateralmente e se converteria no contrário de uma causalidade dialética. E a dialética do processo evolutivo começa a desfazer-se mediante determinação e condicionamento.

O contra-argumento de Ribeiro no sentido de que haveria que considerar a tecnologia como fator somente em análises de grande alcance histórico enquanto, nas análises a curto e médio prazo, se revelariam outras forças — por exemplo, a organização social ou a ideologia, como fatores determinantes —, esse contra-argumento, digo, não resiste a um exame mais detido. Supondo que se pudessem fundamentar as análises de diferentes alcances históricos com diferentes princípios epistemológicos, o que obviamente não é certo. Há que tomar aqui uma decisão clara: ou se trata de uma dialética sustentada e realizada por homens e grupos de homens, isto é, de uma dialética materialista — terá que ter, então, validade, também, para as análises de grande alcance histórico; ou se trata de uma dialética coisificada que converta o que necessita o homem para a realização de sua relação dialética com a natureza, ou seja, os instrumentos e aparelhos em um fetiche, o que é, conseqüentemente, uma dialética alienada do homem como ser individual e social. Precisamente por isso, não serve de ajuda para Ribeiro a frase de Marx que diz que "uma história natural da tecnologia é quase mais importante do que a história natural da evolução biológica do homem". Para Marx, o caráter instrumental da tecnologia, isto é, ser criada e condicionada pelo homem e, portanto, pela sociedade, era uma coisa *a priori*.

Se se incluem nessa crítica as conseqüências práticas implícitas e manifestas na teoria da evolução de Ribeiro, o argumento se agrava ainda mais. Seria difícil conceber como se poderiam subtrair os povos subdesenvolvidos de outra incorporação histórica no novo processo civilizatório incipiente, e como poderiam mudar o curso da história a seu favor. Se se dissesse que a resposta a essa pergunta estratégica se pudesse formular, mediante uma análise a médio ou a curto prazo, o argumento original continuará válido. A outra réplica, isto é, o voluntarismo revolucionário, aliviaria demasiado a coisa. Além disso, em ambos os casos, as condições objetivas e subjetivas coincidiriam à maneira de um *Deus-ex-machina* e se dissolveriam definitivamente.

É certo: também para a teoria evolutiva de Marx as contradições entre o estado de desenvolvimento das forças produtivas e o das relações de produção é o motor decisivo para o desenvolvimento social. Se bem que não se trate de salvar a luta de classes como motor da história, é preciso dizer que, no caso de Marx, aquela contradição intervinha de maneira dialético-materialista, e que só existia como tal na medida em que intervinha.

Minha segunda observação formula uma característica que, possivelmente, tenha suas raízes no mesmo problema que não foi explicitado e sim insinuado na crítica das linhas anteriores. Ribeiro concebe a seus críticos que sua teoria da evolução não contém e nem postula uma nova epistemologia, que pelo menos parcialmente procede estruturalmente. No caso dos esquemas de evolução até agora existentes, história e evolução coincidiam em larga medida (salvo em casos nos quais a teoria desempenha puras funções de justificação, como em Wittfogel). Em outras palavras, a matéria-prima fornece, também, a estrutura, é estruturada em si mesma; o que é historicamente simultâneo o é também na estrutura da teoria, e ao inverso. Ribeiro, ao contrário, insiste em que sua seqüência evolutiva não é histórica mas teórica. Ali se manifesta outra noção de ciência: todo o processo histórico se converte em matéria-prima que somente adquire uma estrutura ao conceitualizá-la. Aqui se reconstrói a realidade na cabeça, se adquire uma estrutura ao separar e reagrupar elementos dispersos no tempo e no espaço. Pois bem, o que se poderia chamar o estruturalismo de Ribeiro não encerra as conseqüências e implicações do estruturalismo etnológico e antropológico à Lévi-Strauss. Porque neste resulta a unidade dos elementos dispersos e divergentes que, uma vez alcançada, é um simples jogo intelectual que se nega estritamente a pensar sobre suas conseqüências práticas. E mais: não chega nunca a uma unidade real, permanece sempre na zona neutra da realidade. Isso não ocorre no caso de Ribeiro. Trata-se mais de um estruturalismo com presságios invertidos: se constrói a estrutura precisamente para evidenciar as conseqüências e implicações que encerra. E ainda, no momento em que historicamente a unidade se converte em unidade real e total, na qual se realiza historicamente — ou seja, com a Revolução Mercantil e os processos civilizatórios por ela produzidos —, também na teoria da evolução a unidade chega a ser total; coincidem história e evolução, desaparece a diferença entre unidade teórica e cronológica.

Darcy Ribeiro insiste em que seu esquema de evolução

sociocultural, seu trabalho teórico não é um jogo inventado por um intelectual para intelectuais. Essa pretensão ele a tem com toda a razão. Sua teoria articula uma "consciência possível" (G. Lukács, L. Goldmann) e se converte, por fim, em "elemento de avanço" no processo histórico. No que se refere à ciência social, supera um dilema; aponta novos caminhos de trabalho à teoria crítica do subdesenvolvimento. Essa teoria da evolução torna possível uma análise de classes adequada à complexidade da estrutura de classes no subdesenvolvimento.

Pelo fato de ser uma teoria do Terceiro Mundo para o Terceiro Mundo o censurarão somente aqueles que continuam acreditando que o umbigo do mundo se situa ainda em algum lugar entre Viena, Berlim, Bonn, Moscou, Washington ou Roma. Que Ribeiro atribua ao Primeiro Mundo um papel não preponderante na realização das "sociedades futuras" e não lhe reserve senão insuficiências como o "socialismo evolutivo", significa um desafio com o qual tem que se defrontar a teoria crítica no "mundo desenvolvido" imediata e seriamente, se não quiser correr o risco de desaparecer.

Heinz Rudolf Sonntag

OBSERVAÇÕES SOBRE A BIBLIOGRAFIA

Nos estudos de base principalmente bibliográfica, como o presente, adquire especial importância a indicação das fontes que o autor compulsou e a explicitação dos critérios que regeram sua seleção. Essa exigência é ainda maior no caso de temas amplos e polêmicos como a teoria da evolução sociocultural, em que se conta com uma vastíssima bibliografia de ensaios teóricos e de estudos descritivos de qualidade muito desigual.

Em razão dessa copiosidade, adotamos o sistema de referência bibliográfica usual nas revistas para citar no texto as fontes de sustentação das afirmações, dados e teses que apresentamos. Esse procedimento permitiu liberar o livro de demasiadas notas de rodapé e reduzir as citações ao mínimo indispensável. Atendendo, porém, às exigências de explicitação, damos, a seguir, uma relação circunstanciada das fontes bibliográficas a que apelamos no estudo de cada tema. Desse modo, procuramos assegurar aos especialistas as informações necessárias para apreciar a representatividade do material bibliográfico de que dispusemos e fornecer ao leitor interessado uma indicação de outras fontes em que possa aprofundar o estudo dos mesmos temas.

Estudos teóricos e esquemas de evolução

As principais fontes desse estudo são as tentativas anteriores de fixar os princípios básicos da evolução sociocultural e de estabelecer as suas seqüências gerais. Podemos dividi-las em três grupos: os clássicos da antropologia, as obras fundamentais do marxismo concernentes ao tema e os estudos modernos de antropologia.

1. Entre os primeiros ressaltam a obra clássica de Lewis H. Morgan, *Ancient society, or researches in the lines of human progress from savagery through barbarism to civilization*, 1877, que estabelece o primeiro esquema geral da evolução humana, a obra fundamental de Augusto Comte (1840) e os compêndios de Edward B. Tylor (1871 e 1881) e Herbert Spencer (1897), que sistematizaram a noção de evolução social e a difundiram. De todas elas, somente a primeira continua atual. Apreciações gerais sobre essas obras encontram-se em H. E. Barnes e H. Becker (1945); G. P. Frantsov (1966);

e críticas específicas em Leslie White (1945, 1945a, 1948 e 1960), em Bernhard J. Stern (1931, 1946 e 1948) e em M. E. Opler (1964).

2. Vêm, em segundo lugar, os estudos de Karl Marx, especialmente suas anotações referentes às *Formações pré-capitalistas* (1966), o prólogo da *Contribuição à crítica da economia política* (1955) e *O capital* (1956). Na mesma categoria, incluem-se a obra clássica de Friedrich Engels, *Origem da família, da propriedade privada e do Estado. À luz das pesquisas de Lewis H. Morgan* (1955) e seus estudos sobre o papel do trabalho no processo de humanização (1955a e 1955b). Incluem-se, igualmente, as obras clássicas de divulgação do pensamento marxista devidas a Karl Kautsky (1954) e a G. V. Plekhanov (1941 e 1947).

As anotações de Marx sobre as formações pré-capitalistas (*Formen die der Kapitalistichen Produktion vorhergehen*), embora redigidas em 1857-9, só foram publicadas, pela primeira vez, em 1939 e só começaram a ser debatidas na década de 1950, quando se tornou evidente sua discrepância com o esquema evolutivo de Engels e o alto valor de sua interpretação. Apreciações dessa obra encontram-se em E. Hobsbawm (1966); M. Godelier (1966); J. Chesneaux (1964); Oscar del Barco (1965).

A obra clássica de Engels, *Der Ursprung der Familie, des Privateigentums und des Staats. Im Anschluß an Lewis H. Morgan's Forschunge, 1884* (ver B. J. Stern, 1948), como fonte explícita ou inconfessa da maior parte das teorias de alto alcance histórico, deu lugar a uma ampla literatura de que se destaca, como obra mais completa e sistemática, a de A. Viatkin (ed., s. d.) e, entre muitos outros textos de divulgação, os de O. V. Kuusinen (ed., 1964), de A. Makarov (ed., 1965) e de D. I. Chesnokov (1966). Outros estudos redigidos com a mesma orientação, porém com maior originalidade, focalizam aspectos particulares da evolução: M. Dobb (1946); Oskar Lange (1963 e 1966); Paul Sweezy (1963); Paul Baran (1964); P. Sweezy e P. Baran (1966); P. Sweezy e outros (1967).

3. Dentre os estudos antropológicos modernos que retomam a teoria evolucionista, destacamos, por seu extraordinário valor, as obras de Gordon Childe (1934, 1937, 1944, 1946 e 1951), de Leslie White (1949 e 1959) e de Julian H. Steward (1955a, caps. 1 e 11; 1955b). Seguindo a orientação desses estudiosos surgiram recentemente diversos ensaios de alto interesse. Dentre estes destacam-se os de Betty J. Meggers (1960); de Morton H. Fried (1967) e de Elman R. Service (1962), e a coletânea editada por M. D. Sahlins e E. L. Service (1965) com trabalhos de ambos e também de David Kaplan e Thomas G. Harding. Alguns estudos acerca das civilizações fundadas no regadio, de Angel Palerm (1955), de Angel Palerm e Eric Wolf (1961), bem como a monografia deste último (1959), oferecem também alto interesse, como o estudo comparativo de Robert McAdams (1967) sobre o processo evolutivo na Mesopotâmia e no México Central. Coletâneas de estudos especiais sobre a evolução foram publicadas por Betty J. Meggers (ed., 1959), por Sol Tax (ed., 1960) e por H. R. Barringer e outros (1965).

Estudos pára-evolucionistas

Duas orientações dos estudos antropológicos — apesar de apresentadas como opostas ou alternativas às teorias evolucionistas — produziram obras de grande interesse para o nosso trabalho. É o caso das obras difusionistas ou cicloculturalistas de

W. Schmidt e P. W. Koppers (1924), F. Graebner (1925), G. Montandon (1934), J. Imbelloni (1953) e Pia Laviosa Zambotti (1958 e 1959). Incluem-se também nessa categoria algumas das obras antropológicas que procuram traçar panoramas do desenvolvimento das civilizações, tais como Alfred L. Kroeber (1944 e 1962) e Ralph Linton (1955).

Estudos temáticos comparativos

Também nos foram de grande utilidade as obras clássicas de Émile Durkheim (1843 e 1912), W. Sombart (1946), Max Weber (1947, 1948 e 1964), de Pitirim Sorokin (1937-41 e 1960), L. Mumford (1938, 1948 e 1966), Karl Mannheim (1950), Thorstein Veblen (1951). Situam-se na mesma categoria os estudos teóricos sobre a causação social de W. F. Ogburn (1926) e R. MacIver (1949); o estudo do contraste rural-urbano de R. Redfield (1953 e 1956); monografia polêmica sobre o "despotismo oriental" de K. Wittfogel (1964; vide apreciação de P. Vidal Naquet, 1964); o estudo da mulher, que se deve a Simone de Beauvoir (1957-65), e a história da ciência, de J. D. Bernal (1964).

Teorias da história

1. Oferecem interesse para o estudo da evolução algumas obras clássicas e modernas de teoria da história, como as de O. Spengler (1958), Alfred Weber (1960), Paul Scherecker (1957), Karl Jaspers (1965) e, particularmente, a obra fundamental de Arnold J. Toynbee (1951-64; vide apreciações em A. L. Kroeber, 1952, e J. Bentancourt Dias, 1961).

2. Dentre os ensaios interpretativos de filosofia da história, consultamos as obras clássicas de A. N. Condorcet (1921), G. W. F. Hegel (1946), L. Gumplowicz (1944), P. Kropotkin (1947) e J. Novicov (1902), bem como as reconstituições dos perfis culturais de certas civilizações que se devem a Jacob Burchardt (1945), A. de Tocqueville (1957), J. Huizinga (1924) e N. Berdiaeff (1936).

Tratados de história e monografias históricas

Constituíram fontes de particular importância para nosso trabalho os tratados de história de M. Crouzet (ed., 1961); J. Pirenne (1956); Ralph Turner (1963), e UNESCO (1963).

Consultamos, também, com proveito, certo número de monografias de arqueologia, pré-história e história. Dentre essas ressaltam os estudos de Gordon Childe (1934) e de R. J. Braidwood (1952) sobre as civilizações do Oriente Próximo; de E. Drioton e J. Vandier (1952) sobre o Egito; de M. Pallottino (1956) sobre os etruscos; de G. Glotz (1930) sobre a Grécia; de Rostovtzeff (1937) sobre Roma; de H. Massé (1952) sobre o Irã; de L. Gardet (1948) sobre o Islão; de A. A. Vasiliev (1952) sobre Bizâncio; de M. Wheeler (1952 e 1962) e de S. Piggot (1950) sobre a pré-história da Índia; de O. Lattimore (1940) e R. Grousset (1939) sobre a expansão tártaro-mongólica; de M. A. Zaburov (1960) e R. Grousset (1965) sobre as cruzadas; de C. Osgood (1952) sobre a Coréia; de G. Maspéro (1930) sobre a Indochina; de J. Suret-Canale (1959) sobre a África; e de P. Bosch-Gimpera (1960) sobre os indo-europeus.

Estudos americanistas

Nossas fontes bibliográficas principais sobre as Américas foram os estudos reunidos por Julian H. Steward no *Handbook of South American Indians* (1946-50); os ensaios sobre as altas civilizações americanas — o de Sylvanus Morley (1940) sobre os maias; de George Vaillant (1944), Alfonso Caso (1953) e Jacques Soustelle (1956) sobre os astecas; de P. Armillas (1951), Eric R. Wolf (1959) e I. Bernal (1953) sobre a Meso-América; de Wendell C. Bennett (1946), Wendell C. Bennett e Junius B. Bird (1949) e o de J. H. Steward e L. C. Faron (1959) sobre os incas; a coletânea publicada por Betty J. Meggers e Clifford Evans (1963) sibre a evolução cultural nas Américas e a monografia inédita de B. J. Meggers sobre o tema.

Dinâmica cultural

Apelamos, com pouco proveito, para os estudos teóricos referentes à mudança cultural e ao processo de aculturação, tais como: R. Redfield, R. Linton e M. Herskovits (1936); R. Beals (1953); H. G. Barnett, B. Siegel e outros (1954); G. Aguirre Beltrán (1957); B. Malinowsky (1944 e 1945); M. Hunter (1956) e M. Mead (1966). De maior utilidade nos foram as obras de G. M. Foster (1962 e 1964); H. G. Barnett (1953) e os estudos de Georges Balandier (1955, ed. 1956, ed. 1958) sobre o colonialismo.

Ainda que não focalizem diretamente o tema, ofereceram alto interesse para o nosso trabalho alguns ensaios teóricos: E. Sapir (1924); C. Lévi-Strauss (1949 e 1953); G. P. Murdock (1947 e 1949); A. R. Radcliffe-Brown (1931); Clyde Kluckhohn (1953), e os artigos recentes de Talcott Parsons (1964) e S. N. Eisenstadt (1964), que retomam, no campo da sociologia, a perspectiva evolucionista.

Evolução e desenvolvimento desigual

São muito precárias ainda as tentativas de aplicação das teorias da evolução ao estudo das causas do desenvolvimento desigual das sociedades contemporâneas e das formas de superação do atraso. Devem-se as melhores a V. I. Lenin (1957, 1960 e 1960a); L. Trotski (1962-3); Paul Baran (1964); P. Baran e P. Sweezy (1966); A. Gunder Frank (1967). Relacionamos e comentamos a copiosa bibliografia sobre o tema em outro livro nosso (*As Américas e a civilização*, Introdução). Aqui apenas desejamos destacar como representativos de estudos "doutrinários" de modernização reflexa as obras de W. W. Rostow (1961 e 1964); D. Lerner (1958); A. Gerschenkron (1962); K. H. Silvert (1965); B. Hoselitz (1960); E. F. Hagen (1962); S. N. Eisenstadt (1963) e S. Kuznets (1946 e 1965).

Estudos sócio-econômicos mais explicativos das causas do desenvolvimento desigual encontram-se em G. Myrdal (1961 e 1962); L. J. Zimmermann (1966); Frederick Clairmonte (1963); P. Moussa (1960); I. Lacoste (1959); L. J. Lebret (1961); L. A. Costa Pinto (1967); Celso Furtado (1966); Irving L. Horowitz (1966), e N. P. Schemeliov (1965).

Uma coletânea de estudos antropológicos relacionados a esse tema foi publicada por Herbert R. Barringer e outros (1965), em que se destacam os ensaios sobre teoria da evolução de D. C. Campbell e Morris E. Opler e estudos de sua aplicabilidade por J. S. Spengler, A. S. Feldmann e W. F. Cottrell.

Análise de fatores: ecologia, tecnologia e economia

Reunimos nessa categoria as obras fundamentais para a análise do papel dos fatores ecológicos, tecnológicos e econômicos na mudança sociocultural, bem como os estudos de demografia.

1. Com relação aos fatores ecológicos, foram-nos especialmente úteis os estudos de E. Huntington (1927); C. Darryll-Forde (1966); Betty J. Meggers (ed., 1956); Pierre Gourou (1959); M. Bates (1959); Josué de Castro (1962); Julian H. Steward (1955a, cap. 2, e 1955).

2. As principais obras que consultamos sobre a história da tecnologia e seu papel na evolução sociocultural foram: Ch. Singer, E. F. Holymand e A. Hall (eds., 1954-8); Maurice Dumas (ed., 1963); K. Marx (1956); Gordon Childe (1944, 1951, 1954 e 1958); A. Leroi-Gourhan (1943, 1945 e 1963); S. Lilley (1957); F. Cottrell (1958); E. W. Zimmermann (1951); F. R. Allen (ed., 1957); A. Briggs e outros (1965); C. M. Cipolla (1964); R. Y. Sayce (1965); A. P. M. Fleming e H. J. Brocklehurst (1925).

3. Cabem também nessa categoria os estudos antropológicos com abordagem econômica de M. Herskovits (1954), apesar de sua atitude antievolucionista; a obra clássica de Richard Thurnwald (1932); o estudo de antropologia econômica de J. S. Berliner (1962), e as análises recentes de populações tribais de caçadores e camponeses devidas a M. Sahlins (1968) e a E. Wolf (1966), elaboradas com uma perspectiva evolucionista. Foram também de utilidade para o nosso trabalho os estudos comparativos das culturas indígenas da América Latina publicados no volume V do *Handbook of South American Indians* (1949, J. H. Steward, ed.), de autoria de Wendell C. Bennett, A. Métraux, Lila O'Neale, William C. Root, John M. Cooper, Paul Kirchhoff, R. H. Lowie, A. L. Kroeber, Erwin H. Ackerknecht e J. H. Steward. E, ainda, os estudos de difusão cultural de E. Nordenskiöld (1930 e 1931) e de Marx Schmidt (1959).

4. Sobre demografia, movimentos migratórios, fenômenos de depopulação e incremento populacional, consultamos Gordon Childe (1946 e 1958), A. Sauvy (1954-6 e 1961), A. Landry (1949), Kingsley Davis (ed., 1950), A. Sireau (1966), M. Cépéde e outros (1967), C. M. Cipolla (1962).

Plantas cultivadas e agricultura

Sobre a origem das plantas cultivadas e sobre a agricultura, consultamos, principalmente, N. I. Vavilov (1951), C. O. Sauer (1952), René Dumont (1957), Charles B. Heiser (1965) e a obra de E. C. Curwen e G. Hatt (1953) sobre a tecnologia agrícola. Oferece também alto interesse a tipologia das comunidades agrícolas de E. Wolf (1966) e o estudo das formas mais elementares de cultivo devido a H. C. Conklin (1961).

Etnia, Estado e nacionalidade

1. O estudo das etnias foi coberto através das obras de G. Weltfish (1960), R. Narrol (1964), Florian Znaniecki (1944), Hans Kohn (1951), A. van Gennep (1922). É também assinalável o estudo recente das etnias tribais devido a M. D. Sahlins (1968).

2. Para o estudo das nacionalidades e do Estado, apelamos para as obras marxistas clássicas de F. Engels (1955), V. I. Lenin (1960a), J. Stalin (1937), e para os es-

tudos antropológicos de Radcliffe-Brown (1940, Prefácio), Leslie White (1959, Estado-Igreja), S. N, Eisenstadt (1966), E. A. Hoebel (1954), M. A. Fried (1960 e 1967), A. Southall (1965), M. Gluckman e Fred Eggan (1965, Introdução).

Escravismo

Sobre o consceito de "escravismo" consultamos as obras de A. Viatkin (ed., s. d.), de O. V. Kuusinen (1964) e de A. Makarov (ed., 1965). Foram-nos muito mais úteis, no entanto, as observações de K. Marx (1966) sobre as formações "antigas clássicas", o estudo do Império Romano de Rostovtzeff (1937) e os ensaios publicados em coletânea por R. Guenther (1960), em especial o de Kuo Mo-jo sobre a China, de S. L. Uchenko, S. I. Kovaliev e Elena M. Schtaerman sobre a Grécia e Roma.

Sobre a escravidão nas Américas, tivemos como fontes básicas Eric Williams (1944), J. Tannenbaum (1947) e Sergio Bagu (1949 e 1952).

Feudalismo

Sobre o feudalismo, utilizamos como fontes básicas as obras de K. Marx (1955, 1956 e 1966) e seus artigos sobre a Índia (1966), bem como de F. Engels (1955), e os estudos de M. Dobb (1946) e Sweezy e outros (1967), embora discordando da concepção do feudalismo como uma etapa progressista da evolução. Servimo-nos, também, de K. Wittfogel (1964) e J. H. Steward (1955a, cap. 11), cujas análises das "conquistas cíclicas" reelaboramos para mostrar o caráter regressivo do feudalismo. Utilizamos, igualmente, as obras gerais de M. Bloch (1939-40), H. Pirenne (1939), Roushton Coulborn (ed., 1956), N. Berdiaeff (1936), A. Piettre (1962) e José Luiz Romero (1967). Discutiremos em outro trabalho (*As Américas e a civilização*) a utilização do conceito de feudalismo no estudo da península Ibérica e das Américas. Sobre esse tema ver Sergio Bagu (1949 e 1952), J. C. Mariátegui (1963), Antonio García (1948), R. Stavenhagen (1965) e A. Gunder Frank (1967 e 1967a).

Urbanização: cidades e metrópoles

Sobre a origem e o desenvolvimento da vida urbana e problemas conexos, como o papel da cultura erudita, servimo-nos de Louis Wirth (1938), S. N. Eisenstadt (1966), L. Mumford (1938 e 1966), Kingsley Davis (1955), B. Hoselitz (1953), R. Redfield e M. B. Singer (1954), J. Dorselaer e A. Gregory (1962), J. J. Hardoy (1964), G. Sjoberg (1966), R. Quintero (1964) e R. M. Adams (1967).

Etapas da evolução sociocultural

Discriminamos, a seguir, as obras mais importantes no estudo das revoluções tecnológicas e na fixação dos modelos teóricos das formações socioculturais.

1. Sobre a chamada "revolução humana" utilizamos principalmente: S. L. Washburn e F. Clark Howell (1960), Ch. F. Hockett e R. Ascher (1964), A. Montagu (1964), A. Okladnikov (1962), além de Julian S. Huxley (1952 e 1955) e G. G. Simpson (1966).

2. Sobre as formações pré-agrícolas: Julian H. Steward (1955a, caps. 7 e 8), Roger

C. Owen (1965) e M. D. Sahlins (1968). Apelamos, também, para nossas próprias experiências junto a grupos indígenas como os Guajá e os Xokléng do Brasil.

3. Para o estudo da Revolução Agrícola e das aldeias agrícolas indiferenciadas, utilizamos especialmente: Gordon Childe (1934, 1937, 1944, 1946 e 1951), Leslie White (1959), Julian H. Steward (1955a, cap. 11). Foram também da maior utilidade tanto o conhecimento da bibliografia etnológica sul-americana (vide J. H. Steward, ed., 1946-50; H. Baldus, 1954; L. Pericot y García, 1962; P. Armillas, 1963) quanto nossas próprias pesquisas de campo, particularmente o estudo dos índios Urubu-Kaapor e das tribos do Xingu.

4. No estudo das sociedades pastoris é que nossa bibliografia tem carências maiores. Efetivamente, só contamos com textos didáticos como K. Dittmer (1960), com as monografias históricas já referidas de O. Lattimore (1940) e R. Grousset (1965) e com o apelo a enciclopédias. Também nesse caso, porém, influíram em nossa compreensão a experiência de campo junto a grupos indígenas que adotaram o cavalo (Mbayá-Guaikuru) e a bibliografia alusiva ao tema na América do Norte.

5. Sobre a Revolução Urbana e os estados rurais artesanais, nossas fontes básicas foram: Gordon Childe (1937, 1946, 1951 e 1960), Leslie White (1949 e 1959), J. H. Steward (1955, cap. 11), J. Steward e L. C. Faron (1959). Utilizamos também o estudo de A. L. Kroeber sobre os chibchas (1946) e o de J. Suret-Canale (1959) sobre os reinados africanos. Para a discussão do papel das talassocracias, tivemos em mãos A. O. Hirschman (1945) e A. T. Mahan (1890).

6. Utilizamos, como fontes bibliográficas principais sobre a Revolução do Regadio e os impérios teocráticos de regadio: Gordon Childe (1937, 1946 e 1951), Julian H. Steward (1955, cap. 11, e 1955, ed.), Leslie White (1959), Karl Wittfogel (1955 e 1964) e H. Cunow (1933). Entre as obras pioneiras sobre o papel do regadio e o caráter das sociedades nele fundadas, consultamos as observações de K. Marx concernentes ao "modo de produção asiático" e seus escritos sobre a Índia (1966) incluídos na edição espanhola das *Formações*, e também Metschnikoff (1889) e L. Baudin (1940). Entre os estudos modernos sobre o tema, destacam-se P. Armillas (1951), Eric Wolf (1959), Angel Palerm (1955) e Robert McAdams (1967). Também nos foi de grande utilidade a consulta a Robert Braidwood (1952) com respeito ao Oriente Próximo, a M. Wheeler (1953 e 1962) com relação à Índia, e a H. G. Creel (1937) com referência à China.

7. Sobre a Revolução Metalúrgica e os impérios mercantis escravistas, utilizamos especialmente Gordon Childe (1937, 1946 e 1951), Leslie White (1959) e K. Marx (1966). Mas foram-nos também úteis as obras de W. S. Ferguson (1913), o estudo de Rostovtzeff sobre Roma, as obras de A. J. Toynbee (1959) e de G. Glotz (1930) sobre a civilização helênica, os estudos de M. Pallottino (1956) sobre os etrucos e de A. Vasilev (1952) sobre Bizâncio.

8. Sobre a Revolução Pastoril e os impérios despóticos salvacionistas, utilizamos especialmente R. Levy (1957), H. Massé (1952), K. Wittfogel (1964), A. J. Toynbee (1951-64, vol. III) e R. Linton (1955).

9. Sobre a Revolução Mercantil, os impérios mercantis salvacionistas, as formas modernas de colonialismo escravista, mercantil e de povoamento, foram-nos de particular valia: Frédéric Mauro (1964), Max Weber (1948 e 1964). Sobre a expansão russa, consultamos Wladimir Solovieff (1946), B. A. Grekov (1947), B. Nolde (1952-3) e A.

Briúsov e outros (s. d.). Sobre a expansão ibérica: C. Sánches Albornoz (1956 e 1960). R. Altamira y Crevea (1913 e 1949), J. Vicens Vives (1957-9), J. P. Oliveira Martins (1951), Jayme Cortesão (1947), Antônio Sérgio (1929). Apelamos também para os ensaios de J. H. Parry (1958) sobre a expansão européia, J. Klein (1920) sobre a "mesta", H. C. Lea (1908) e B. Lewin (1962) sobre a inquisição. Com referência às instituições coloniais hispano-americanas, consultamos Sergio Bagu (1949 e 1952), J. M. Ots Capdequi (1957) e C. Harring (1966).

10. Sobre o capitalismo mercantil, utilizamo-nos especialmente de K. Marx (1956 e 1966), da obra de texto de A. Viat-kin (ed., s. d.) e dos estudos de W. Cunningham (1913), Max Weber (1964), W. Sombart (1946), Maurice Dobb (1925 e 1946), P. M. Sweezy e outros (1967), P. Renovin (1949, Introdução), Henri Sée (1961) e Frédéric Mauro (1964).

11. Sobre a Revolução Industrial, utilizamos principalmente K. Marx (1951 e 1956), F. Engels (1946), Paul Baran e P. M. Sweezy (1966), Max Weber (1964), Thorstein Veblen (1951), Joseph Schumpeter (1963 e 1965), F. Sternberg (1961), R. Aron (1965), H. Pasdermadjian (1960), Colin Clark (1957), J. Fourastié (1950 e 1952), R. Dahrendorff (1959), A. Sireau (1966), C. M. Cipolla (1964), A. Rumiantsev (ed., 1963), F. Perroux (1964) e John Strachey (1956).

12. Sobre o imperialismo industrial, consultamos, principalmente, J. A. Hobson (1948), V. I. Lenin (1957, 1960 e 1960a), R. Luxemburg (1963), J. Schumpeter (1965), P. Sweezy (1963a), P. Baran (1964), A. G. Frank (1967), I. L. Horowitz (1966), J. Strachey (1959).

13. Sobre o neocolonialismo, servimo-nos sobretudo das obras de J. Arnault (1960), G. Balandier (1956), K. Nkrumah (1966), P. Jalée (1966), Frantz Fanon (1963), Peter Worseley (1966). Também nesse campo, o conhecimento direto dos problemas de desenvolvimento da América Latina nos foi de especial valia.

14. Sobre o neocapitalismo, consultamos Berle & Means (1951), J. K. Galbraith (1962), P. Mendés-France e G. Ardant (1955); e, para sua crítica, J. Strachey (1956), P. M. Sweezy (1963a) e Paul Baran (1964).

15. Sobre a expansão socialista, o socialismo revolucionário, o socialismo evolutivo e o nacionalismo modernizador, apelamos para V. I. Lenin (1960 e 1960a), L. Trotski (1931 e 1962-3), O. V. Kuusinen (1964), A. Viatkin (ed., s. d.), P. Soboliev e outros (ed., s. d.), B. Ponomariov (ed., s. d.), V. Afanasiev (s. d.), S. e B. Webb (1936), Oskar Lange (1963 e 1966), M. Dobb (1948), D. R. Hodgamn e A. Bergson (eds., 1954), K. Mannheim (1944 e 1966), F. Perroux (1958), A. Sauvy (1952-4 e 1961), K. S. Karol (1966), N. P. Schemeliov (1965) e I. L. Horowitz (1966).

16. Sobre a Revolução Termonuclear e as sociedades futuras consultamos N. Wiener (1948 e 1950), J. R. Oppenheimer (1957), D. Bell (1960 e 1965), C. P. Snow (1963), J. D. Bernal (1964a), E. H. Carr (1951), E. H. Laski (1944), M. Djilas (1957), E. Fromm (1956), J. Henry (1967), Gunnar Myrdal (1961), Eli Ginzberg (ed., 1965), R. Arzumanian (1965), D. Lerner e H. D. Lasswell (eds., 1965), C. Wright Mills (1960), A. J. Toynbee (1951-64), M. H. Halperin (1965 e 1967), H. Kahn (1962) e Gerald Holton (1967).

BIBLIOGRAFIA

ADAMS, Robert Mc. 1955 "Developmental stages in ancient Mesopotamia", in J. H. Steward (ed.).

____. 1966 *The evolution of urban society. Early Mesopotamia and prehistoric Mexico*, Chicago.

AFANASIEV, V. s. d. *El comunismo científico*, Moscou.

ALBORNOZ, C. Sánchez. 1956 *España, un enigma histórico*, 2 vols., Buenos Aires.

____. 1960 *La España musulmana*, 2 vols., Buenos Aires.

ALLEN, Francis R. (ed.). 1957 *Technology and social change*, Nova York.

ALTAMIRA Y CREVEA, Rafael. 1913 *Historia de España y de la civilización española*, Barcelona.

____. 1949 *A history of Spain*, Nova York. American Association for the Advancement of Science.

____. 1967 "The integrity of science", in Gerald Holton (ed.).

ARMILLAS, Pedro. 1951 "Tecnología, formaciones socio-economicas y religión em Mesoamérica", in *Sol Tax* (ed.).

____. 1963 *Programa de historia de América. Período indígena*, México.

ARNAULT, Jacques. 1960 *Historia del colonialismo*, Buenos Aires.

ARON, Raymond. 1965 *Dieciocho lecciones sobre la sociedad industrial*, Barcelona.

____. 1966 *La lucha de clases*, Barcelona.

ASHTON, T. S. 1964 *La Revolución Industrial 1760-1830*, México.

ARZUMANIAN, A. 1965 *Ideología, revolución y mundo actual*, Buenos Aires.

BAGU, Sergio. 1949 *Economía de la sociedad colonial. Ensayo de historia comparada de América Latina*, Buenos Aires

BAKER, William O. 1965 "El dinamismo de la ciencia y la tecnología", in E. Ginzberg (ed.).

BALANDIER, G. 1955 *Sociologie actuelle de l'Afrique noire*, Paris.

BALLANDIER, G. (ed.). 1956 *Le Tiers Monde. Sous-développement et développement*, Paris.

____. *Social, economic and technological change: a theoretical approach*, Paris.

BALDUS, Herbert. 1954 *Bibliografia crítica da etnologia brasileira*, São Paulo.
BARAN, Paul A. 1964 *A economia política do desenvolvimento*, Rio de Janeiro.
BARAN, Paul A.; SWEEZY, Paulo M. 1966 *Capitalismo monopolista. Um ensaio sobre a ordem econômica e social americana*, Rio de Janeiro.
BARNES, H. E.; BECKER, H. 1945 *Historia del pensamiento social*, México.
BARNETT, H. G. 1953 *Innovation: the basis of cultural change*, Nova York.
BARNETT, H. G.; SIEGEL, B. e outros. 1954 "Acculturation: an exploratory formulation", *American Anthropologist* 56: 973-1002.
BARRINGER, H. R.; BLANKSTEN, G. I.; MACK, R. W. 1965 *Social change in developing areas*, Massachusetts.
BATES, Marston. 1959 *Países sin invierno*, San Juan de Puerto Rico.
BAUDIN, Louis. 1940 *El imperio socialista de los incas*, Santiago.
BEALS, Ralph. 1953 "Acculturation", in A. L. Kroeber (ed.).
BEAUVOIR, Simone de. 1957-65 *El segundo sexo*, 2 vols., Buenos Aires.
BELL, Daniel. 1960 *The end of ideology*, Glencoe, Illinois. (Trad. esp., 1964, Madri).
____. 1965 "La sociedad postindustrial", in E. Ginzberg (ed.).
BELTRÁN, G. Aguirre. 1957 *El processo de aculturación*, México.
BENEDICT, Ruth. 1934 *Patterns of culture*, Nova York.
BENNETT, Wendell C. 1946 "The archeology of Central Andes", in J. H. Steward (ed.).
BENNETT, Wendell C.; BIRD, Junius B. 1949 "Andean culture history", American Museum of Natural History, Handbook Series nº 15, Nova York.
BENTANCOURT DIAS, J. 1961 *La filosofía de la historia de Arnold J. Toynbee*, Montevidéu.
BERDIAEFF, Nicolás. 1936 *The meaning of history*, Nova York.
BERLE JUNIOR, Adolf; MEANS, Gardiner C. 1951 *The modern corporation and private property*, Nova York.
BERLINER, J. S. 1962 "The feet of the native are large: an essay on anthropology by an economist", *Current Anthropology* III: 47-77.
BERNAL, Ignacio. 1953 *Mesoamérica. Período indígena*, México.
BERNAL, John D. 1964 *Historia social de la ciencia*, Barcelona.
____. 1964a *Un mundo sin guerra*, Buenos Aires.
BLOCK, Marcel. 1939-40 *La société féodale*, 2 vols., Paris.
BOSCH-GIMPERA, P. 1960 *El problema indoeuropeo*, México.
BRAIDWOOD, Robert J. 1952 *The near east and the foundations for civilization*, Oregon.
____. 1957 *Prehistoric men*, Chicago.
BRIGGS, A. e outros. 1965 *Tecnologia y desarrollo económico*, Madri.
BRIÚSOV, A.; SÁJAROV, A.; FADEIEV, A.; CHERMENSKI, E.; SÓLIKOV, G. s. d. *Historia de la URSS*, Moscou.
BURCKHARDT, Jacob. 1945 *The civilization of the Renaissance in Italy*, Oxford.

CAPDEQUI, J. M. Ots. 1957 *El Estado español de las Indias*, México.
CARR, Edward Hallett. 1951 *The new society*, Londres.
CASO, Alfonso. 1953 *El pueblo del sol*, México.
CASTRO, Josué de. 1967 *Geopolítica del hambre*, Buenos Aires.

Cépéde, M.; houtart, F.; grond, L. 1967 *La población mundial y los medios de subsistencia*, Barcelona.

Chand, Tara. 1962 *Historia del pueblo indio*, Buenos Aires.

Chesneaux, J. 1964 "Le mode de production asiatique: quelques perspectives de recherche", *La Pensée* nº 114, abril, Paris.

Chesnokov, D. I. 1966 *Materialismo historico*, Montevidéu.

Cipolla, Carlo M. 1964 *Historia económica de la población mundial*, Buenos Aires.

Clairmonte, Frederick K. 1963 *Liberalismo económico y subdesarrollo*, Bogotá.

Colin clark, M. A. 1957 *The conditions of economic progress*, Londres.

Comte, Auguste. 1840 *Cours de philosophie positive*, v. iv, Paris.

Condorcet, A. N. 1921 *Bosquejo de un quadro historico de los progresos del espíritu humano*, Madri.

Conklin, H. C. 1961 "The study of shifting cultivation", *Current Anthropology* ii-1: 27-61.

Cortesão, Jayme. 1947 "Los portugueses", in *Historia de América y de los pueblos americanos*, v. ii, Barcelona.

Costa pinto, L. A. 1967 *Desenvolvimento econômico e transição social*, Rio de Janeiro.

Cottrell, Fred. 1958 *Energía y sociedad*, Buenos Aires.

Coulborn, Rushton (ed.). 1956 *Feudalism in history*, Princeton.

Creel, H. G. 1937 *Studies in early Chinese culture*, Baltimore.

Crouzet, M. (ed.). 1961 *Historia general de las civilizaciones*, v. iii, Barcelona.

Cunningham, W. 1913 *An essay on Western civilization and its economic aspects*, Cambridge.

Cunow, H. 1933 *La organización social del imperio de los incas (Investigaciones sobre el comunismo agrario en el antiguo Perú)*, Lima.

Curwen, E. Cecil; hatt, G. 1947 *Plough and pasture: the early history of farming*, Londres.

Dahrendorff, Ralf. 1959 *Class and class conflict in industrial society*, Stanford.

Darryll-Forde, C. 1966 *Habitát, economía y sociedad*, Barcelona.

Davis, Kingsley. 1955 "The origin and growth of the urbanization in the world", *The American Journal of Sociology* lx - 5: 428-37.

Davis, Kingsley (ed.). 1950 *Corrientes demográficas mundiales*, México.

De carlo, Charles R. 1965 "Perspectivas sobre la tecnología", in E. Ginzberg (ed.).

Del barco, Oscar. 1965 "Las formaciones económicas precapitalistas de Karl Marx", *Pasado y Presente*, ix: 84-96, Córdoba, Argentina.

Diamond. S. (ed.). 1960 *Culture in history*, Nova York.

Dittmer, K. 1960 *Etnología general: formas y evolución de la cultura*, México.

Djilas, Milovan. 1957 *The new class*, Nova York.

Dobb, Maurice. 1925 *Capitalist enterprise and social progress*, Londres.

____. 1946 *Studies in the development of capitalism*, Nova York.

____. 1948 *Soviet economic development since 1917*, Londres.

Dobyns, H. F.; thompson, Paul. 1966 "Estimating aboriginal American population", *Current Anthropology* vii: 395-449.

Dole, Gertrude E.; carneiro, Robert L. (eds.). 1960 *Essays in the science of culture*, Nova York.

DORSELAER, J.; GREGORY, A. 1962 *La urbanización en América Latina*, 2 vols., Friburgo, Suíça.

DRIOTON, E.; VANDIER, J. 1952 *L'Égypte*, Paris.

DUMAS, Maurice (ed.). 1963 *Histoire générale des techniques*, Paris.

DUMONT, René. 1957 *Types of rural economy: studies in world agriculture*, Londres.

DURKHEIM, Émile. 1893 *De la división du travail social*, Paris.

____. 1912 *Les formes élémentaires de la vie religieuse*, Paris.

EISENSTADT, S. 1963 "Modernización: crecimiento y diversidad", *Desarrollo Económico* 3 - 3: 423-52, Buenos Aires.

____. 1964 "Social change: differentiation and evolution", *American Sociological Review* 29: 375-86.

____. 1966 *Los sistemas políticos de los imperios*, Madri.

ENGELS, Friedrich. 1946 *The condition of the working class in England in 1844*, Leipzig, 1845 (Trad. esp., Buenos Aires).

____. 1955 *El orígen de la familia, la propriedad privada y el Estado* (*Obras escogidas* de K. Marx e F. Engels, t. II), Moscou.

____. 1955a *Introducción e la dialéctica de la naturaleza* (*Obras escogidas* de K. Marx e F. Engels, t. II), Moscou.

____. 1955b *El papel del trabajo en la transformación del mono em hombre* (*Obras escogidas* de K. Marx e F. Engels, t. II), Moscou.

FANON, Frantz. 1963 *Los condenados de la tierra*, México.

FERGUSON, W. S. 1913 *Greek imperialism*, Boston.

FLEMING, A. P. M.; BROCKLEHURST, H. J. 1925 *A history of engineering*, Londres.

FOSTER, George M. 1962 *Cultura y conquitas: la herencia española de América*, Xalapa, México.

____. 1964 *Las culturas tradicionales y los cambios técnicos*, México.

____. 1965 "Peasant society and the image of limited good", *American Anthropologist* 67: 293-315.

FOURASTIÉ, Jean. 1950 *Le grand espoir du XXe siécle*, Paris.

____. 1952 *Machinisme bien-être*, Paris.

FRANK, Andre Gunder. 1967 *Capitalism and underdelevopment in Latin America*, Historical Studies of Chile and Brazil, Nova York.

____. 1967a "Sociology of development and underdevelopment of sociology", *Catalyst* nº 3: 20-73, Buffalo.

FRANTSOV, G. P. 1966 *El pensamiento social: su trayectoria histórica*, Montevidéu.

FRIED, Morton H. 1960 "On the evolution of social stratification and State", in S. Diamond (ed.).

____. 1967 *The evolution of political society. An essay in political anthropology*, Nova York.

FROMM, Erich. 1956 *The sane society*, Londres.

FURTADO, Celso. 1966 *Subdesenvolvimento e estagnação na América Latina*, Rio de Janeiro.

GALBRAITH, John K. 1962 *The affluent society*, Londres.

GANNAGÉ, Elias. 1962 *Économie du développement*, Paris.

GARCÍA, Antonio. 1948 "Regímenes indígenas de salario. El salario natural y el salario capitalista en la historia de América", *América Indígena* VIII, nº 4, México.

GARDET, L. 1948 *La cité musulmane*, Paris.

GENNEP, Arnold Van. 1922 *Traité comparatif des nationalités. 1 — Les élémentes extérieurs de la nationalité*, Paris.

GERSCHENKRON, A. 1962 *Economic backwardness in historical perspective*, Cambridge.

GINZBERG, Eli (ed.). 1965 *Tecnología y cambio social*, México.

GINZBERG, Eli. 1965 "Confrontaciones y orientaciones", in E. Ginzberg (ed.).

GLOTZ, Gustave. 1930 *The Greek city and its institutions*, Nova York.

GLUCKMAN, M.; EGGAN, Fred. 1965 Introdução a *Political systems and the distribution of power*, A. S. A. Monographs, 2, Londres.

GODELIER, Maurice. 1966 "La noción de 'modo de producción asiático' y los esquemas marxistas de la evolución de las sociedades", in K. Marx, 1966, Córdoba, Argentina.

GORDON CHILDE, V. 1934 *New light on the most ancient east*, Nova York.

____. 1937 *Man makes himself*, Londres (Trad. esp., 1956, Buenos Aires).

____. 1944 "Archaeological ages as technologial stages", in *Journal of the Royal Anthropological Institute of Great Britain and Ireland*, v. 74.

____. 1946 *What happened in history*, Nova York (Trad. esp., *Qué sucedió en la historia*, 1956, Buenos Aires).

____. 1951 *Social evolution*, Londres (Trad. esp., 1964, México).

____. 1954 "Early forms of society", in Ch. Singer (ed.).

____. 1958 *Sociedad y conocimiento*, Buenos Aires.

____. 1960 *Progreso y arqueología*, Buenos Aires.

GOUROU, Pierre. 1959 *Los países tropicales*, Xalapa, México.

GRAEBNER, F. 1925 *El mundo del hombre primitivo*, Madri.

GREKOV, B. D. 1947 *The culture of Kiev Rus*, Moscou.

GROUSSET, René. 1939 *L'empire des steppes: Attila, Gengis Khan, Tamerlam*, Paris.

____. 1965 *Las cruzadas*, Buenos Aires.

GUENTHER, R.; SCHROT, G. e outros. 1960 *Estado y clases en la antigüedad esclavista*, Buenos Aires.

GUMPLOWICZ, Luis. 1944 *La lucha de razas*, Buenos Aires.

HAGEN, Everett F. 1962 *On the teory of social change: how economic growth begins*, Illinois.

HALPERIN, Morton H. 1965 *China and the bomb*, Nova York.

____. 1967 *Contemporary military strategy*, Boston.

HARDOY, Jorge E. 1964 *Ciudades precolombinas*, Buenos Aires.

HARING, Clarence H. 1966 *El imperio hispánico en América*, Buenos Aires.

HEGEL, G. W. F. 1946 *Lecciones sobre la filosofía de la historia universal*, Buenos Aires.

HEISER, Charles B. 1965 "Cultivated plantes and cultural difusion in nuclear America", *American Anthropologist* 67: 930-49.

HENRY, Jules. 1967 *La cultura contra el hombre*, México.
HERSKOVITS, M. J. 1938 *Acculturation: the study of culture contact*, Nova York.
____. 1954 *Antropología económica*, México.
HIRSHMAN, A. D. 1945 *National power and the structure of foreign trade*, Berkeley.
HOBSBAWM, Eric J. 1966 Prólogo à edição inglesa de *Formaciones precapitalistas*, de Karl Marx, Buenos Aires.
HOBSON, John A. 1948 *Imperialism: a study*, Londres.
HOCKETT, Charles F.; ASCHER, Robert. 1964 "The human revolution", *Current Anthropology* V: 135-47.
HODGMAN, D. R.; BERGSON, A. (eds.). 1954 *Soviet economic growth*, Nova York.
HOEBEL, E. A. 1954 *The law of primitive man*, Cambridge.
HOLTON, Gerald (ed.). 1967 *Science & culture*, Boston.
HOROWITZ, Irving Louis. 1966 *Three worlds of development. The teory and practice of international stratification*, Nova York.
HOSELITZ, Bert F. 1953 "The role of cities in the economic growth of underdeveloped countries", *The Journal of Political Economy* LXI — 3: 195-208.
____. 1960 *Sociological factors of economic development*, Glencoe, Illinois.
HUIZINGA, J. 1924 *The waning of the Middle Ages*, Londres.
HUNTER, Monica. 1956 *Reaction to conquest*, Londres.
HUNTINGTON, E. 1927 *The human habitat*, Nova York.
HUXLEY, Julian S. 1952 "Biological evolution and human history", *American Anthropological Association, New Bulletin* VI — 16.
____. 1955 "Evolution, cultural and biological", in *Yearbook of Anthropology*, Nova York.

IMBELLONI, José. 1953 *Epítome de culturología*, Buenos Aires.

JALÉE, Pierre. 1966 *El saqueo del Tercer Mundo*, Paris.
JASPERS, Karl. 1965 *Orígen y meta de la historia*, Madri.
JOHNSON, E. D. 1965 "La industria espacial", in E. Ginzberg (ed.).

KAHN, Herman. 1962 *Thinking about the unthinkable*, Nova York.
KAROL, K. S. 1966 *China, el otro comunismo*, México.
KAUTSKY, Karl. 1954 *Las doctrinas económicas de Karl Marx*, Buenos Aires.
KLEIN, Julius. 1920 *The mesta. A study in Spanish economic history. 1273-1836*, Cambridge, Inglaterra.
KLUCKHOHN, Clyde. 1953 "Universal categories of culture", in Kroeber (ed.).
KOHN, Hans. 1951 *The idea of nationalism*, Nova York.
KON, I.; CHAQUIN, B. e outros. 1962 *El desarrollo en la naturaleza y en la sociedad*, Buenos Aires.
KOVALIEV, Serguei I. 1960 "El vuelco social del siglo II al V en el Imperio Romano de Occidente", in R. Guenther e outros.
KRADER, Lawrence. 1968 *Formation of the State*, New Jersey.
KROEBER, Alfred L. 1944 *Configurations of cultural growth*, Berkeley.
____. 1946 "The chibcha", in J. H. Steward (ed.).

KROEBER, Alfred L. 1947 *Cultural and natural areas of native North America*, Berkeley.
____. 1948 *Anthropology*, Nova York.
____. 1952 "Toynbee's 'A study of history'", in *The nature of culture*, Chicago.
____. 1962 *A roster of civilizations and cultures*, Chicago.
KROEBER, Alfred L. (ed.). 1953 *Anthropology today: an encyclopedic inventory*, Chicago.
KROPOTKIN, P. 1947 *El apoyo mutuo: un factor de la evolución*, Montevidéu.
KUO MO-JO. 1960 "La sociedad esclavista en China", in R. Guenther e outros.
KUUSINEN, Otto V. e outros. 1964 *Manual de marxismo-leninismo*, Buenos Aires.
KUZNETS, Simon. 1946 *National income, a sumary of findings*, Nova York.
____. 1965 *Crecimiento económico de posguerra*, México.

LACOSTE, Yves. 1959 *Les pays sous-dévéloppés*, Paris (Trad. esp., 1962, Buenos Aires).
____. s. d. *Introducción bibliografica al desarrollo económico y social*, Montevidéu.
LANDRY, A. 1949 *Traité de démographie*, Paris.
LANGE, Oskar. 1966 *La economía en las sociedades modernas*, México.
____. 1966a *Economía política. I. Problemas generales*, México.
LASKI, H. J. 1944 *Reflexiones sobre la revolución de nuestro tiempo*, Buenos Aires.
LATTIMORE, Owen. 1940 *The inner Asian frontiers of China*, Nova York.
LEA, Henry Charles. 1908 *The inquisition in the Spanish dependencies*, Nova York.
LEBRET, Louis Joseph. 1961 *Manifesto por una civilización solidaria*, Lima.
LENIN, V. I. 1957 *El desarrollo del capitalismo en Rusia*, Buenos Aires.
____. 1960 *El imperialismo, fase superior del capitalismo* (*Obras escogidas*, t. I), Moscou.
____. 1960a *El Estado y la revolución* (Obras escogidas, t. II), Moscou.
LERNER, Daniel; LASSWELL, Harold D. (eds.). 1965 *The policy sciences*, Stanford.
LERNER, David. 1958 *The passing of traditional society: modernizing the Middle East*, Glencoe, Illinois.
LEROI-GOURHAN, André. 1943 *L'homme et la matiére*, Paris.
____. 1945 *Milieu et techniques*, Paris.
____. 1963 "Les origines de la civilisation technique", in M. Dumas (ed.).
LÉVI-STRAUSS, Claued. 1949 *Les structures élementaires de la parenté*, Paris.
____. 1953 "Social structure", in A. L. Kroeber (ed.).
LEVY, R. 1957 *The social structure of Islam*, Cambridge.
LEWIN, Boleslao. 1962 *La inquisición en Hispanoamérica*, Buenos Aires.
LILLEY, Samuel. 1957 *Hombres, máquinas y historia*, Buenos Aires.
LINTON, Ralph. 1936 *The study of man*, Nova York. (Trad. esp., 1963, México).
____. 1955 *The tree of culture*, Nova York.
LINTON, Ralph (ed.). 1947 *The science of man in the world crisis*, Nova York.
LIST, Frederich. 1904 *National systems of political economy*, Londres.
LOWIE, Robert H. 1927 *Origin of the State*, Nova York.
LUXEMBURG, Rosa. 1963 *La acumulación del capital*, Buenos Aires.

MACIVER, R. M. 1949 *Causación social*, México.
MAHAN, A. Thayer. 1890 *The influence of sea power upon history. 1660-1783*, Boston.
MAKAROV, A. (ed.). 1965 *Manual de materialismo histórico*, Buenos Aires.

MALINOWSKI, Bronislaw. 1944 *A scientific theory of culture*, Carolina do Norte.
____. 1945 *The dynamics of culture change*, New Haven.
MANNHEIM, Karl. 1944 *Diagnóstico de nuestro tiempo*, México.
____. 1950 *Ideologia e utopia*, Porto Alegre, Brasil.
____. 1966 *Libertad, poder y planificación democrática*, México.
MAO TSÉ-TUNG. 1966 *Cuatro tesis filosoficas*, Pequim.
MARIÁTEGUI, José Carlos. 1963 *Siete ensayos de interpretación de la realidad peruana*, La Habana.
MARX, Karl. 1955 Prólogo à *Contribución a la crítica de la economia política*, in *Obras escogidas* de K. Marx e F. Engels, t. I, Moscou.
____. 1956 *El capital*, 5 vols., Buenos Aires.
____. 1966 *Formaciones económicas precapitalistas* (Formen die der Kapitalistischen Produktion vorhergehen), Córdoba, Argentina.
MARX, Karl; ENGELS, Friedrich. 1947 *Correspondencia*, Buenos Aires.
____. 1958 *La ideología alemana*, Montevidéu.
____. 1960 "El trabajo enajenado" in *Ciencias Políticas y Sociales* nº 22, out./dez., México.
____. 1964 *Sobre el sistema colonial del capitalismo* (Seleção), Buenos Aires.
____. 1966 "Cartas y artículos sobre la India", in K. Marx, Córdoba, Argentina.
MASPÉRO, G. 1930 *L'Indochine*, 2 vols., Paris.
MASSÉ, H. (ed.). 1952 *La civilisation iranienne*, Paris.
MAURU, Frédéric. 1964 *L'expansion européenne 1600-1870*, Paris.
MCINNIS, Edgar e outros. 1951 *Ensayos sobre la historia del Nuevo Mundo*, México.
MEAD, Margaret. 1966 *Continuities in cultural evolution*, New Haven.
MEAD, Margaret (ed.). 1961 *Cultural patterns and technical change*, Nova York.
MEGGERS, Betty J. 1960 "The law of cultural evolution as a practical research tool", in G. E. Dole e R. L. Carneiro (ed.).
____. *Prehistoric New World cultural development*. Ms.
MEGGERS, Betty J. (ed.). 1956 Seminar on archeology 1955: "Functional and evolutionary implications of community patterning", in *Am. Antiquity* XXII 2: 129-57.
____. 1959 *Evolution and anthropology: a centennial appraisal*, Washington.
MEGGERS, Betty J.; EVANS, Clifford (ed.). 1963 *Aboriginal cultural development in Latin American: a interpretative review*, Washington.
MENDÈS-FRANCE, P.; ARDANT, G. 1955 *Economics and action*, Nova York.
MERTON, Robert K. 1957 *Social theory and social structure*, Glencoe, Illinois.
METSCHNIKOFF, Lev Ilitch. 1889 *La civilisation et les grands fleuves historiques*, Paris.
MONTAGU, Ashley M. F. 1961 *La dirección del desarrollo humano*, Madri.
____. 1964 *The human revolution*, Nova York.
MONTANDON, Georges. 1934 *L'ologénèse culturelle. Traité d'éthnologie cycloculturelle et d'ergologie systématique*, Paris.
MORGAN, Lewis H. 1877 *Ancient society*, Nova York.
____. 1880 "Systems of consanguinity and affinity of the human family", *Smithsonian Contribution to Knowledge* XVII: 1-590.
MORLEY, Sylvanus. 1946 *The ancient Maya*, Stanford (Trad. esp., 1956, México).
MOUSSA, Pierre. 1960 *Las naciones proletarias*, Madri.

MÜLLER-LYER, F. 1930 *La familia*, Madri.

MUMFORD, Lewis. 1938 *The culture of cities*, Nova York.

____. 1948 *Técnica y civilización*, Buenos Aires.

____. 1966 *La ciudad en la historia*, 2 vols., Buenos Aires.

MURDOCK, G. Peter. 1947 "The commom denominator of culture", in Ralph Linton (ed.).

____. 1949 *Social structure*, Nova York.

____. 1951 *Outline of South American cultures*, New Haven.

MURPHY, J. F.; PRESCOTT WEBB, W. 1951 "The precious metals as a medium of exchange: a frontier incident", in Edgar McInnis e outros.

MYRDAL, Gunnar. 1961 *El Estado del futuro*, México.

____. 1962 *Teoría económica y regiones subdesarrolladas*, México.

NAQUET, Pierre Vidal. 1964 "Histoire et idéologie — Karl Wittfogel et le concept de 'modes de production asiatique' ", in *Annales: Economies, Sociétés, Civilisations*, vol. 19: 531, Paris.

NAROLL, Raoul. 1964 "On ethnic unit classification", in *Current Anthropology* V: 283-91.

NEF, J. U. 1954 *Naissance de la civilisation industrielle*, Paris.

____. 1964 *Fundamentos culturales de la civilización industrial*, Buenos Aires.

NKRUMAH, Kwame. 1966 *Neocolonialismo, la ultima etapa del imperialismo*, México.

NOLDE, B. 1952-3 *La formation de l'Empire Russe*, Paris.

NORDENSKIÖLD, Erland. 1930 *Modifications in Indian culture through inventions and loans*, Götenborg.

____. 1931 *Origin of the Indian civilizations in South America*, Götenborg.

NOVICOV, Jacques. 1902 *L'avenir de la race blanche*, Paris.

OGBURN, W. F. 1926 *Social change*, Nova York.

OKLADNIKOV, A. 1962 "Devenir del hombre y de la sociedad", in Kon e outros, Buenos Aires.

OLIVEIRA MARTINS, J. P. 1951 *Historia de la civilización ibérica*, Buenos Aires.

ONU. 1965 *Conferencia Mundial de la Población*, Boletín Informativo, Nova York.

ONU-CEPAL. 1966 *Estudio económico de América Latina*, 1964, Nova York.

OPPENHEIMER, J. Robert. 1957 *Ciencia y entendimiento común*, Buenos Aires.

OPLER, Morris E. 1964 "Morgan and materialism: a reply", *Current Anthropology* V: 110-4.

OSGOOD, C. 1951 *The Koreans and their culture*, Nova York.

OWEN, Roger C. 1965 "The patrilocal band: a linguistically and culturally hybrid unit", *American Anthropologist* 67: 675-90.

PALERM, Angel. 1955 "The agricultural basis of urban civilization", in Julian H. Steward (ed.).

PALERM, Angel; WOLF, Eric. 1961 "La agricultura y el desarrollo de la civilización en Mesoamérica", *Revista Interamericana de Ciencias Sociales*, 1-2, Washington.

PALLOTTINO, M. 1956 *The Etruscans*, Harmondsworth.

PARRY, J. H. 1958 *Europa y la expansión del mundo*, 1415-1715, México.

PARSONS, Talcott. 1964 "Evolutionary universals in society", *American Sociological Review* 29: 339-57.

PASDERMADJIAN, H. 1960 *La segunda Revolución Industrial*, Madri.

PERICOT Y GARCÍA, Luiz. 1962 *América indígena*, t. I, Barcelona.

PERROUX, François. 1958 *La coexistance pacifique*, Paris.

____. 1964 *La industrialización del siglo XX*, Buenos Aires.

PIETTRE, André. 1962 *Las tres edades de la economía*, Madri.

PIGGOT, S. 1950 *Prehistoric India*, Londres.

PIRENNE, Henri. 1939 *Historia económica y social de la Edade Media*, México.

PIRENNE, J. 1956 *Les grands courants de l'histoire universelle*, Neuchâtel.

PLEKHANOV, G. V. 1941 *El papel del individuo en la historia*, Buenos Aires.

____. 1947 *In defense of materialism: the development of the monist view of history*, Londres.

PONOMARIOV, B. (ed.). s. d. *Historia del Partido Comunista en la Unión Soviética*, Moscou.

PRICE, Don K. 1965 "The established dissenters", in Gerald Holton (ed.).

QUINTERO, Rodolfo. 1964 *Antropología de las ciudades latinoamericanas*, Caracas.

RADCLIFFE-BROWN, A. R. 1931 "The present position of anthropological studies", in *British Association for the Advancement of Science*, pp. 1-32, Londres.

____. 1940 Prefácio, in M. Fortes, E. E. Evans-Pritchard (eds.), *African political systems*, Oxford.

____. 1961 "O desenvolvimento da antropologia social". Preleção na Universidade de Chicago, 1/12/1936 (Trad. mimeogr.).

REDFIELD, Robert. 1953 *The primitive world and its transformations*, Ithaca (Trad. esp., 1963, México).

____. 1956 *Peasant society and culture*, Chicago.

REDFIELD, R.; SINGER, M. B. 1954 "The culture role of cities", in *Economic Development and Cultural Change*, III - 1: 53-74.

REDFIELD, R.; LINTON, R.; HERSKOVITS, M. J. 1936 "Memorandum for the study of acculturation", *American Anthropologist* 38: 149-52.

RENOUVIN, P. 1949 Introdução a *Les politiques d'expansion impérialiste*, Paris.

REVELLE, Roger. 1965 "Água", in A. Briggs e outros.

RIO, Pablo Martínez del. 1952 *Los orígenes americanos*, México.

ROMERO, José Luiz. 1967 *La revolución burguesa en el mundo feudal*, Buenos Aires.

ROSTOW, W. W. 1961 *Las etapas del crecimiento económico*, México.

____. 1964 *El proceso de desarrollo*, Buenos Aires.

ROSTOVTZEFF, M. I. 1937 *Historia económica y social del Imperio Romano*, Madri.

ROUSE, Irving. 1953 "The strategy of culture history", in A. L. Kroeber (ed.).

RUMIANTSEV, Alexei (ed.). 1963 *La estructura de la clase obrera em los países capitalistas*, Praga.

SAHLINS, Marshall D. 1968 *Tribesman*, New Jersey.

SAHLINS, Marshall D.; SERVICE, Elman R. (eds.). 1965 *Evolution and culture*, Ann Arbour.

SAPIR, Edward. 1924 "Culture, genuine and spurious", in *American Journal of Sociology*, v. 29, 401-29, Nova York.

SAUER, Carl O. 1952 *Agricultural origins and dispersals*, Nova York.

SAUVY, Alfred. 1954-6 *Théorie générale de la population*, Paris, 2 vols.

____. 1961 *El problema de la población en el mundo: de Malthus a Mao Tse-Tung*, Madri.

SAYCE, R. U. 1965 *Primitive arts and crafts*, Nova York.

SCHEMELIOV, N. P. 1965 *Los ideologos del imperialism y los problemas de los países subdesarrollados*, Bogotá.

SCHMIDT, Max. 1959 *El sistema de la etnología*, 1ª parte (mimeografado), Assunção, Paraguai.

SCHMIDT, W.; KOPPERS, P. W. 1924 *Völker und Kulturen*, Regensburg.

SCHRECKER, Paul. 1957 *La estructura de la civilización*, México.

SCHUMPETER, J. A. 1963 *Capitalismo, socialismo y democracía*, México.

____. 1965 *Imperialismo — Clases sociales*, Madri.

SÉE, Henri. 1961 *Orígen del capitalismo moderno*, México.

SEDILLOT, René. 1961 *Historia de las colonizaciones*, Barcelona.

SELIGMAN, Edwin R. A. 1957 *La interpretación económica de la historia*, Buenos Aires.

SÉRGIO, Antônio. 1929 *Historia de Portugal*, Barcelona.

SERVICE, Elman R. 1962 *Primitive social organization. An evolutionary perspective*, Nova York.

SHTAERMAN, Elena M. 1960 "La caida del régimen esclavista", in R. Guenther e outros, Buenos Aires.

SILVERT, Kalman H. (ed.). 1965 *Nacionalismo y política de desarrollo*, Buenos Aires.

SIMPSON, George Gaylord. 1966 *El sentido de la evolución*, Buenos Aires.

SINGER, Charles; HOLYMARD, E. F.; HALL, A. R. (eds.). 1954-8 *A history of technology*, Londres.

SIREAU, A. 1966 *Teoría de la población. Ecología urbana y su aplicación a la Argentina*, Buenos Aires.

SJOBERG, Gideon. 1966 *The pre-industial city: past and present*, Nova York.

SNOW, C. P. 1963 *Las dos culturas y la revolución científica*, Buenos Aires.

SOBOLIEV. P.; GUIMPELSON, E.; TRUKAN, G.; CHEBAEVSKI, F. s. d. *La historia de la gran Revolución Socialista de octubre*, Moscou.

SOLOVIEFF, Vladimir. 1946 *Russia y la Iglesa Universal*, Madri.

SOMBART, W. 1946 *El apogeo del capitalismo*, México.

SOROKIN, Pitirim. 1937-41 *Social and cultural dynamics*, 4 vols., Nova York.

____. 1960 *Las filosofías sociales de nuestra epoca de crisis*, Madri.

SOUSTELLE, Jacques. 1956 *La vida cotidiana de los aztecas*, México.

SOUTHALL, Aidan. 1965 "A critique of the typology of States and political systems", in *Political systems and the distribution of power*, A. S. A. Monographs, 2, Londres.

SPENCER, Herbert. 1897 *Principles of sociology*, Nova York.

SPENGLER, Oswald. 1958 *La decadencia de occidente*, 2 vols., Madri.

STALIN, J. 1937 *Le marxisme et la question nationale et coloniale*, Paris (Trad. esp., 1947, Buenos Aires).

____. 1946 *Cuestiones del leninismo*, Moscou.

STAVENHAGEN, Rodolfo. 1965 "Siete tesis equivocadas sobre América Latina", *Política Exterior Independente* nº 1, Rio de Janeiro.

STERN, Bernhard J. 1931 *Lewis Henry Morgan, Social Evolutionist*, Chicago.

____. 1946 "L. H. Morgan Today", *Science and Society* X: 172-6.

____. 1948 "Engels on the family", *Science and Society* XII - 1: 42-64.

STERNBERG, Fritz. 1961 *La revolución militar e industrial de nuestro tiempo*, México.

STEWARD, Julian H. 1949 "Cultural causality and law: a trial formulation of the development of early civilizations", *American Anthropologist* LI: 1-27 (Republicado em 1955a, cap. 11).

____. 1953 "Evolution and process", in Kroeber, A. L. (ed.).

____. 1955 *Theory and practice of area studies*, Washington (Trad. esp., 1955, Washington).

____. 1955a *Theory of culture change: the methodology of multilinear evolution*, Urbana, Illinois.

____. 1955b "Some implications of the symposium", in J. H. Steward (ed.).

STEWARD, Julian H. (ed.). 1946-50 *Handbook of South American Indians*, vols. I a VI, Washington. vol. II *The Andean civilizations*, 1946. vol. V *The comparative ethnology of South American Indians*, 1949.

____. 1955 *Irrigation civilizations: a comparative study*, Washington.

STEWARD, Julian H.; FARON, Louis C. 1959 *Native peoples of South America*, Nova York.

STRACHEY, John. 1935 *The nature of the capitalist crisis*, Nova York.

____. 1956 *Contemporary capitalism*, Nova York.

____. 1959 *The end of empire*, Londres.

SURET-CANALE, J. 1959 *Africa negra*, Buenos Aires.

SWEEZY, Paul. 1963 *Teoría del desarrollo capitalista*, México.

____. 1963a *Capitalismo e imperialismo norteamericano*, Buenos Aires.

SWEEZY, P. M. e outros. 1967 *La transición del feudalismo al capitalismo*, Madri.

TANNENBAUM, Frank. 1947 *Slave and citizen. The negro in the Americas*, Nova York.

TAWNEY, R. H. 1959 *La religión en el orígen del capitalismo*, Buenos Aires.

TAX, Sol (ed.). 1951 *The civilizations of ancient America*, Selected papers of the XXIX International Congress of Americanists, Chicago.

____. 1960 *Evolution of man*, v. II: *Evolution after Darwin*, Chicago.

THURNWALD, Richard. 1932 *Economics in primitive communities*, Londres.

TOCQUEVILLE, A. de. 1957 *La democracía en América*, México.

TOYNBEE, Arnold J. 1948 *Civilization on trial*, Londres.

____. 1951-64 *Estudio de la historia*, 13 vols., Buenos Aires.

____. 1959 *Hellenism: the history of a civilization*, Londres.

TRENTIN, Bruno. 1965 *La ideología del neocapitalismo*, Buenos Aires.

TROTSKI, Leon. 1931 *The permanent revolution*, Nova York.

____. 1962-3 *La historia de la Revolución Rusa*, 2 vols., Buenos Aires.

TURNER, Frederick J. 1961 *La frontera en la historia americana*, Madri.

TURNER, Ralph. 1963 *Las grandes culturas de la humanidad*, 2 vols., México.

TYLOR, Edward B. 1871 *Primitive culture*, Londres.

____. 1881 *Anthropology*, Londres.

UCHENKO, S. L. 1960 "Clases y estructura de clase en la sociedad esclavista antigua", in Guenther e outros.

UNESCO. 1963 *Historia de la humanidad. I. Prehistoria*, Buenos Aires.

USHER, Abbot P. 1954 *A history of mechanical inventions*, Cambridge.

VAILLANT, Georges. 1944 *La civilización azteca*, México.

VASILIEV, A. A. 1952 *History of the Byzantium Empire*, Madison.

VAVILOV, N. I. 1951 *Estudios sobre el orígen de las plantas cultivadas*, Buenos Aires.

VEBLEN, Thorstein. 1951 *Teoría de la clase ociosa*, México.

VIATKIN, A. (ed.). s. d. *Compendio de historia y economía. I. Las formaciones precapitalistas. II. La sociedad capitalista*, Moscou.

VIVES, J. Vicens. 1957-9 *Historia económica y social de España y América*, 5 vols., Barcelona.

WASHBURN, S. L.; HOWELL, F. Clark. 1960 "Human evolution and culture", in Sol Tax (ed.), v. II.

WEBB, Sidney & Beatrice. 1936 *Soviet communism: a new civilization?*, Nova York.

WEBER, Alfred. 1960 *Historia de la cultura*, México.

WEBER, Max. 1947 *Theory of social and economical organization*, (ed. de T. Parsons), Nova York.

____. 1948 *The protestant ethic and the spirit of capitalism*, Londres.

____. 1964 *Economía y sociedad. Esbozo de sociología comprensiva*, 2 vols., México.

WELTFISH, Gene. 1960 "The ethnic dimension of human history: pattern or patterns of culture?, in *Selected papers* — V International Congress of Anthopological & Ethnological Sciences, Filadélfia.

WHEELER, Mortimer. 1953 "The Indus civilization", in *Cambridge History of India*.

____. 1962 *India y Pakistán*, Barcelona.

WHITAKER, Douglas M. 1951 "The natural sciences in policy formation", in D. Lerner & H. D. Lasswell (eds.).

WHITE, Leslie. 1945 "History, evolutionism and functionalism: three types of interpretation of culture", *Southwestern Journal of Anthropology* I: 221-48.

____. 1945a "Diffusionism vs. evolutionism: an anti-evolutionist fallacy", *American Anthropologist* 47: 339-56.

____. 1948 "Evolucionismo e antievolucionismo na teoria etnológica americana", in *Sociologia*, X: 1-39, São Paulo, Brasil.

____. 1949 *The science of culture*, Nova York (Trad. esp., 1964, Buenos Aires).

____. 1959 *The evolution of culture. The developmente of civilization to the fall of Rome*, Nova York.

____. 1960 "Foreword", in M. D. Sahlins & E. L. Service (ed.).

WIENER, Norbert. 1948 *Cybernetics*, Nova York.

____. 1950 *The human use of human beings*, Nova York.

WILLEY, Gordon R. 1950 *The civilizations of ancient America*, Chicago.

WILLEY, Gordon R. (ed.). 1956 *Phehistoric settlement patterns in the New World*, Nova York.

WILLIAMS, Eric. 1944 *Capitalism and slavery*, Carolina do Norte.

WIRTH, Louis. 1938 "Urbanism as a way of life", *American Journal of Sociology*, v. 44.

WISSLER, Clark. 1938 *The American Indian: an introduction to the anthropology of the New World*, Nova York.

WITTFOGEL, Karl. 1955 "Developmental aspects os hydraulic societies", in J. H. Steward (ed.).

____. 1964 *Oriental despotism. A comparative study of total power*, Nova York. (Trad. esp; 1966, Madri).

WOLF, Eric. 1959 *Sons of the shaking Earth*, Chicago.

____. 1966 *Peasants*, New Jersey.

WORSELEY, Peter. 1966 *El Tercer Mundo*, México.

WRIGHT MILLS, C. 1960 *La elite del poder*, México.

____. 1960a *Las causas de la Tercera Guerra Mundial*, Buenos Aires.

ZABUROV, M. A. 1960 *Historia de las cruzadas*, Buenos Aires.

ZAMBOTTI, Pia Laviosa. 1958 *Orígen y difusión de la civilización*, Barcelona.

____. 1959 *Orígen y destino de la cultura occidental*, Madri.

ZIMMERMANN, E. W. 1951 *World resources and industries*, Nova York.

ZIMMERMAN, L. J. 1966 *Países pobres, países ricos — La brecha que se ensancha*, México.

ZNANIECKI, Florian. 1944 *Las sociedades de cultura nacional y sus relaciones*, México.

ÍNDICE REMISSIVO

ESTA OBRA, COMPOSTA PELO GRUPO DE CRIAÇÃO EM TIMES, TEVE SEUS FILMES GERADOS NO BUREAU 34 E FOI IMPRESSA PELA HAMBURG GRÁFICA EDITORA EM OFF-SET SOBRE PAPEL PÓLEN SOFT DA COMPANHIA SUZANO PARA A EDITORA SCHWARCZ EM FEVEREIRO DE 1998.